¿ES ESTE EL FIN?

La gente se pregunta...

¿ES ESTE EL FIN?

DR. DAVID JEREMIAH

Señales de la providencia divina en un nuevo mundo preocupante

GRUPO NELSON
Desde 1798

Para otros materiales, visítenos a:
gruponelson.com

Editora en Jefe: *Graciela Lelli*
Traducción: *Belmonte Traductores*
Adaptación del diseño al español: *Grupo Nivel Uno, Inc.*

ISBN: 978-0-71808-651-0

Impreso en Estados Unidos de América
16 17 18 19 20 DCI 9 8 7 6 5 4 3 2 1

CONTENIDO

Introducción   vii

PARTE 1: ¿ES ESTE EL FIN DE ESTADOS UNIDOS?   1

  1. La época del «todo vale»   3

  2. El desangramiento de nuestras fronteras   33

  3. El aumento de la intolerancia   61

  4. La apatía de Estados Unidos   95

  5. El remedio del avivamiento   127

PARTE 2: ¿ES ESTE EL FIN DEL MUNDO?   155

  6. El aislamiento de Israel   157

  7. La insurgencia del ISIS   187

  8. La resurrección de Rusia   217

  9. El rapto de los redimidos   247

 10. Trasladados antes de la Gran Tribulación   279

Reconocimientos   305

Notas   309

Acerca del autor   335

INTRODUCCIÓN

En 2011 escribí un libro titulado *¡Nunca pensé que vería el día!* En ese libro hablaba de los cambios que se estaban produciendo en Estados Unidos y que cuando era joven nunca soñé que fueran posibles. En la primera mitad o más de mi vida, los principios del cristianismo eran lo que apuntalaba nuestra cultura; ese cimiento fue puesto dos siglos antes, y la mayoría de nosotros creíamos que eran demasiado sólidos y duraderos para no poder ni siquiera agrietarse.

Pero sí se agrietaron. Como escribí en ese libro, nunca pensé que vería el día en que el matrimonio se quedaría obsoleto, la moralidad estaría en caída libre, y la iglesia se volvería irrelevante para la sociedad.

Pero ahora, tan solo cinco años después, casi creo que escribí ese libro demasiado pronto, pues los cambios que me asombraron entonces pronto se volvieron incluso más espantosos. En la media década que ha pasado desde que escribí ese libro, aquellas grietas que plagaban los cimientos de Estados Unidos se han ampliado hasta ser grandes fisuras, y han aparecido muchas más. La moralidad en Estados Unidos ya no está en caída libre; ha tocado fondo. En Estados Unidos en la actualidad, todo vale. El cristianismo no solo se deja a un lado, sino que los cristianos estadounidenses ahora experimentan una represión manifiesta e incluso persecución. La cortesía en política y la tolerancia de ideas contrarias han desaparecido. La corrupción y la deshonestidad en el gobierno son generalizadas y manifiestas. Las relaciones raciales se están deteriorando, las ganancias disminuyen, el desorden civil se acelera cada vez más, y la deuda nacional está fuera de control.

Ya no nos sentimos seguros en nuestro mundo. Nuestras fronteras nacionales están siendo invadidas. Hemos dado la espalda a nuestro mayor aliado; nuestros otros aliados ya no confían en nosotros; nuestros enemigos ya no nos temen; y el mundo ya no nos respeta. Nuestros líderes nacionales parecen impotentes ante una Rusia reconstituida y ambiciosa, la proliferación nuclear en estados corruptos, y el aumento del terrorismo militar.

La inestabilidad asola ahora nuestro mundo nacionalmente e internacionalmente de maneras que nunca antes habíamos visto en nuestra vida, creando una oleada nacional de ansiedad e inseguridad. Según sondeos de Brookings Institution, el 49% de los estadounidenses piensa que los mejores tiempos de nuestro país han quedado en el pasado.[1]

Por lo tanto, como puede ver, muchos en Estados Unidos comparten mi percepción de que nuestra cultura, seguridad, moralidad, religión, economía y cortesía están en un proceso de grave deterioro. En mis conversaciones con personas de todas las edades, razas y profesiones, descubro una ansiedad más profunda e incluso temor a que las cosas no pueden seguir como están por más tiempo. Para muchas personas, está claro que nubes siniestras están oscureciendo nuestro futuro y que los acontecimientos están llegando a un punto crítico. Muchos se preguntan: «¿Es este el fin?».

Cristianos y secularistas por igual están planteando esa pregunta. Los cristianos se preguntan si los últimos tiempos profetizados en el libro de Apocalipsis están sobre nuestras cabezas. ¿Es el desorden creciente que estamos experimentando un precursor del próximo rapto de la iglesia y el regreso final de Cristo? Los secularistas se preguntan si la nación está al borde de colapsar hacia una anarquía económica, racial y política; o si alguna nación hostil como Rusia, China o Irán podría desatar su furia atómica sobre nuestras ciudades; o si terroristas islámicos militantes que inundan nuestras porosas fronteras podrían infligir daño suficiente para hacer que nos rindamos.

Nuestra ansiedad actual me recuerda una historia que salió del bombardeo nazi sobre Londres que comenzó a finales de 1940. Los londinenses rápidamente establecieron un sistema de emergencia de sirenas antiaéreas y refugios contra las bombas, y más adelante los niños fueron enviados a otras ciudades para mantenerlos seguros; pero antes de que pudiera organizarse esa evacuación, niños y adultos por igual tuvieron que soportar los sonidos aterradores de bombas que caían, el rugir de los aviones por encima de sus cabezas, las ráfagas de los cañones antiaéreos, y las resonantes explosiones de bombas que destruían objetivos en Londres.

Una niñita regresaba a casa de la escuela cuando de repente comenzaron a sonar las sirenas. Ella sabía qué hacer, porque ya lo había hecho varias veces anteriormente. Dejó caer sus libros y corrió precipitadamente hacia su casa. Aviones nazis zumbaban a poca distancia por encima de la ciudad; disparos de la Fuerza Aérea Real sacudían el aire; una bomba explotó a una manzana de distancia. Cuando ella llegó a su casa, su frenético padre la agarró y apresuró a la familia hacia el refugio más cercano, y allí se amontonaron en la oscuridad con otras familias mientras la aterradora cacofonía de la guerra rugía en el exterior.

La niñita, aferrándose a su padre, dijo: «Papi, por favor, ¿podemos irnos a otro lugar donde no haya cielo?».

Quizá usted esté deseando eso mismo. El cielo parece listo para caer sobre su cabeza, y se pregunta si hay algún lugar donde pueda sentirse seguro. El cielo cayó sobre los Puritanos de Inglaterra cuando las autoridades reprimieron su libertad de culto; ellos llegaron a Estados Unidos y encontraron la libertad religiosa que estaban buscando. Ahora parece ser que el cielo puede que esté cayendo sobre Estados

Unidos, y cuando vemos el estado en que está el mundo en general, nos preguntamos si hay algún lugar de refugio.

Para la mayoría de nosotros, está claro que las cosas no pueden seguir como están, y nos preguntamos: ¿está llegando a su fin todo lo que hemos conocido? ¿Es demasiado tarde para salvar nuestra nación? ¿Nuestro mundo? ¿Dónde podemos acudir para encontrar una razón realista para la esperanza?

Estas son preguntas que abordaré en este libro; pero para evitar la posible acusación de que estoy prometiendo más de lo que puedo entregar, diré enseguida que algunas de las respuestas que buscamos están escondidas en la mente de Dios. Solo Él sabe si los parpadeantes rescoldos de las llamas de Estados Unidos pueden recibir un soplo y cobrar vida otra vez; y solo Él conoce el calendario del regreso de Cristo.

Pero la pregunta es: «¿Hay esperanza?», ¡y puedo responder con un sí rotundo y resonante! Sin embargo, debe cuidarse de que su esperanza esté correctamente situada.

Estados Unidos ya ha sido desechado antes. En la Revolución de 1776, muchos, posiblemente la mayoría, pensaron que el ejército improvisado de ciudadanos de las Colonias no era rival para las experimentadas tropas británicas. Cuando los británicos capturaron Washington, DC, en 1814, muchos pensaron que la joven nación había sufrido una muerte prematura. En los oscuros días de la Guerra Civil muchos dudaron de que Estados Unidos sobreviviría y quedaría intacta, y el mismo sentimiento de desastre marcó la Gran Depresión de la década de 1930. Incluso en los primeros años de la Segunda Guerra Mundial, el resultado estaba lejos de estar asegurado; pero cada vez, la nación sobrevivió a la crisis y resurgió con una fuerza renovada.

¿Volverá a revivir Estados Unidos? ¿Revertiremos nuestro descenso y recuperaremos nuestro respeto, fuerza y estabilidad? Quizá, o quizá no. Pero esas no son las preguntas que realmente deberíamos plantear. Si la supervivencia de Estados Unidos y la estabilidad del mundo son las fuentes de su esperanza, entonces su esperanza está tristemente mal situada. La pregunta que debemos abordar no es si Estados Unidos y el mundo recobrarán su posición anterior, sino cómo responderá usted si lo hacen o si no lo hacen. De eso se trata este libro.

En mis relaciones actuales con personas, veo cuatro respuestas comunes a los crecientes temores acerca del futuro, tres incorrectas y una correcta. La primera respuesta incorrecta es la negación. Muchas personas están enterrando la cabeza en la arena, y viven con la ilusión de que nada cambiará materialmente, negándose a prestar atención a las nubes que se acumulan en el horizonte. La segunda respuesta incorrecta es la desesperación. El colapso es inevitable; no hay ninguna esperanza; no se puede hacer nada, y estamos condenados. Las nubes en el horizonte se han colado en su alma, permitiendo que su temor al mañana oscurezca su presente. La tercera respuesta incorrecta es una contra la cual nos advirtió Salomón. La muerte está llamando a la puerta, así que acumulemos todos los deleites que podamos en el tiempo que nos queda porque «no tiene el hombre bien debajo del sol, sino que coma y beba y se alegre» (Eclesiastés 8.15). Ninguna de estas respuestas es productiva; ninguna de ellas ofrece esperanza.

La respuesta correcta es mirar por encima de la tormenta que se está formando hacia la única fuente de esperanza sólida y segura: a Dios mismo. Esperanza en el futuro de Estados Unidos y la estabilidad del mundo son poco más que meras ilusiones; no es confiable. La esperanza que Dios ofrece es la única esperanza realista y absoluta que conlleva la promesa de un resultado asegurado.

No sabemos si Estados Unidos caerá pronto, ni tampoco sabemos cuándo regresará el Señor; pero sí sabemos que cualesquiera que sean nuestras circunstancias, el deseo de Dios para nosotros es que vivamos sin ansiedad y con esperanza. Él nos ofrece «planes de bienestar y no de calamidad», y quiere darnos «un futuro y una esperanza» (Jeremías 29.11, NVI).

En este libro le mostraré cómo encontrar esa esperanza. Es una esperanza que no depende de si Estados Unidos cae o se recupera, o de si el orden mundial se estabiliza o se desintegra. Es una esperanza que se eleva por encima de los problemas y el caos, permitiéndole mantener su enfoque en su recompensa futura y soportar cualquier cosa que llegue, sea buena o mala, con gracia y con ecuanimidad.

El beneficio añadido de esta esperanza es que quienes la ejercitan delante de otros establecen un ejemplo que bien puede marcar una diferencia en el resultado. Suficientes cristianos que muestran fe en Dios podrían ser la sal que salve a Estados Unidos.

—DR. DAVID JEREMIAH
San Diego, California
Junio de 2016

¿ES ESTE EL FIN
DE ESTADOS UNIDOS?

LA ÉPOCA DEL «TODO VALE»

El día 8 de mayo de 2011, Tony Bennett cruzó el escenario del Jacob Javits Center para cantar un par de baladas y dar comienzo al programa de una famosa organización benéfica de la ciudad de Nueva York. Toda la multitud que tenía delante de él resplandecía con las celebridades más importantes de Nueva York. La voz atemporal de Bennett emocionó a todos, y todos se maravillaban de la capacidad continuada de un cantante melódico de ochenta y cinco años de edad para encantar a una audiencia.

Pero más avanzada la noche fue Bennett mismo quien quedó encantado mientras escuchaba a una cantante que era exactamente sesenta años menor que él. Quedó conquistado por la fuerte y sonora voz de Lady Gaga. Bennett confesó después que se le puso la carne de gallina al escuchar la potencia y la claridad de sus canciones, y se convirtió en un fan al instante. Al encontrarse con ella entre bambalinas, Bennett la agasajó con historias de su compositor favorito, Cole Porter, y le pidió impulsivamente que colaborase con él en un proyecto de grabación.[1] El álbum, *Cheek to Cheek*, salió en 2014, y la primera canción fue «Anything Goes» [Todo vale] de Porter».[2]

Fue una elección apropiada. «Anything Goes» es una canción enérgica, cuyo ritmo se sigue con la punta del pie; uno no puede evitar sonreír mientras tararea la melodía, pero su letra, escrita en 1934, celebraba la caída libre de la moralidad del siglo XX estadounidense. La canción presume de cómo han cambiado los tiempos y afirma que a los puritanos les espera una conmoción. La letra se jacta de que la blasfemia y la desnudez están de moda. A pesar de su modernidad que hace que se muevan las puntas de los pies, «Anything Goes» representa el relativismo moral que ha infectado nuestra cultura, dejando a Occidente al borde del colapso espiritual.

Irónicamente, es una filosofía que arruinó la vida de Porter. El famoso compositor se crió en una granja de Indiana; su madre asistía a la iglesia, pero eso no impresionaba a su hijo. «Nunca sentí que la religión fuera algo serio para ella», recordaba él. «No tenía ninguna importancia. Ella iba para presumir de sus sombreros nuevos».[3]

Porter aprendió a tocar el violín a los seis años de edad y el piano a los ocho; con la ayuda de su madre, publicó su primera canción a los diez años. Mientras estudiaba en Yale, se sumergió en la deslumbrante vida nocturna de Nueva York y se enamoró del teatro. Escribió su primera melodía para un espectáculo de Broadway en 1915 y después pasó a proporcionar a cantantes melódicos, como Tony Bennett y Frank Sinatra, decenas de éxitos: «I've Got You Under My Skin», «Night and Day», «Just One of Those Things», «Don't Fence Me In» y «I Get a Kick out of You».

Sus fans no entendían que sus canciones de amor las escribía para sus novios, que su matrimonio era una farsa, o que lo que ganaba financiaba una serie interminable de fiestas en las que «todo vale». «Su vida era una especie de teatro», recuerda el actor Kevin Kline. «Tenía un enorme apetito de placer: gastronómico y sexual. Era un curioso empedernido».[4]

Porter disfrutaba de la aclamación del público, de un gran poder adquisitivo y de cuatro hermosas casas, todas bien amuebladas y en un mantenimiento perfecto para recibir a sus visitas. Su apartamento en París estaba revestido de papel pintado plateado con sillas tapizadas de pieles de cebra. Su suite de nueve habitaciones en las Torres Waldorf de Nueva York era un museo virtual de sus pertenencias y sus premios. También tenía una hacienda en Massachusetts y una casa en California.[5]

Porter vivía tal como cantaba: «todo vale». Pero después de resultar herido en un accidente ecuestre, nunca recuperó la salud o la felicidad. Se encerró y pasó sus últimos años deprimido, enfermo, bebiendo y drogándose. Cuando su salud se deterioró hasta el punto de no poder seguir anestesiándose con alcohol, tenía cerca un alijo de cigarrillos, y decía: «Es lo único que me queda».[6]

En 1964, Porter llegó en silla de ruedas a un hospital de California por última vez. La enfermera examinó al paciente, quizá preguntándose cómo alguien tan famoso podía verse tan deprimente. Marcando los puntos del cuestionario, la enfermera llegó al tema de la religión del paciente.

—Déjelo en blanco —respondió Porter.

—¿Protestante? —dijo la enfermera.

—Ponga: ninguna.

—¿Por qué no poner protestante? —preguntó un amigo que sabía que la madre de Porter había asistido a iglesias bautistas. Pero por insistencia de Porter, la respuesta fue un claro *ninguna*. Poco después de que le llevaran a su habitación en silla de ruedas, él envió a alguien para que destruyera sus fotografías pornográficas. Después de haber hecho eso, murió.

«Estuvo terriblemente solo al final», dijo un amigo. «En realidad no tenía nada ni a nadie cercano a él».[7]

Su secretaria se lamentaba de que su jefe nunca encontrara la fortaleza que provenía de la fe en Dios. «Sin fe, uno es como una vidriera en la oscuridad», dijo ella. «Cómo llegar a su oscuridad particular», añadió, «es un enigma».[8]

Una oscuridad parecida ha descendido sobre nuestro mundo, y la cultura estadounidense se parece ahora a esa vidriera por la que no entra luz. Vivimos en un mundo donde todo vale pero nada satisface. A pesar de cómo celebren el relativismo moral de Estados Unidos compositores y críticos sociales, deja a las personas terriblemente solas al final. Por eso me entristezco al evaluar la cultura popular actual y por qué es tan vital que los seguidores de Cristo se resistan a los cantos de sirena de nuestra época cada vez más decadente.

LA EXPRESIÓN DE NUESTRO DECLIVE MORAL

La Biblia anticipó que llegarían tiempos decadentes como nuestra era actual. Al hablar de su segunda venida, el Señor Jesús dijo: «Mas como en los días de Noé, así será la venida del Hijo del Hombre» (Mateo 24.37).

¿Cómo eran aquellos «días de Noé»? Génesis 6.5 nos dice: «Y vio Jehová que la maldad de los hombres era mucha en la tierra, y que todo designio de los pensamientos del corazón de ellos era de continuo solamente el mal». Esta es una descripción de la sociedad barrida por el Diluvio.

En su libro sobre los días de Noé, Jeff Kinley escribió:

Si la Biblia es correcta al afirmar que toda la población de la tierra pensaba solamente en el mal continuamente, sin duda esos pensamientos malvados habrían incluido promiscuidad sexual, adulterio y perversión, al igual que violación, prostitución, homosexualidad y lesbianismo, y pedofilia. ¿Suena eso extremo o muy lejano? El hecho de que la mayoría de esas aberraciones y perversiones han sido predominantes entre nosotros desde los días de Noé, no es exagerado imaginar cuán notorias habrían sido en un mundo sin ninguna brújula o restricción moral.[9]

Quizá Estados Unidos no se haya hundido aún hasta las profundidades de los tiempos de Noé; pero como digo en mi libro *I Never Thought I'd See the Day*: «Nuestra brújula moral parece que ya no tiene un "norte verdadero". La aguja da vueltas sin parar, buscando una dirección en la cual detenerse».[10]

Segunda de Timoteo 3.1–5 dice:

También debes saber esto: que en los postreros días vendrán tiempos peligrosos. Porque habrá hombres amadores de sí mismos, avaros, vanagloriosos, soberbios, blasfemos, desobedientes a los padres, ingratos, impíos, sin afecto natural, implacables, calumniadores, intemperantes, crueles, aborrecedores de lo bueno, traidores, impetuosos, infatuados, amadores de los deleites más que de Dios, que tendrán apariencia de piedad, pero negarán la eficacia de ella.

La descripción de la generación de Noé y la predicción que hace Pablo de la generación que introducirá los últimos tiempos resumen la depravación del hombre; sí, incluso la depravación total del hombre. Sé que *depravación total* es un término controvertido y, sin duda, se malentiende con frecuencia.

Depravación total no significa, como piensa la mayoría de la gente, que los seres humanos son tan depravados como podrían serlo. Eso, por necesidad, significaría que no hay nada bueno en los seres humanos; pero sabemos que no es ese el caso. No todos los seres humanos son borrachos, malhechores, adúlteros o asesinos. Muchos son nobles, generosos, abnegados, de moral elevada y amorosos. Depravación total define la extensión, no el grado, de nuestra impiedad; en otras palabras, aunque nuestra depravación no nos hace ser tan malos como podríamos ser, sí nos afecta en todas las áreas de nuestro ser, corrompiendo cada parte de nuestra condición de humanos en diversos grados.

Charles Swindoll escribió:

Si la depravación fuera azul, estaríamos totalmente cubiertos de azul. Si nos hicieran un corte en cualquier lugar, sangraríamos azul; si examinaran nuestra mente, encontrarían pensamientos azules; si penetraran en nuestra visión, habría imágenes azules llenas de avaricia y lujuria; si entraran en nuestro corazón, se hallarían emociones azules de odio, venganza y culpabilidad. Si entraran en nuestra voluntad, descubrirían decisiones y respuestas de color azul oscuro.[11]

Además, J. Dwight Pentecost explicó:

La doctrina de la depravación tiene que ver no con la estimación que el hombre hace del hombre, sino más bien con la estimación que Dios hace del hombre. Somos los herederos de generaciones de la enseñanza de la evolución, la cual ve al hombre en una espiral siempre ascendente, elevándose cada vez más alto desde la profundidad de la cual ha surgido, hasta que finalmente llegará a las estrellas. Este concepto está tan divulgado, que de algún modo hemos llegado a sentir que hay tanto bien en el peor de nosotros que el hombre no está tan mal, después de todo. Cuando el hombre es quien mide a los hombres, siempre podemos encontrar a alguien que esté más abajo de lo que estamos nosotros en la escala moral o ética, y la comparación nos proporciona un sentimiento de satisfacción de nosotros mismos. Pero las Escrituras no miden a los hombres según el hombre, sino según Dios que los ha creado. La criatura es medida por el Creador, y es deficiente.[12]

La depravación humana es un síntoma de nuestro aislamiento de Dios, que se produjo en la caída cuando el hombre y la mujer rechazaron al Espíritu de Dios y escogieron seguir sus propios deseos. Sin Dios al volante del corazón humano, somos como un auto sin conductor que corre a toda velocidad por la autopista. Es inevitable que se produzca un accidente.

Esta depravación, o impiedad, es la raíz del declive moral de Estados Unidos. Deseamos lo que nos hace sentir bien en lugar de lo que *es* bueno. Nuestra depravación se manifiesta de varias maneras. Veamos algunos ejemplos.

Depravación en nuestras mentes

En enero de 2016 el sitio más grande de pornografía en línea en la Internet publicó sus estadísticas anuales. Solamente en esta página web y solamente en el año 2015 los consumidores vieron 4.392.486.580 horas de pornografía. Convirtamos esas horas en años, y significa que esas personas colectivamente pasaron más de 500.000 años viendo pornografía.

En este sitio en particular y solamente en 2015 las personas vieron 87.849.731.608 videos calificados para adultos. ¡Más de ochenta y siete mil millones! Eso supone doce videos por cada hombre, mujer, niño y niña en el planeta.

Al informar de esas estadísticas, Jonathon van Maren advierte que gran parte de esta pornografía era «material duro» e «impulsado por el mercado». Él dice: «Las personas querían ver a mujeres humilladas; golpeadas; violadas. Millones y millones de ellas… Necesitamos tomarnos esto en serio, o nuestras iglesias se ahogarán en un mar de suciedad juntamente con el resto de la cultura».[13]

Y empeora aún más. Se calcula que más de una tercera parte de la pornografía en la Internet está relacionada con niños.[14] Me puso enfermo leer sobre la prevalencia de la pornografía infantil en nuestro país. Según un artículo de la CNN, Estados Unidos es el hogar de más páginas comerciales pornográficas infantiles que ningún otro lugar en la tierra.[15] Cada día, 116.000 búsquedas en la Internet están relacionadas con la pornografía infantil, y cada año 300.000 niños o más en Estados Unidos son forzados a participar en el mercado sexual comercial. Un 68% de los niños con quienes se trafica en el mercado sexual han estado bajo el cuidado de los servicios sociales o el cuidado de acogida; y uno de cada diez niños será víctima de abuso sexual en nuestro país.[16]

Las cicatrices emocionales de ese tipo de abusos duran toda la vida. Un reciente estudio australiano descubrió que «los jóvenes que habían experimentado abuso sexual infantil tenían un índice de suicidio que era de 10,7 a 13,0 veces más alto que el índice nacional australiano... El 32% de los niños que sufrieron abuso habían intentado suicidarse».[17]

La otra cara del problema de la pornografía infantil tiene que ver con niños inocentes que se tropiezan sin querer con material morboso en su casa o en las computadoras de la escuela. Muchos niños crecen con una exposición constante a la pornografía, lo cual les ciega a sus peligros. Un estudio Barna descubrió que la mayoría de adolescentes están tan aclimatados a la cultura que creen que no reciclar es más inmoral que la pornografía.[18]

La pornografía y el abuso infantil no son los únicos síntomas de nuestra sociedad repleta de sexo. Existe el «sexting», la práctica de enviar fotografías explícitas de uno mismo por el teléfono celular. Se ha convertido en un fenómeno entre adolescentes y jóvenes adultos, y los sondeos muestran que el 62% de adolescentes y jóvenes adultos ha recibido una imagen sexualmente explícita, y el 41% ha enviado una.[19]

El joven escritor judío y comentarista político Ben Shapiro escribió en su libro *Porn Generation* [Generación porno]: «Soy un miembro de una generación perdida. Hemos perdido nuestros valores... En un mundo donde todos los valores son iguales, donde todo es simplemente cuestión de elección, el narcisismo gobierna la época... La aceptación dominante de la pornografía se ha convertido en un hecho social».[20]

No tengo espacio para describir el sexo, la violencia, y la naturaleza adictiva de algunos de los videojuegos actuales y del entretenimiento digital interactivo. Y veamos lo que hay en la televisión, no solamente en los canales por cable, sino también en las redes principales. Pensándolo mejor, ¡no lo veamos! Cada temporada empeora aún más. A veces meneo la cabeza casi con desesperación y digo: «¿Qué será lo siguiente?».

En la época de Noé, todo pensamiento e intención del corazón era continuamente el mal, y ahora tenemos la tecnología para tomar las fantasías más morbosas de la mente humana y proyectarlas en una pantalla que un niño puede sostener entre sus manos. Todo esto ha conducido al embrutecimiento de la cultura occidental. Nos hemos vuelto un pueblo profano, cada vez con menos restricciones en la conducta y el lenguaje, y con un respeto cada vez menor por la vida humana.

Depravación en nuestros matrimonios

En el caso de 2015 de *Obergefell contra Hodges*, el Tribunal Supremo de Estados Unidos, con una votación de 5 a 4, se atrevió a «redefinir» el matrimonio para que incluyera relaciones comprometidas entre parejas del mismo sexo. Pongo entre comillas «redefinir» porque la definición inherente del matrimonio no puede ser alterada por ningún agente humano.

Dios mismo definió el pacto matrimonial en Génesis 2, en el jardín del Edén, mucho antes de que se establecieran gobiernos humanos. Él originó la ordenanza del matrimonio antes de que se diera la ley mosaica, antes de que existiera el Estado de Israel, antes de que fuera fundada la iglesia, y antes de que se reuniera ningún consejo eclesial. El Señor estableció la fórmula para el matrimonio antes de que llegara a existir ninguna de esas instituciones, y es tan inviolable como la ley de la gravedad o los axiomas de la física.

Jesús describió el matrimonio de este modo: «Pero al principio de la creación, varón y hembra los hizo Dios. Por esto dejará el hombre a su padre y a su madre, y se unirá a su mujer, y los dos serán una sola carne; así que no son ya más dos, sino uno» (Marcos 10.6–8). En otras palabras, matrimonio es matrimonio solamente cuando implica la unión de dos seres con atributos complementarios diseñados específicamente para el propósito de ser uno. Dios ordenó el matrimonio como un pacto para toda la vida entre estos dos seres, un hombre y una mujer, y este es el único ámbito adecuado y dado por Dios para el ejercicio de las relaciones sexuales.

No podemos controlar lo que haga una sociedad secular, pero como cristianos podemos demostrar un camino mejor y permitir que la Palabra de Dios gobierne nuestras propias convicciones y nuestra conducta. Sin embargo, la decisión del Tribunal sobre *Obergefell contra Hodges* sitúa innegablemente en un lugar difícil a los creyentes en la Biblia. El juez Samuel A. Alito Jr., en su disconformidad con la opinión mayoritaria, predijo que esta decisión se convertiría en una base para una discriminación legal agresiva contra aquellos que sostuvieran una perspectiva bíblica del matrimonio:

> Será utilizada para vilipendiar a los estadounidenses que no estén dispuestos a asentir a la nueva ortodoxia. En el curso de su opinión, la mayoría compara las leyes tradicionales del matrimonio con leyes que negaban un trato igualitario para afroamericanos y mujeres. Las implicaciones de esta analogía serán explotadas por aquellos que están decididos a pisotear cualquier vestigio de disconformidad.[21]

Como verá en el tercer capítulo de este libro, titulado «El aumento de la intolerancia», la advertencia del juez Alito fue profética.

Depravación en nuestro ejército

Mientras escribía este capítulo, leí sobre una exposición PDG/DEC en una clínica de Administración de Veteranos en Akron, Ohio. Entre los objetos que se mostraban estaba una Biblia, que es históricamente apropiada, ya que he leído muchos testimonios que explicaban cómo soportaron los prisioneros de guerra su cautividad solamente porque la Palabra de Dios los sostuvo; sin embargo, la Administración quitó la Biblia debido a las protestas de los secularistas. El espacio en la mesa de la exposición ahora está vacío, un testigo silencioso de la intolerancia de aquellos decididos a librar a la sociedad estadounidense de influencia de las Escrituras.[22]

Los miembros de nuestras fuerzas armadas que creen en la Biblia se enfrentan a nuevas restricciones a la hora de expresar su religión, y nuestros capellanes militares están en primera línea de la intensa presión políticamente correcta. Aunque no se prohíbe oficialmente la oración voluntaria, los servicios religiosos o la consejería pastoral en este momento, ha habido varias ocasiones en que capellanes cristianos se han encontrado con fanáticos políticamente correctos por orar en el nombre de Jesús, aconsejar desde una perspectiva cristiana, y expresar normas bíblicas para la sexualidad.

Como escribió John J. Murray, un ministro de la Iglesia Libre de Escocia: «Estamos de nuevo en la situación que había en los tiempos de la iglesia primitiva… El Imperio Romano, bajo el cual muchos cristianos fueron martirizados, era pluralista y supremamente tolerante de la religión. Las únicas personas a las que no podían tolerar eran a los cristianos».[23]

Depravación en la medicina

El doctor Paul Church es uno de los médicos más queridos de Boston, un urólogo que invirtió veintiocho años practicando la medicina en el centro médico Beth Israel Deaconess y enseñando en la

Universidad de Harvard. Recientemente, oficiales del hospital notaron que en el portal en línea del hospital el doctor Church había expresado su preocupación acerca de los peligros para la salud muy reales y bien documentados de la actividad sexual entre personas del mismo sexo. Los administradores del hospital le indicaron que dejara de expresar sus perspectivas, una demanda que él consideró una orden para guardar silencio y una violación de sus derechos públicos y privados bajo el acta de derechos civiles de Massachusetts. «Celebrar las perversiones sexuales es muy inapropiado», escribió como respuesta, «en especial en el contexto del centro médico que debería ser consciente de las consecuencias negativas para la salud que tienen las conductas de alto riesgo».

En septiembre de 2014, el hospital lanzó una investigación formal de las perspectivas del doctor Church, el comienzo de una batalla larga y perdida para él. Ahora ha sido expulsado del hospital.[24]

Quizá el ejemplo más patente de depravación en la medicina es lo que se denomina «la industria del aborto». Desde que el Tribunal Supremo legalizó el aborto en 1973, más de cincuenta y ocho millones de bebés han sido asesinados legalmente. Según la investigación del Instituto Guttmacher, el índice de abortos en Estados Unidos desde 1975 ha estado aumentando regularmente en más de un millón por año.[25]

No tengo el espacio suficiente para examinar muchas otras áreas de la decadencia moral de la sociedad: la pérdida de ética en los negocios; la destrucción de la vida familiar y el índice de nacimientos fuera del matrimonio; la pérdida del concepto de paternidad en nuestra sociedad; el materialismo desenfrenado que nos está impulsando a una deuda cada vez más profunda; el abuso de sustancias, alcoholismo y trastornos adictivos fuera de control; la falta de civismo en el discurso público; tensiones raciales; los escándalos de dopaje en los deportes; la especulación y el juego; el engaño y el acoso escolar; y nuestros índices de delito y las poblaciones carcelarias. Incluso nuestros superhéroes de los cómics se han vuelto más enérgicos, más sombríos y más oscuros a medida que las líneas entre el bien y el mal se han ido difuminando y rompiendo.

En su libro *La desaparición de la gracia*, Philip Yancey resumió la caída libre de la moralidad de nuestra nación:

> En el tiempo que llevo de vida, la tasa de divorcios se ha duplicado, los índices de suicidios de adolescentes y crímenes violentos se han triplicado, y el de los nacimientos fuera del matrimonio se ha sextuplicado. Con menos del cinco por ciento de la población mundial, Estados Unidos alberga casi la cuarta parte de los presos que hay en el mundo entero (alrededor del mismo número que Rusia y China combinadas). Nos hemos llegado a acostumbrar a ver personas sin techo que duermen en los parques y debajo de los puentes, algo que era prácticamente desconocido durante mi niñez. Las causas principales de las muertes son autoinfligidas, como efectos secundarios del tabaquismo, la obesidad, el alcohol, las enfermedades venéreas, las drogas y la violencia.[26]

LA EXPLICACIÓN DE NUESTRO DECLIVE MORAL

Es momento de hacer la pregunta: ¿cómo se desvió la moralidad occidental hacia una pendiente tan resbaladiza? ¿Qué nos sucedió? Puedo explicarlo de dos maneras: históricamente y bíblicamente.

La explicación de la historia

La explicación histórica se remonta a la Ilustración del siglo XVIII. En la Edad Media, el mundo occidental, a pesar de toda su oscuridad y depravación, al menos tenía un entendimiento de la verdad objetiva. La existencia de Dios se daba por sentada, lo cual proporcionaba una base para la creencia en valores absolutos de bien y mal. La Reforma del siglo XVI encendió esta verdad; pero tras la estela de la Reforma, el pensamiento secular de la Ilustración (o la Era de la Razón) salió desde Francia como un campo de fuerza por Europa y hasta el Nuevo Mundo.

Muchos de los pensadores de la Ilustración no pudieron sacudirse totalmente la creencia en la existencia de Dios, pero lo relegaron a la insignificancia al fomentar una religión de deísmo, la enseñanza de que el Creador, si existe, no se interesa en el mundo ni interviene en él. Ellos creían que los seres humanos eran la verdadera fuerza moral del universo y, como escribió el amigo de Voltaire, Marie-Jean-Antoine-Nicolas de Caritat, en «la idea de la perfectibilidad sin límite de la especie humana».[27] Él creía que esta nueva doctrina daría el golpe final a la religión.

A medida que la filosofía se fue distanciando de la religión, la moralidad quedó liberada de la autoridad divina. Esta «libertad» recién encontrada y la doctrina de la perfectibilidad de la humanidad preparó el escenario para todo tipo de daños: el movimiento comunista de Karl Marx, el liberalismo teológico de Julius Wellhausen, y la hipótesis de la evolución de Charles Darwin. La creencia unificadora, que puso el fundamento para la filosofía del secularismo, es la siguiente: Dios, si existe, es irrelevante. La humanidad lleva las riendas, y los seres humanos están evolucionando biológicamente, socialmente, gubernamentalmente y moralmente. Olvidémonos de responder ante un Creador santo; somos responsables de nosotros mismos, y ahora podemos gobernar nuestra moralidad mediante el consenso civil.

Las ideas evolutivas de Darwin se difundieron a todas las demás áreas de pensamiento, incluidos ámbitos filosóficos no científicos. Estamos cambiando constantemente y en evolución continua, decían los pensadores «ilustrados», y eso incluye nuestros valores. La moralidad darwiniana, la filosofía de la supervivencia del más fuerte, sustituyó a los códigos de conducta y el carácter bíblicos.

Dave Breese en su libro *Seven Men Who Rule the World from the Grave* [Siete hombres que gobiernan el mundo desde la tumba], escribió:

> En ese tiempo, la evolución estaba de camino hacia capturar el mundo académico y los procesos de pensamiento del hombre promedio. Prácticamente todo el mundo creía que la historia estaba avanzando desde lo ordinario y lo animalista hacia lo sublime e incluso lo angélico... El darwinismo social persuadía rápidamente a la sociedad... de que ningún problema era irresoluble, ninguna dificultad insoluble. Dado el tiempo suficiente, todo saldría bien. La humanidad tenía en ella un potencial que no podía negarse.[28]

La creciente marea de secularismo humanista fue calzada en el sistema educativo estadounidense por John Dewey, un tímido y estudioso educador que era natural de Vermont. El principio central de Dewey era el rechazo de la verdad absoluta e inmutable. Él creía que la verdad final era una ilusión.[29] Breese explicó: «Este humanismo, del cual Dewey era una fuente... se generalizó en nuestras escuelas estadounidenses, especialmente en el nivel de posgrado. Desde ese momento en adelante, el punto de vista gobernante en la educación estadounidense fue que no había ningún punto de vista gobernante».[30]

Aproximadamente en esa época, el sistema judicial estadounidense entró en escena y comenzó a exigir el secularismo casi como si fuera la nueva religión oficial de la nación. El famoso juicio *Scopes* en Dayton, Tennessee, en 1925 movió la solidaridad por enseñar la evolución en las escuelas. En 1963 el Tribunal Supremo de Estados Unidos prohibió a los oficiales de las escuelas organizar o dirigir la lectura de la Biblia o ejercicios de oración en las escuelas. Dos generaciones posteriores nos han mostrado cuán bien ha funcionado eso.

Ante este telón de fondo, el relativismo moral entró con fuerza en la cultura pop entre la década de 1920 y la de 1960, preparando el escenario para la revolución sexual de la década de 1960 hasta la de 1980. Hollywood se subió al tren, y los valores morales de Estados Unidos fueron descendiendo como los gráficos económicos de la Gran Depresión.

Mientras tanto, el secularismo, la eliminación del teísmo o de la conciencia de Dios de la vida pública, se ha convertido en la religión *de facto* de Estados Unidos. Mi amigo Ravi Zacharias escribe: «Hay que reconocer que una perspectiva secular es con propósito el ímpetu subyacente que impulsa a la cultura occidental en el presente».[31]

Como lo expresa Os Guiness, la secularización es «el proceso mediante el cual las ideas, instituciones e interpretaciones religiosas han perdido su significado social».[32]

Al Mohler hace un útil resumen de cómo llegamos hasta donde estamos actualmente. En la era premoderna de la antigüedad y el periodo medieval, era *imposible no creer*. No había ninguna alternativa intelectual a la creencia en Dios. En la era moderna, se volvió *posible no creer* a medida que filósofos comenzaron a plantear alternativas. Hoy día, los secularistas afirman que es *imposible creer*. Las alternativas a Dios se han vuelto dominantes. Los cristianos se han convertido en «fugitivos intelectuales» en el mundo secular, dice Mohler. «El secularismo en Estados Unidos ha sido atendido por una revolución moral sin precedente y sin final... La historia del ascenso del secularismo es una revolución intelectual y moral asombrosa».[33]

Existen más causas para el colapso de la moralidad occidental, desde luego, muchos más nombres y muchos más movimientos. Aunque he proporcionado tan solo un bosquejo abreviado del colapso, no es simplista. Es una historia de ideas, y las ideas importan; cada una sigue a la otra como piezas de dominó que caen en línea sucesiva a lo largo de las décadas desde la Ilustración hasta la actualidad. Un pensador lo expresó del siguiente modo:

> Nuestra sociedad, llamada correctamente una civilización cristiana, se ha vuelto secular hasta un mayor grado del que los Solón de la civilización occidental habrían pensado que fuera posible. La educación, el gobierno, el comercio, los medios de comunicación y, en muchos casos la religión, han avanzado por las etapas progresivas de secularización desde el cristianismo hasta el ateísmo y, como resultado, no solo se ignora a Dios, sino se le resiente, opone e infama en cada oportunidad. Con una arrogancia inimaginable, nuestra sociedad ha declarado a Jesucristo *persona non grata* en la cultura. Concomitantemente, la Biblia ha perdido su autoridad suprema, la religión cristiana ha sido pluralizada, la familia está desapareciendo rápidamente, y la moralidad está decayendo.[34]

En resumen, no hay manera de saber dónde terminará una sociedad en la que «todo vale». O más bien, *sí* sabemos dónde termina una cultura así. Tarde o temprano da vueltas alrededor de los días de Noé.

La explicación de la Biblia

Hay otra manera de entender la destrucción de nuestra moralidad nacional. Necesitamos ver nuestros tiempos no solo con los lentes de la historia, sino también con los lentes de las Escrituras. Aunque la historia traza el declive filosófico de nuestros cimientos morales desde el medievalismo hasta el posmodernismo, la verdadera explicación se encuentra en la rebelión de la humanidad contra el carácter santo de Dios tal como se explica en su Palabra. Si realmente quiere entender lo que le está sucediendo en la actualidad a la moralidad occidental, recorra la cadena teológica desde el rechazo del Creador hasta el colapso moral total como lo describió Pablo en Romanos 1.18–32.

Este pasaje presenta la teoría del dominó más clara de la Biblia, a excepción de que no es ninguna teoría. Es un análisis infalible del modo en que una sociedad cae en espiral hasta las cloacas como si fuera el agua del baño que cae por la tubería. La explicación de Pablo prepara el escenario para su presentación clásica de la doctrina de la justificación por gracia mediante la fe, que es el tema del libro de Romanos y la única esperanza para el corazón humano.

Una cultura comienza a colapsar, dijo Pablo, cuando rechaza la realidad del creacionismo y de un Creador:

> Porque la ira de Dios se revela desde el cielo contra toda impiedad e injusticia de los hombres que detienen con injusticia la verdad; porque lo que de Dios se conoce les es manifiesto, pues Dios se lo manifestó. Porque las cosas invisibles de él, su eterno poder y deidad, se hacen claramente visibles desde la creación del mundo, siendo entendidas por medio de las cosas hechas, de modo que no tienen excusa. (Romanos 1.18–20)

La existencia de un Creador es obvia cuando estudiamos la creación misma, ya que su existencia y su complicado diseño gritan la necesidad de una fuente inteligente. ¿Cuán compleja es la creación? Considere lo siguiente: probablemente usted esté sentado en este momento mientras lee este libro, quizá en un sillón cómodo o en una cafetería. O quizá está de pie en una fila, esperando subirse a un avión, o está tumbado en la cama con este libro apoyado sobre el pecho. Puede que piense que está quieto e inmóvil, pero en realidad está moviéndose por el espacio a una velocidad fantástica.

Nuestra galaxia, la Vía Láctea, rota a casi 225 kilómetros por segundo mientras avanza rápidamente por el universo casi a 300 kilómetros por segundo como una montaña rusa que da vueltas a la vez que cae en picado por sus raíles. En el minuto que le ha tocado leer este párrafo, en realidad ha viajado miles de kilómetros. Más aún, usted está dando vueltas en un planeta que gira sobre su eje a la velocidad de casi 1.600 kilómetros por hora y orbita alrededor del sol a una velocidad de 106.000 kilómetros por hora. Si tuviera un avión capaz de alcanzar esa velocidad, cruzaría Estados Unidos en tres minutos.[35] Sin embargo, Dios ha ajustado el viaje para que usted no sienta ningún movimiento en absoluto. Una ligera equivocación de cálculo en estos movimientos tan complicadamente relacionados condenaría todas las cosas a un cósmico accidente de trenes de proporciones gigantescas, y sin embargo todo se mueve con la precisión de una vasta maquinaria diseñada por un maestro ingeniero.[36]

Cuando miro por un telescopio o un microscopio me sorprende la simetría, el alcance, y el orden sistemático de la creación. Como nos dice Salmos 19.1, el universo mismo hace que la existencia de Dios sea demasiado obvia para poder negarla: «Los cielos proclaman la gloria de Dios y el firmamento despliega la destreza de sus manos» (NLT). Esta gloria y complejidad confirman la afirmación de la Biblia en Salmos 14.1: «Dice el necio en su corazón: No hay Dios».

La razón fundamental para que la humanidad rechace esta evidencia obvia es que la existencia de un Creador implica su autoridad sobre toda su creación. Si estamos sujetos a un Creador, no somos autónomos, pues la moralidad está intrínsecamente arraigada en su carácter santo. No podemos vivir del modo que queramos, ni tampoco deberíamos. La pureza personal de Dios proporciona una base moral para el universo y proporciona las pautas mediante las cuales vivimos una vida saludable y santa.

Para escapar a estas implicaciones, nuestra sociedad ha decidido creer lo increíble: que todo salió de la nada en una explosión inexplicable de materia densa con un origen inexplicable; que el lodo primordial cobró vida de una sacudida; que las moléculas se desarrollaron desde el azar hasta la complejidad; y que los seres humanos son los accidentes resultantes: meras piezas de carbono destinadas a morir tan rápidamente como cobramos vida, que vivimos en un universo sin propósito y nos enfrentamos a un futuro sin ninguna esperanza suprema. Ese es el fundamento del secularismo, y conduce cuesta abajo en creencia y conducta. A continuación están los pasos cuesta abajo tal como el apóstol Pablo los describió.

Ingratitud

Pablo escribió: «Pues habiendo conocido a Dios, no le glorificaron como a Dios, ni *le dieron gracias*, sino que se envanecieron en sus razonamientos, y su necio corazón fue entenebrecido» (Romanos 1.21).

Idolatría

Pablo siguió diciendo en Romanos 1.22–23: «Profesando ser sabios, se hicieron necios, y cambiaron la gloria del Dios incorruptible en semejanza de imagen de hombre corruptible, de aves, de cuadrúpedos y de reptiles».

Dios creó el corazón del ser humano con un vacío que solo se puede llenar con el amor de Dios. Ese hueco demanda ser lleno con algo, y cuando rechazamos al Dios verdadero, inevitablemente formamos otros dioses para llenarlo. Eso se llama idolatría.

En la antigüedad, incluso en el presente en algunas sociedades, idolatría significaba la adoración de estatuas, imágenes y fetiches; pero no hay que inclinarse delante de una estatua de piedra para ser un idólatra. Un ídolo es cualquier cosa que ocupe el primer lugar en su vida; cualquier cosa que esté por delante de Jesucristo en sus afectos o prioridades, ese es su ídolo. En Colosenses 3.5 el apóstol Pablo les dijo a sus lectores: «Haced morir, pues, lo terrenal en vosotros: fornicación, impureza, pasiones desordenadas, malos deseos y avaricia, que es idolatría». En nuestra época materialista, millones de personas sirven al dios del dinero, las posesiones y la creación de riqueza. Cuando nuestro deseo de éxito financiero hace sombra a nuestro amor por Dios, eso se vuelve tan idólatra como arrodillarse delante de una imagen hecha por hombres. Nuestras metas, ambiciones, sueños, obsesiones, adicciones, placeres u opiniones pueden convertirse en nuestros dioses.

Incluso nuestras familias, hijos o seres queridos pueden convertirse en nuestros ídolos. Jesús dijo: «El que ama a padre o madre más que a mí, no es digno de mí; el que ama a hijo o hija más que a mí, no es digno de mí; y el que no toma su cruz y sigue en pos de mí, no es digno de mí. El que halla su vida, la perderá; y el que pierde su vida por causa de mí, la hallará» (Mateo 10.37–39).

No nos equivoquemos: cuando rechazamos al Dios Creador de las Escrituras, debemos encontrar un sustituto. Cuando rechazamos a Dios, nos alejamos de su amor y provisión y nos convertimos en nuestro propio dios.

Donald Baillie nos ayuda a visualizar lo que sucede cuando nos alejamos del amor de Dios. Él representó a la humanidad de pie en un círculo de cara a Dios en el centro:

En ese círculo, todos debiéramos estar de pie, vinculados por manos amorosamente unidas, mirando hacia la Luz en el centro, que es Dios; viendo a nuestros congéneres alrededor del círculo a la luz de ese Amor central, que brilla sobre ellos y hermosea sus caras, y uniéndonos con ellos en la danza del gran juego de Dios, el ritmo del amor universal. Pero en lugar de eso, cada uno de nosotros ha dado la espalda a Dios y al círculo de nuestros congéneres y ha mirado al lado contrario, de modo que no podemos ver ni la Luz que está en el centro ni las caras en la circunferencia. Y ciertamente, en esa posición, ¡es difícil incluso unir nuestras manos con nuestros congéneres! Por lo tanto, en vez de jugar al juego de Dios jugamos, cada uno, a nuestro propio juego egoísta… Cada uno de nosotros desea estar en el centro, y hay una confusión ciega, y ni siquiera ningún conocimiento verdadero de Dios ni de nuestro prójimo. Eso es lo que está equivocado.[37]

Inmoralidad

Pablo continuó en Romanos 1.24–25 con estas palabras: «Por lo cual también Dios los entregó a la inmundicia, en las concupiscencias de sus corazones, de modo que deshonraron entre sí sus propios cuerpos, ya que cambiaron la verdad de Dios por la mentira, honrando y dando culto a las criaturas antes que al Creador, el cual es bendito por los siglos. Amén».

Cuando renunciamos al verdadero Dios de los cielos, todos los otros dioses conducen a una erosión de la moralidad, a la sensualidad, a pecados sexuales y a vidas impulsadas por los deseos. De hecho, este pasaje dice que Dios entrega a las personas a este tipo de depravación. ¿Cómo puede un Dios amoroso entregar a las personas a los males que ellos escogen? Como digo en *The Jeremiah Study Bible* [La Biblia de estudio Jeremiah]: «Él los entrega solamente después de una revelación adecuada de su ser (Romanos 1.20). Él no causa el fallecimiento de nadie; lo hace la ley natural de las consecuencias. Él no puede habitar en presencia del pecado, y por eso abandonó a su propio Hijo en el Calvario cuando Cristo llevó los pecados del mundo».[38]

Qué triste seguir este curso descendente cuando Dios ofrece un camino ascendente; pero cuando nos desviamos de su camino, los pasos no dejan de descender hacia los días de Noé.

Iniquidad

Cuando una cultura niega a su Creador, adora a sus propios dioses y sucumbe a una existencia impulsada por los deseos, inevitablemente se vuelve sexualizada en exceso. Pablo lo explicó con claridad: «Por esto Dios los entregó a pasiones vergonzosas; pues aun sus mujeres cambiaron el uso natural por el que es contra naturaleza, y de igual modo también los hombres, dejando el uso natural de la mujer, se encendieron en su lascivia unos con otros, cometiendo hechos vergonzosos hombres con hombres, y recibiendo en sí mismos la retribución debida a su extravío» (Romanos 1.26–27).

Los titulares de años recientes son sencillamente el comentario que hace nuestra sociedad de este pasaje. Esta espiral descendente de indecencia conduce al final al pozo negro de la depravación: colapso moral total. El doctor Donald Grey Barnhouse expresó su opinión sobre estos versículos, marcando los pasos descendentes hacia su inevitable fin:

Los nueve últimos versículos del primer capítulo de Romanos son los más terribles en la Biblia. Es una descripción de la humanidad abandonada por Dios, y la escena es una escena de terror. La causa del abandono fue el sucesivo alejamiento de Dios del alma humana en los pasos sucesivos de abandono que comenzó con no reconocer a Dios en adoración y acción de gracias, y continuó por las diversas etapas de la deificación de la razón humana hasta la necedad suprema del hombre en la forma más corrupta de prácticas idólatras. Al haberse alejado de Dios, el hombre hizo un dios a su propia imagen.[39]

Como si los versículos 26–27 no fueran lo suficientemente malos, leamos Romanos 1.28–31, especialmente la conclusión de Pablo, que he ordenado en forma de lista para añadir énfasis:

Y como ellos no aprobaron tener en cuenta a Dios, Dios los entregó a una mente reprobada, para hacer cosas que no convienen; estando atestados de toda

- injusticia,
- fornicación,
- perversidad,
- avaricia,
- maldad;
- llenos de envidia,
- homicidios,
- contiendas,
- engaños,
- malignidades.

Pablo siguió etiquetando a esta generación con los siguientes términos:

- murmuradores
- detractores
- aborrecedores de Dios
- injuriosos
- soberbios
- altivos
- inventores de males
- desobedientes a los padres
- necios
- desleales
- sin afecto natural
- implacables
- sin misericordia

Pese a lo espantoso que es este pasaje, el doctor Martyn Lloyd-Jones dice que es meramente una vista previa de algo incluso peor:

El infierno es lo que se describe aquí exagerado y que continúa durante toda la eternidad. ¡Eso es el infierno! El infierno es un estado en el cual se vive la vida alejado de Dios y de todos los límites de la santidad de Dios. Todo lo que se describe en este pasaje, ¡exagerado aún más, y que continúa sin final! En otras palabras, el infierno es las personas viviendo toda la eternidad el tipo de vida que viven ahora, ¡solo que mucho peor! ¡Eso es el infierno![40]

Sé que algunos de ustedes están pensando: *¿De verdad tenemos que hablar de todo esto? ¿Por qué no podemos enfocarnos solamente en la gracia de Dios y librarnos de todo este tema del pecado?* Obviamente, eso es lo que han hecho muchas iglesias en nuestra generación. Romanos 1 no aparecería nunca en el calendario de predicaciones de la mayoría de iglesias modernas; pero antes de ignorar el pecado y deleitarnos en la gracia de Dios, necesitamos escuchar estas palabras del teólogo Cornelius Plantinga:

Hablar de gracia sin pecado es… trivializar la cruz de Jesucristo, ignorar todas las luchas de las personas buenas a lo largo de las edades para perdonar, aceptar y rehabilitar a los pecadores, incluidos ellos mismos y, por lo tanto, abaratar la gracia de Dios que siempre viene a nosotros con sangre sobre ella. ¿De qué pensábamos que se trataba el desgarro y el dolor en el Gólgota? Hablar de gracia sin mirar de frente a estas realidades, sin un reconocimiento dolorosamente sincero de nuestro propio pecado y sus efectos, es reducir la gracia a un mero embellecimiento de la música de la creación, reducirlo a una mera nota de gracia. En resumen, para la iglesia cristiana (incluso en sus recientemente populares reuniones amigables con quienes buscan), ignorar, dar otro nombre o acallar la realidad letal del pecado es cortar el nervio central del evangelio. Porque la cruda verdad es que sin la manifestación plena del pecado, el

evangelio de la gracia se vuelve impertinente, innecesario y finalmente sin interés.[41]

Uno de mis momentos más memorables como maestro de la
Palabra de Dios tuvo lugar la noche del domingo, 28 de abril de
1995. Estaba comenzando a enseñar del libro de Romanos en
nuestra reunión de la tarde, y el pasaje que tenía programado era
Romanos 1.29–32.

Aquella noche en particular teníamos planeado realizar la Santa
Cena al comienzo de nuestra reunión, pero después de estudiar estos
versículos del libro de Romanos, decidí enseñar primero y realizar la
Comunión después.

Recorrí las palabras que Pablo utilizó para describir la corrupción
y degradación del hombre, y después celebramos la Comunión. En esa
reunión ocurrió algo hermoso en mi corazón, y sentí que también
estaba sucediendo en los corazones de muchas más personas. Vi lágrimas, ¡y luché por retener las mías!

La mañana del lunes, todavía un poco perplejo por lo que había
sucedido la noche anterior, leí las siguientes palabras en un libro titulado *Not the Way It's Supposed to Be: A Breviary of Sin* [No del modo
en que se supone que es: un breviario del pecado]:

El autoengaño con respecto a nuestro pecado es un narcótico, una
supresión tranquilizadora y desorientadora de nuestro sistema nervioso central espiritual. Lo devastador al respecto es que cuando
carecemos de oído para escuchar las notas equivocadas en nuestras
vidas, no podemos dar las correctas o ni siquiera reconocerlas en el
desempeño de otras personas. Al final, religiosamente nos hacemos
a nosotros mismos tan poco musicales que nos perdemos la exposición y también la recapitulación de los temas principales que Dios
toca en la vida humana. La música de la creación y la música aún

más grande de la gracia atraviesan nuestra cabeza silbando, sin causar ningún suspiro y sin dejar residuo alguno. La belleza moral comienza a aburrirnos. La idea de que la raza humana necesita un Salvador suena peculiar.[42]

Pensé: ¿Cuántas veces «la música de la gracia pasó por nuestro pensamiento desapercibido» durante nuestra celebración de la Santa Cena? Pero aquel domingo en la noche todos captamos un destello nuevo de nuestra pecaminosidad y entendimos la gran necesidad que tenemos de un Salvador; y entonces quedamos inmersos en el hecho de que Jesús vino, y mediante su muerte lavó toda la fealdad y la suciedad de nuestras almas. Ni siquiera recuerdo haber estado nunca más agradecido por la gracia y el perdón de lo que lo estaba aquella noche. Quizá por primera vez entendí lo que dijo Martyn Lloyd-Jones acerca de la gracia: «No hay palabra más maravillosa que "gracia". Significa favor o bondad inmerecidos que se muestran a alguien que de ninguna manera lo merece… No es meramente un regalo gratuito, sino un regalo gratuito a quienes merecen exactamente lo contrario, y se nos otorga mientras estamos «sin esperanza y sin Dios en el mundo».[43]

EL FIN DE NUESTRO DECLIVE MORAL

Una de las imágenes más gráficas y que más se pasan por alto en la Biblia es la escena de la gloria del Señor abandonando el templo poco después de que los babilonios invadieran Jerusalén y destruyeran la casa de Dios. Esta escena ilustra de modo gráfico lo que está sucediendo hoy día en nuestra nación.

La presencia de la gloria de Dios había descendido y había llenado el templo en los días de Salomón: «Cuando Salomón terminó de orar, descendió fuego del cielo y consumió el holocausto y los sacrificios, y la gloria del Señor llenó el templo. Tan lleno de su gloria estaba el templo que los sacerdotes no podían entrar en él» (2 Crónicas 7.1–2, NVI).

La gloria del Señor permaneció en su templo durante los cuatrocientos años siguientes; sin embargo, en tiempos del rey Sedequías era un lugar diferente, pues había sido profanado por los babilonios invasores y había quedado vacío de sus tesoros y su adoración. Ese fue el juicio de Dios contra la nación de Judá porque habían seguido paso a paso la secuencia de pecado que se describe en Romanos 1: el rechazo del Creador, la proliferación de ídolos, corazones impulsados por los deseos, una época sexualmente saturada y, finalmente, un colapso moral total.

Una de las primeras víctimas del asalto babilonio fue Ezequiel, un sacerdote joven que fue apresado y obligado a marchar a Babilonia. Allí ministró a sus compatriotas exiliados mientras recibía visiones y mensajes de Dios. En los capítulos 8–11 de su libro, Ezequiel describió cómo se le otorgó el horrible privilegio de ver la gloria de Dios apartarse de Judá.

Ezequiel 8.3 sería cómico si no fuera tan serio: «Y me tomó por las guedejas de mi cabeza; y el Espíritu me alzó entre el cielo y la tierra, y me llevó en visiones de Dios a Jerusalén, a la entrada de la puerta de adentro». El versículo 4 continúa: «Y he aquí, allí estaba la gloria del Dios de Israel».

En el resto del capítulo 8, Ezequiel hizo un recorrido visual del templo, viendo en cada lado visiones de la depravación de Israel, que todas ellas recuerdan a las descripciones que hace Pablo en Romanos 1. Entonces, mientras Ezequiel miraba, la gloria del Señor comenzó a salir del Lugar Santísimo, la cámara central del templo: «Y la gloria del Dios de Israel se elevó de encima del querubín, sobre el cual había estado, al umbral de la casa» (Ezequiel 9.3).

Antes de irse del templo, la gloria «se elevó y se dirigió hacia el umbral del templo. La nube llenó el templo, y el atrio se llenó del resplandor de la gloria del Señor» (10:4, NVI). Finalmente, en el versículo

18 la partida es completa: «La gloria del SEÑOR se elevó por encima del umbral del templo y se detuvo sobre los querubines». Tras dejar el templo, «la gloria del SEÑOR se elevó de en medio de la ciudad y se detuvo sobre el cerro que está al oriente de Jerusalén» (11:23, NVI).

El significado de la visión de Ezequiel es claro. El Dios santo ya no podía vivir con una nación que había descendido a la depravación. Las dramáticas nubes de la gloria de Dios, que habían llenado el templo desde el reinado de Salomón, ahora salieron del Lugar Santísimo, hacia el umbral, hacia las vigas, y fuera del edificio. La última vez que Ezequiel vio la gloria, estaba desapareciendo por las colinas de Judea, regresando al cielo de Dios.

La palabra bíblica para lo que acaba de leer es *Ichabod*, que significa «la gloria se ha apartado».[44] ¿Dónde está la esperanza para una nación sobre la que se ha escrito la palabra *Ichabod*? Ya no quedaba esperanza alguna para Israel, diezmada por los babilonios. Pero antes de que usted se desespere porque puede que *Ichabod* esté ahora inscrita de modo indeleble sobre Estados Unidos, permítame ofrecer algo de esperanza:

G. K. Chesterton enumeró cinco momentos en la historia, como la caída del Imperio Romano y el período de la conquista islámica, en que el cristianismo se enfrentaba a una aparente muerte. Cada vez, surgió un espíritu nuevo de renovación de la crisis, y la fe revivió. Como lo expresó Chesterton, cuando «la fe parecía claramente que había ido a los perros… fue el perro el que murió… el cristianismo ha muerto muchas veces y ha resucitado, porque tenía un Dios que conocía el camino de salida del sepulcro».[45]

En el capítulo 5 contaré la historia de las resurrecciones y los despertares que han salvado a nuestra nación en el pasado. Ha sucedido antes, y creo que volverá a suceder.

CAPÍTULO 2

EL DESANGRAMIENTO DE NUESTRAS FRONTERAS

En octubre de 2015, nuestro ministerio de radio y televisión, *Turning Point*, realizó un evento en un estadio en Denver, Colorado. Fue nuestro primer evento en esa ciudad, y nos vimos abrumados con una multitud de más de 15.000 personas. Después del evento, descubrí que una de las razones de que tuviéramos tanta asistencia fue el tremendo apoyo que habíamos recibido de la comunidad hispana.

Unos días después, uno de los candidatos a la presidencia de Estados Unidos me pidió, junto con varios otros pastores, que fuera a su despacho para poder conocerlo, escuchar sus ideas y orar con él. Me dijeron que sería una reunión privada y que no se permitirían fotografías, videos o ninguna grabación; pero alguna persona del mundo del entretenimiento grabó mi oración por ese candidato, y se hizo viral en la Internet.

Mis amigos hispanos se molestaron mucho conmigo, pues supusieron que mi oración por ese hombre era un respaldo por mi parte. Debido a que él había hecho algunas afirmaciones acerca de deportar a todos los inmigrantes indocumentados, supusieron que yo estaba de acuerdo con él.

Enseguida me vi inundado de correos electrónicos y llamadas telefónicas que me pedían que regresara a Denver y arreglara este problema. Me sentí terriblemente mal por haber ofendido a mis hermanos, pero en mi corazón sabía que no había tenido intención de hacerlo. El propósito de mi oración había sido mal interpretado; yo no tenía ninguna intención de dar a entender mi respaldo. Oraré por cualquiera que pida oración o la necesite, independientemente de su política o de si yo estoy de acuerdo o en desacuerdo con esa persona.

Finalmente decidimos realizar una llamada por conferencia para que yo pudiera responder a las preguntas de una coalición de pastores y líderes hispanos en Denver. Comencé mi parte de la conversación expresando mi amor por el pueblo hispano, y les dije que la iglesia que yo lideraba tenía un ministerio hispano floreciente con una asistencia promedio de más de setecientas personas, y que esos cristianos eran parte de nuestra congregación al igual que los demás miembros. Les dije que la mayoría de los libros que yo había escrito se habían traducido al español, y que estábamos en la radio en español en casi todos los países de habla hispana que hay en el mundo. Concluí mi declaración de apertura diciéndoles que mi hija menor estaba casada con Emmanuel Sanchez.

La llamada por conferencia fue una buena experiencia para mí, y durante la mayor parte de la conversación acepté las recomendaciones de mis hermanos. Justamente antes de que finalizara la llamada, hice la pregunta que había estado ardiendo en mi corazón desde que surgió este conflicto.

Dije algo parecido a lo siguiente: «Durante nuestra conversación hemos estado hablando sobre inmigrantes *indocumentados*, pero ¿no deberíamos utilizar el término inmigrantes *ilegales*?». Pregunté qué debería decirles a quienes acuden a mí en busca de liderazgo cuando me preguntan acerca de los inmigrantes ilegales. ¿Puedo yo, con buena conciencia como hombre de Dios, apoyar lo que es ilegal?

Fue esa experiencia la que me impulsó a investigar el controvertido asunto de la inmigración estadounidense y a escribir este capítulo. Creo que la inmigración es uno de los asuntos culturales más importantes y, al mismo tiempo, más difíciles de nuestra época. No soy tan ingenuo para pensar que yo puedo resolver esta controversia en un breve capítulo; pero espero poder aportar al asunto algo de claridad bíblica que nos ayudará, como seguidores de Cristo, a escoger un curso de acción piadoso.

A fin de enmarcar nuestra discusión, comenzaré acudiendo a las experiencias personales de un destacado escritor de California para mostrar dos caras de la controversia de la inmigración.

Selma, California, a unas seis horas al norte de la frontera mexicana, es la ciudad natal del conocido autor y periodista Víctor Davis Hanson. Selma es hispana en un 70%, y no se sabe cuántas de esas personas son ciudadanos estadounidenses. La mayoría de los autos en Selma muestran una calcomanía de una bandera mexicana. Acontecimientos comunes allí son accidentes con fuga, robos a mano armada, robos de vehículos, fabricación y venta de drogas, asesinatos y violaciones.

Una noche a las 3:00 de la madrugada, Hanson expulsó a punta de pistola a tres hispanos que intentaban entrar forzadamente en su casa. En otra ocasión, policías persiguieron a traficantes de drogas por el sendero de su casa. Él no pudo detener a un vehículo lleno de ladrones que robaban naranjas de su huerto, encontrándose superado en número y en armas.

Inmigrantes ilegales borrachos han estampado sus vehículos en su viña cuatro veces, causando daños por valor de miles de dólares. Los conductores se marchan cojeando y desaparecen; y cuando la policía investiga, siempre dan la respuesta común: «No hay licencia, no hay seguro, no hay ningún registro», y se llevan a remolque los vehículos.

Sin embargo, Hanson admite que esa no es la historia completa. «También recorro viñedos», decía él, «a las 7:00 de la mañana entre la neblina y veo a familias completas de México, trabajando duro en ese clima frío mientras que desempleados nativos de todas las razas no quieren, y no pueden, podar ni una sola viña. Mediante selección natural, estamos reclutando a algunas de las personas más inteligentes y trabajadoras del mundo, personas que tienen la valentía de cruzar la frontera, la tenacidad de quedarse». Pero añade que si esas personas no son integradas, tienen «el potencial de costar al estado más, mucho más de lo que pueden aportar».[1]

La inmigración se ha convertido en un candente asunto político y social, creando una fuerte división en Estados Unidos, pero históricamente la inmigración ha sido parte de nuestro ADN nacional, ya que nuestro país fue edificado en gran parte sobre ella. Con frecuencia se denomina a Estados Unidos un «crisol» de diversos pueblos de muchas tierras que trabajan juntos para edificar, preservar y proteger una nación caracterizada por la libertad, el optimismo y la oportunidad. La actitud de nuestra nación hacia los inmigrantes queda expresada de manera elocuente en las palabras grabadas en el pedestal de la Estatua de la Libertad:

> Dame tus abatidas, tus pobres,
> Tus amontonadas muchedumbres que ansían respirar libremente;
> El desperdicio infeliz de tu rebosante playa;
> Mándame los desamparados, los batidos por la tempestad:
> ¡Yo tengo mi lámpara en alto junto a la puerta dorada![2]

La inmigración estadounidense comenzó en la era colonial cuando llegaron miles de colonos al Nuevo Mundo principalmente desde Europa, en particular Alemania, Inglaterra y Francia, buscando oportunidad económica o un nuevo comienzo en la vida. Algunos llegaron en busca de libertad religiosa, como hicieron los peregrinos a principios del siglo XVII. Desde los siglos XVII al XIX, cientos de miles de africanos fueron llevados a Estados Unidos como esclavos.

Desde 1820 hasta 2010, Estados Unidos atrajo a ochenta millones de recién llegados, con casi catorce millones que llegaron entre 2001 y 2010.[3]

En las últimas décadas, el patrón de inmigración ha cambiado. La mayoría ya no proviene de Europa, sino de Asia y Latinoamérica, con un número creciente que llega de países del Medio Oriente. El hecho inquietante que está enterrado en estas estadísticas es el número de inmigrantes indocumentados que viven actualmente en nuestro país. El cálculo actual está un poco por encima de once millones.[4]

Algunos inmigrantes son refugiados que llegan hasta aquí por circunstancias como opresión política, guerra o desastres naturales; otros llegan por voluntad propia. Pueden ser impulsados por la pobreza o atraídos por la oportunidad de mejorar sus estudios o aprovechar los generosos programas sociales que hay en Estados Unidos.

Históricamente, Estados Unidos ha estado orgulloso de esta apertura hacia los de fuera, pero en la actualidad hay muchos factores que han desencadenado un cambio de mentalidad y una preocupación creciente. Por lo tanto, como podemos ver, la inmigración es un asunto complicado que tiene dos lados, con muchos aspectos tanto positivos como negativos. Los medios de comunicación nacionales y nuestras destacadas figuras políticas nos han hecho ser muy conscientes del lado negativo, pero antes de sacar ninguna conclusión, veamos con justicia y claridad el otro lado de la historia. Es parte de la discusión que con frecuencia no se aborda.

EL POTENCIAL DE LA INMIGRACIÓN

Los inmigrantes enriquecen la cultura estadounidense aportando a ella nuevas perspectivas y experiencias. El multiculturalismo, según algunos, aumenta la tolerancia hacia las diferencias y añade variedad a nuestra experiencia cultural; nos encanta poder elegir entre la cocina mexicana, italiana, alemana, china o tailandesa. Los estadounidenses celebran el día de San Patricio, el Cinco de Mayo, Yom Kippur, el Ramadán, el Año Nuevo Chino, y otras prácticas que los inmigrantes trajeron al país. Les debemos a los inmigrantes que están entre nosotros el baile irlandés, los espirituales afroamericanos, el Oktoberfest alemán, y rarezas tan fascinantes como el sitar y la música de las gaitas.

Vemos el universo de modo distinto debido al refugiado judío Albert Einstein; la historia de nuestro entretenimiento sería más insípida sin los talentos del británico Cary Grant, el siciliano Frank Capra (director de *Qué bello es vivir*), y el cómico-músico danés Víctor Borge.

Según datos de 2013, «los inmigrantes constituyen el 61% de todos los dueños de gasolineras, el 58% de los dueños de tintorerías, el 53% de los dueños de supermercados, el 45% de los dueños de salones de manicura... el 38% de los dueños de restaurantes, y el 32% de los dueños de joyerías y tiendas de ropa».[5]

En 2004, la película *Un día sin mexicanos* nos planteó imaginar lo que le sucedería a la economía de California si cada mexicano que vive allí desapareciera repentinamente durante un día.[6]

Según un crítico de cine,

El burladocumental postula que la falta de jardineros latinos, nanas, cocineros, policías, camareros, maestros, agricultores, obreros de la construcción, artistas, deportistas, y el creciente mercado de consumo más grande del mundo crearía un desastre social, político y económico, dejando en pedazos el concepto de «el sueño californiano».[7]

Uno de los libros importantes que leí durante mi investigación para este capítulo fue *The New Pilgrims* [Los nuevos peregrinos] de Joseph Castleberry, un pastor de las Asambleas de Dios que pasó veinte años en el campo misionero en Latinoamérica. En la contracubierta de su libro aparecen estas palabras:

> En medio de un aparente declive religioso en Estados Unidos, muchos están buscando soluciones a este dilema... A medida que los «nuevos peregrinos» se establecen en sus vidas aquí, están conquistando a la iglesia estadounidense y ayudando a reconstruir los fundamentos conservadores de Estados Unidos.[8]

En el texto del libro, Castleberry desarrolla esta idea y añade otro beneficio positivo que estos inmigrantes cristianos pueden aportar a Estados Unidos:

> Los nuevos peregrinos han llegado a Estados Unidos para *ayudarnos*: para renovar nuestra fe, fortalecer nuestras familias, transformar nuestras iglesias, y llenar nuestras escuelas y universidades de esperanza en forma de aprendices ambiciosos que sueñan con un futuro mejor. A medida que cada vez más cristianos estadounidenses se están sintiendo como extranjeros en nuestra propia tierra ante la oposición a la iglesia y el ataque a la moralidad bíblica, ¿no es irónico que estos inmigrantes evangélicos bien puedan mover la balanza de nuevo hacia una nación conservadora en algún momento?[9]

Se calcula que el 75% de los inmigrantes profesan ser cristianos cuando llegan a este país; eso supone un 5% más que el número de residentes estadounidenses que afirman ser cristianos; y la fe de esos inmigrantes «revela una asombrosa intensidad y sinceridad que compondrá su efecto en la fe de Estados Unidos».[10]

El excandidato presidencial Marco Rubio es hijo de un inmigrante cubano. En un discurso al final de su campaña en 2016, reconoció la deuda que los estadounidenses tienen con sus antepasados inmigrantes:

> Todos somos los descendientes de alguien que hizo de nuestro futuro el propósito de su vida. Somos los descendientes de peregrinos; somos los descendientes de colonos; somos los descendientes de hombres y mujeres que se dirigieron hacia el oeste en las Grandes Llanuras sin saber lo que les esperaba; somos los descendientes de esclavos que vencieron a esa horrible institución para reclamar el sueño americano. Somos los descendientes de inmigrantes y exiliados que sabían y creían que estaban destinados a algo más, y que había solamente un lugar en la tierra donde eso era posible.[11]

Pese a la conmoción actual con respecto a la inmigración, está claro que Estados Unidos le debe mucho de su pasado y potencialmente mucho de su futuro a la diligencia, determinación, valentía y valores cristianos de sus inmigrantes.

LOS PROBLEMAS CON LA INMIGRACIÓN

Trabajando en contra de las ventajas de la inmigración hay varios problemas crecientes y sin resolver que surgen tanto de la inmigración legal como de la ilegal.

Problemas con la inmigración legal

La oleada de inmigración en las últimas décadas es un factor importante que contribuye al desempleo cada vez más alto en Estados Unidos. Según el Instituto de Estadísticas Laborales, en mayo de 2016 la tasa de desempleo real, que incluye a los trabajadores desalentados que ya no buscan empleo, era de un 9,7%.[12] Los negocios gravitan de modo natural hacia los trabajadores que están dispuestos a aceptar salarios más bajos, lo cual da como resultado que se contrate a inmigrantes antes que a ciudadanos del país. Según Hanson, «El Ministerio de Trabajo atribuye el 50% de los descensos reales en los salarios a la llegada de mano de obra inmigrante barata».[13]

Los altos índices de inmigración también pueden dañar a la nación de la cual emigran los trabajadores. Un resultado es «la fuga de cerebros», ya que trabajadores muy diestros o con gran educación formal salen de países en desarrollo para ocupar empleos económicamente más satisfactorios en Estados Unidos. Muchos llegan «temporalmente» para estudiar, pero la vida y las oportunidades en Estados Unidos les resultan tan atractivas que nunca regresan a su país.

Hasta donde logro recordar, este ha sido un reto para las misiones mundiales. Muchos llegan a Estados Unidos desde otros países con el propósito expreso de realizar estudios y formarse en la disciplina que han escogido para regresar a su país y llevar el evangelio a su gente; pero demasiados de esos inmigrantes con buenas intenciones se enamoran de Estados Unidos y nunca regresan a su país de origen.

Otro problema es que algunos grupos étnicos no se integran en la vida estadounidense. A lo largo de la mayor parte de la historia de nuestra nación, los inmigrantes adoptaron el idioma, las leyes y las costumbres comunes del país de acogida. El término «crisol» era una descriptiva metáfora, indicando que las actitudes y costumbres potencialmente divisivas del viejo país quedarían atrás cuando los recién llegados se integraran en un nueva comunidad de propósito. Pero hoy día parece que ya no hay mezcla en el crisol; algunos grupos que llegan desafían la integración cultural, y se agrupan en enclaves y demandan concesiones especiales para sus costumbres étnicas, creencias, idiomas y, en algunos casos, incluso sus leyes. Según Samuel Huntington, autor del *best seller Clash of Civilizations* [Conflicto de civilizaciones]: «Hoy día, quienes llegan no se están integrando al mismo ritmo o con la misma convicción de dejar atrás su identidad nacional original. De hecho, parecen renuentes a hacerlo… Evidencia de esta falta de integración… se encuentra en menores niveles de adquisición del idioma inglés, menos logros educativos y menor éxito socioeconómico».[14]

Los estudiantes hispanos superan con mucha diferencia a las demás etnias en la mayoría de escuelas públicas en Estados Unidos en las partes más bajas de los estados que hacen frontera con México. Algunas de esas escuelas muestran la bandera mexicana en los salones de clase al mismo nivel que la bandera estadounidense. En el mástil de la bandera de una escuela en California, la bandera mexicana ondeaba realmente por encima de la bandera estadounidense.

Es natural que los inmigrantes de un mismo país se agrupen dentro de una ciudad. Necesitan un sistema de apoyo mientras aprenden el nuevo idioma y hacen la transición hacia una nueva cultura; pero hoy día, grandes ciudades como Houston tratan con numerosos enclaves hispanos que no hablan otro idioma sino español. Aprender inglés es menos necesario que en el pasado porque importantes negocios, escuelas y oficinas del gobierno dan pasos para adaptarse a quienes no hablan inglés. El no aprender inglés crea un efecto dominó de pobreza continuada mientras los hijos de inmigrantes crecen sin poder competir en la sociedad por falta de destreza en el idioma.[15]

Muchos inmigrantes musulmanes deciden no integrarse a fin de retener una adherencia mayor a las doctrinas de su religión que entran en conflicto con la ley y las costumbres estadounidenses. Según una fuente de noticias: «Los grupos islamistas están, mientras hablamos, trabajando duro para crear estados musulmanes dentro de los estados en Estados Unidos. Ciertamente, este proceso se ha estado desarrollando durante mucho tiempo en todo el mundo occidental, mediante la creación de enclaves aislados musulmanes en zonas rurales y también urbanas».[16] Muchos de estos enclaves están patrocinados y parcialmente sostenidos por los Hermanos Musulmanes, y son terreno fértil para los terroristas y centros de captación de nuevos miembros de grupos como el ISIS.

The Center for Immigration Studies [El centro de estudios sobre la inmigración] muestra que los inmigrantes de Medio Oriente son ahora la inmigración demográfica de más rápido crecimiento en Estados Unidos. Solamente en tres años, llegaron más inmigrantes de Medio Oriente que de México y América Central combinados.[17] Según *National Review*:

> No existen cálculos oficiales de musulmanes en Estados Unidos; la afiliación religiosa no la rastrea el Censo. Sin embargo, Pew calcula que 2,75 millones parece estar en el extremo más bajo. El Comité de Relaciones Americano-islámicas dice que hay aproximadamente siete millones de musulmanes en el país. Cualquiera que sea el nivel exacto, no puede considerarse sorprendente que a medida que aumenta la población musulmana en el país, también lo haga la incidencia de radicalismo.[18]

Mientras que muchos musulmanes son pacíficos, no podemos negar el hecho de que algunos no lo son. Países europeos se han convertido en víctimas de un mayor terrorismo radical. En noviembre de 2015, un ataque del ISIS en París dejó 130 muertos y 368 heridos.[19] En una revuelta en Año Nuevo de 2015 en Colonia, Alemania, hombres de Medio Oriente agredieron sexualmente al menos a 90 mujeres.[20] En marzo de 2016, bombas terroristas musulmanes en el metro y el aeropuerto de Bruselas mataron a 34 personas e hirieron a más de 106.[21] Los extremistas islámicos han cometido prácticamente todo tipo de actos de terrorismo en Estados Unidos, y muchos expertos advierten que si la inmigración musulmana no se controla y los solicitantes musulmanes no son investigados, podemos esperar más ataques, revueltas y actos ilegales parecidos a los que están ocurriendo en Europa.

Según el expresidente del Comité de Inteligencia, el representante Pete Hoekstra, la integración es un componente esencial de la inmigración:

> Lo que necesitamos hacer es asegurarnos de que todos los que llegan a Estados Unidos entiendan quiénes somos y que estamos fundados sobre valores judeocristianos, que está en el Estado de derecho y que eso es lo que está en los libros, y no es la *sharia*, y necesitamos asegurarnos de no participar en el mismo tipo de errores en Europa donde ellos no colaboraron en la integración.[22]

Problemas con la inmigración ilegal

Según un estudio combinado dirigido por tres departamentos gubernamentales estadounidenses, los inmigrantes que entran a Estados Unidos ilegalmente son responsables de un número muy elevado de delitos. El estudio estaba basado en una muestra de 55.322 inmigrantes ilegales encarcelados en prisiones estadounidenses. Miembros de este grupo fueron arrestados 459.614 veces, un promedio de ocho arrestos por persona. Aproximadamente el 45% de los arrestos fue por delitos de drogas o de inmigración; otro 15% estaba adecuadamente relacionados: robo, hurto, robo de vehículos de motor, y daños a la propiedad. Aproximadamente el 12% fue por delitos violentos, incluidos asesinato, robo, asalto y delitos sexuales. El resto de los arrestos fue por fraude, falsificación, violaciones de las leyes de armas, obstrucción a la justicia y delitos de tráfico, incluido conducir bajo la influencia del alcohol.[23]

Otro problema creciente con la inmigración ilegal es su efecto sobre los servicios sociales y gubernamentales, entre los que se incluyen cuidado médico, educación, beneficencia, vigilancia policial y encarcelación. Las salas de urgencias de los hospitales se han convertido en la instalación primaria de cuidado médico para quienes están aquí de modo ilegal. Por ley, las urgencias hospitalarias no pueden rechazar a nadie que tenga necesidad; sin embargo, el gran número de inmigrantes con frecuencia colapsa las salas de urgencia en los hospitales metropolitanos. Cuando las camas en urgencias están todas ocupadas, los pacientes que llegan en ambulancia con frecuencia son enviados a hospitales más distantes, lo cual a veces da como resultado que su estado empeore o incluso la muerte.

El hospital Dallas Parkland ofrece el segundo servicio de maternidad más grande en Estados Unidos. En un año reciente, nacieron 16.000 bebés en Parkland, y el 70% de ellos eran de inmigrantes ilegales, con un costo de 70,7 millones de dólares. Debido a que pocos de esos pacientes hablan inglés, el hospital ahora ofrece un salario con suplemento a empleados médicos que hablen español. Esta necesidad ha obligado a la facultad de medicina de la Universidad de Texas a añadir un requisito de hablar español a su programa de estudios.[24]

El costo de la educación de los hijos de inmigrantes ilegales en Estados Unidos se calculaba en cincuenta y dos mil millones de dólares en 2010, mientras que el costo general de todos los servicios combinados se calculaba en ciento trece mil millones de dólares. Esto no tiene en cuenta el costo en calidad y eficiencia educativa cuando las escuelas deben realizar adaptaciones especiales para importantes números de alumnos que no hablan inglés.[25]

Muchas ciudades, condados y estados de Estados Unidos se enfrentan a graves déficits financieros, incluso hasta el punto de la posible bancarrota, producidos por el costo de proporcionar servicios sociales gratuitos a inmigrantes ilegales. Esta merma de recursos bien puede llegar hasta el punto de que ya no tengamos los medios para proporcionar las bendiciones que los inmigrantes quieren encontrar aquí.

Uno de los aspectos más inquietantes de la inmigración ilegal es sencillamente que es *ilegal*. El apóstol Pablo fue bastante enfático al ordenar a los cristianos que obedecieran las leyes del gobierno

(Romanos 13.1–7). Él explicó que Dios ordenó los gobiernos para mantener el orden y proteger a los ciudadanos. Nuestros gobiernos nacional, estatal y local tienen todos ellos en los libros leyes que prohíben que los no ciudadanos crucen nuestras fronteras y vivan en nuestras comunidades sin tener las cualificaciones adecuadas y documentación legal. En la actualidad, esas leyes con frecuencia se pasan por alto, por lo general en nombre de la compasión. El hecho de que tantas personas en Estados Unidos no solo toleren, sino que también fomenten y defiendan a una práctica que se produce fuera del marco de la ley, debería ser inquietante.

Vemos esta tolerancia incluso en nuestro gobierno. Ciudades santuario ofrecen refugios a inmigrantes ilegales para protegerlos de la deportación. El gobierno nacional se niega deliberadamente a ejecutar leyes de inmigración, y amenaza a los estados que intentan aplicarlas. El gobierno incluso hace publicaciones que les dicen a los inmigrantes ilegales cómo asegurarse servicios sociales.

El peligro de alentar la violación de las leyes de inmigración va más allá de los costos fiscales y sociales de la inmigración ilegal, pues conduce a una falta de respeto por la ley en general y fomenta la actitud de que cada individuo puede decidir por sí mismo qué leyes son justas o injustas, cuáles obedecerá y cuáles pasará por alto.

Entre las prestaciones del gobierno a la ilegalidad de la inmigración está el gran número de estados que están viendo derogadas sus leyes sobre identificación de votantes por los tribunales federales. Sin tener ninguna prueba oficial de ciudadanía, o incluso de residencia, lo único que necesitan los no ciudadanos para votar es una declaración jurada de elegibilidad.

El voto de los inmigrantes ilegales crea un peligroso desequilibrio político, ya que quienes viven aquí ilegalmente favorecen sin duda alguna al partido político que les ofrezca los mayores beneficios y menos restricciones. Este desequilibrio diluye y puede incluso sobrepasar la voluntad de la mayoría de los ciudadanos legales que, según las estadísticas, se inclinan con fuerza hacia la ejecución de las leyes de inmigración estadounidenses en cada categoría.[26]

Estos son meramente muestras de los factores que han generado nuestra controversia nacional actual acerca de la inmigración. Muchos temen que la inmigración incontrolada esté entre las fuerzas destructivas que minan nuestra nación hoy día, y si no se aborda, el Estados Unidos que hemos conocido se enfrenta a un futuro incierto. Un temor expresado con frecuencia es que puede que nos estamos acercando al fin del gran experimento en democracia y libertad que nuestros ancestros trajeron a este continente.

EL PASADO DE LA INMIGRACIÓN

La idea original de Dios para el hombre era que toda la humanidad fuera una familia unida que hablara un lenguaje común en toda la tierra. Este tipo de unidad no habría sido ningún problema si nuestros primeros padres no se hubieran rebelado contra Dios en el Edén; pero el pecado produjo separación, no solo separación de Dios y separación de cuerpo y espíritu en la muerte, sino también la necesidad de la separación de los pueblos. Esta necesidad de separación surgió porque la naturaleza orgullosa del hombre caído siempre le ha conducido a usurpar el lugar de Dios, elevar al yo como supremo y desear ejercer poder sobre otros. La separación creó barreras limitadoras de esta tendencia persistente hacia la tiranía sin límite.

Esta tendencia surgió en toda su crudeza varias generaciones después del diluvio cuando todas las personas seguían teniendo un idioma común. Nimrod, gobernador de la ciudad mesopotámica de Babel, quiso consolidar su poder sobre todos los pueblos de la tierra al construir una inmensa torre que atrajera a todo el mundo hacia una ubicación central bajo su control. Fue el primer intento del hombre por conseguir un gobierno mundial, el cual, carente de Dios, habría producido una tiranía casi sin límite.

Dios detuvo la rebelión de Nimrod simplemente dividiendo el único lenguaje del mundo en muchos. Los trabajadores no podían comunicarse entre ellos, lo cual puso fin abruptamente a la construcción de la torre. La gente se dispersó por toda la tierra, agrupándose según sus nuevos idiomas (Génesis 11.1–9).

Mientras que la unidad mundial era la intención original de Dios, la separación nacional que experimentamos actualmente es una protección ordenada por Dios contra uno de los peores efectos de la caída de Adán: el deseo orgulloso de poder del hombre.

El apóstol Pablo escribió:

> Y de una sangre ha hecho todo el linaje de los hombres, para que habiten sobre toda la faz de la tierra; y les ha prefijado el orden de los tiempos, y los límites de su habitación; para que busquen a Dios, si en alguna manera, palpando, puedan hallarle, aunque ciertamente no está lejos de cada uno de nosotros. (Hechos 17.26–27)

Como explicó Pablo, Dios dispersó a los hombres y puso «los límites de su habitación» para que buscaran a Dios. El teólogo de profecía Dave Breese ha escrito:

> Creo que necesitamos entender que el internacionalismo político no es la voluntad de Dios. El nacionalismo es la voluntad de Dios. Dios ha ordenado naciones individuales y no un complejo de naciones... Cuando los hombres intentan con su propio poder no regenerado reunir un complejo de naciones y hacerlas adherirse sin Dios, entonces han incorporado al complejo las semillas de su propia destrucción.[27]

Siempre debemos ser cautelosos con respecto al actual movimiento hacia el globalismo y las llamadas a un gobierno mundial. La unión de naciones bajo una autoridad humana única no es la voluntad de Dios; por el contrario, es el camino seguro hacia la tiranía sin precedente.

¿Qué actitud deberían adoptar los ciudadanos cristianos ante la controversia de la inmigración? Para encontrar respuestas, no podemos hacer otra cosa mejor que buscar en la Biblia principios y ejemplos del modo en que Dios ha hecho que su pueblo tratara la equivalencia bíblica de la inmigración: cómo responder a la presencia de forasteros (extranjeros y residentes temporales) en el propio país.

LOS PRINCIPIOS DE LA INMIGRACIÓN

El concepto de nacionalismo nunca tuvo intención de separar a las personas de manera absoluta. A lo largo de la historia humana varias circunstancias como hambruna, pobreza y la necesidad de refugio han hecho que las personas crucen fronteras nacionales; por lo tanto, Dios proporcionó reglas específicas con respecto a cómo debería tratar su pueblo a los forasteros que recibían entre ellos.

El pueblo de Dios ha de ayudar al extranjero

Dios mandó al pueblo de Israel que cuidara a los extranjeros y los residentes temporales que estuvieran entre ellos, invocando su historial nacional para inducir empatía: «No opriman al extranjero, pues ya lo han experimentado en carne propia: ustedes mismos fueron extranjeros en Egipto» (Éxodo 23.9, NVI).

La hospitalidad hacia los extranjeros era crítica en tiempos antiguos porque viajar era peligroso. Las carreteras eran con frecuencia meros senderos, y los viajeros eran vulnerables al clima, los animales salvajes y los ladrones violentos. La comida y el refugio eran necesidades vitales, y se esperaba la hospitalidad. Se indicaba a los anfitriones que fueran generosos, y a los invitados que no se aprovecharan o abusaran de su recibimiento.

Muchas escrituras del Antiguo Testamento muestran cuán profundamente estaba integrada la hospitalidad en la psique judía. Jeremías indicó al rey de Judá, Sedequías: «No maltraten ni hagan violencia al extranjero, ni al huérfano ni a la viuda» (Jeremías 22.3, NVI). Dios prometió a los israelitas que morarían mucho tiempo en su tierra «si no oprimen al extranjero ni al huérfano ni a la viuda, si no derraman sangre inocente en este lugar, ni siguen a otros dioses para su propio mal» (7.6, NVI).

Los profetas eran muy duros con quienes no practicaban la hospitalidad. Ezequiel anunció la caída de Jerusalén y explicó parte de la razón: «El pueblo de la tierra usaba de opresión y cometía robo, al afligido y menesteroso hacía violencia, y al extranjero oprimía sin derecho» (Ezequiel 22.29). Malaquías advirtió que Dios ejecutaría un duro juicio contra aquellos que «niegan el derecho del extranjero» (Malaquías 3.5, NVI). Zacarías le dijo al pueblo de Israel que sufrían cautividad porque no habían prestado atención a los mandamientos de Dios: «No opriman a las viudas ni a los huérfanos, ni a los extranjeros ni a los pobres» (Zacarías 7.10, NVI).

El pueblo de Dios ha de aceptar al extranjero

Dios ordenó la aceptación de los extranjeros que estuvieran dispuestos a adoptar sus leyes: «Guardad, pues, vosotros mis estatutos y mis ordenanzas, y no hagáis ninguna de estas abominaciones, ni el natural ni el extranjero que mora entre vosotros» (Levítico 18.26; ver también 24.16; Éxodo 20.10; Números 15.30).

El Antiguo Testamento nos da muchos ejemplos de hombres y mujeres nacidos extranjeros que fueron aceptados como ciudadanos productivos de Israel. Rahab, la prostituta de Jericó que salvó las vidas de los espías israelitas, se convirtió en creyente, se casó con un israelita, y vivió entre los israelitas el resto de su vida (Josué 6.25). Rut, otra mujer nacida extranjera, era la viuda de un israelita que vivía en su país natal: Moab. Después de la muerte de su esposo, acompañó a Israel a su suegra judía, se casó con un destacado terrateniente israelita, y se convirtió en la abuela del gran rey David (Rut 4). Estas dos inmigrantes estuvieron entre las mujeres más honradas en la historia de Israel como madres que se enumeran en la genealogía de Cristo en el Nuevo Testamento (Mateo 1.5–6).

Todos estamos familiarizados con el inmigrante heteo Urías, uno de los mejores guerreros de David cuya fiel lealtad fue recompensada con traición (2 Samuel 11.1–17). Itai el geteo fue otro soldado inmigrante que fue totalmente leal a David (15.19–22). Doeg el edomita fue el jefe de los pastores del rey Saúl (1 Samuel 21.7).

El Nuevo Testamento no habla directamente de la inmigración, pero encontramos a Cristo demostrando actitudes de amor y aceptación hacia los que no eran israelitas a lo largo de su ministerio terrenal. En su famoso encuentro con la mujer samaritana en el pozo, Él ignoró el profundo desdén que los judíos proyectaban hacia los samaritanos y desafió una costumbre establecida al hablar con ella. No solo habló con ella, sino que la hizo participar en una sincera conversación, que finalmente condujo a que muchos de sus amigos samaritanos llegaran a creer (Juan 4.1–26).

En otra ocasión, Jesús viajaba hacia el norte a la zona fenicia de Tiro y Sidón. Una mujer cananea se acercó a Él y le suplicó que sanara a su hija que estaba poseída por demonios. Tras una breve conversación pensada para probarla, Jesús dijo: «Oh mujer, grande es tu fe; hágase contigo como quieres» (Mateo 15.28).

En su conocida parábola del buen samaritano, Jesús volvió a hacer lo impensable. Convirtió a un samaritano en el héroe de una historia que subrayaba la necesidad de satisfacer las necesidades de otros sin importar de dónde provinieran o dónde se encontraran (Lucas 10.25–37).

Jesús no hacía distinción alguna entre razas. Todos fuimos creados a imagen de Dios, y en estas ocasiones Él demostró que debemos amar igualmente a todas las personas, sin tener en cuenta su etnia. Pedro resumió la actitud de Dios hacia todas las personas, de dentro y de fuera igualmente, cuando dijo: «En verdad comprendo que Dios no hace acepción de personas, sino que en toda nación se agrada del que le teme y hace justicia» (Hechos 10.34–35).

El pueblo de Dios ha de integrar al extranjero

Las Escrituras dejan claro que había que tratar bien a los extranjeros que vivían en Israel, pero también estaba la otra cara de la moneda. Los extranjeros y residentes temporales que vivían entre ellos, inmigrantes, si lo desea, no tenían *carta blanca* para vivir del modo que quisieran en su país de acogida. Dios dio a su pueblo límites explícitos con respecto a su aceptación de los extranjeros. Ya que la religión estaba en el centro de la vida de Israel, la mayoría de esos límites concernían a la adoración y las actividades religiosas. Las restricciones eran a veces severas y exclusivas, pero necesarias para proteger a Israel de influencias externas destructivas, en especial la idolatría que era común en países vecinos. La idolatría dirigió a Israel a la apostasía y la separación de Dios, y finalmente causó la desintegración de la nación.

El principio general era que los extranjeros que quisieran vivir en Israel habían de estar sujetos a las mismas leyes que los israelitas nativos.

Guardad, pues, vosotros mis estatutos y mis ordenanzas, y no hagáis ninguna de estas abominaciones, ni el natural ni el extranjero que mora entre vosotros. (Levítico 18.26)

Y el que blasfemare el nombre de Jehová, ha de ser muerto; toda la congregación lo apedreará; así el extranjero como el natural. (24.16)

Mas el séptimo día es reposo para Jehová tu Dios; no hagas en él obra alguna, tú, ni tu hijo, ni tu hija, ni tu siervo, ni tu criada, ni tu bestia, ni tu extranjero que está dentro de tus puertas. (Éxodo 20.10)

Mas la persona que hiciere algo con soberbia, así el natural como el extranjero, ultraja a Jehová; esa persona será cortada de en medio de su pueblo. (Números 15.30)

Se esperaba de los extranjeros en Israel que «se ganaran la vida»: que trabajaran y fueran contribuyentes activos al éxito general de la nación. Ya hemos observado que Saúl empleó a un edomita como jefe de sus pastores. Varios extranjeros estaban entre los mejores guerreros de David, y otros extranjeros trabajaban como obreros y sirvientes contratados (Deuteronomio 24.14). Cuando el rey Salomón comenzó a construir el templo, hizo un censo y determinó que había 153.600 extranjeros que residían en Israel, y los reclutó para que trabajaran para llevar cargas, como canteros y supervisores (2 Crónicas 2.17–18).

El mensaje de la Biblia con respecto a los extranjeros en la tierra es claro: si ellos aceptan la cultura nacional y trabajan como participantes en la economía nacional, son bienvenidos y se les permite una participación plena en la vida de la nación. Si se niegan a integrarse y se aferran a sus viejas leyes, creencias y costumbres, sus actividades deben ser restringidas para el bien de la nación.

LA PERFECCIÓN DE LA INMIGRACIÓN

La exitosa tentación de Satanás en el Edén le dio un golpe terrible a la creación de Dios, produciendo no solamente muerte, sufrimiento y dolor, sino también enemistad entre las gentes; pero Dios no permitirá a Satanás una victoria sobre lo que Él pronunció como bueno. Como nos dice Castleberry: «El libro de Apocalipsis visualiza el desenlace de la descripción bíblica de la misión de Dios. En la visión de los últimos tiempos de Juan el Revelador, describe una gran multitud celestial "la cual nadie podía contar, de todas naciones y tribus y pueblos y lenguas, que estaban delante del trono y en la presencia del Cordero... y clamaban a gran voz, diciendo: La salvación pertenece a nuestro Dios que está sentado en el trono, y al Cordero"» (Apocalipsis 7.9–10).[28]

En el cielo, la enemistad entre las gentes que comenzó con la caída del hombre en el Edén terminará. Todas las naciones serán una: unidas en la presencia de Dios. Pero antes de esta gran reunión en el cielo, Dios tiene la intención de restaurar las cosas en la tierra tal como Él las creó originalmente. Muchas escrituras hablan de un próximo tiempo en que la enemistad entre los pueblos será sanada. El apóstol Pedro habló de «la restauración de todas las cosas, de que habló Dios por boca de sus santos profetas que han sido desde tiempo antiguo» (Hechos 3.20–21).

Como dijo Pedro, los libros proféticos de la Biblia están llenos de predicciones de un tiempo futuro en que Dios restaurará las condiciones terrenales para que sean como Él quiso que fueran en el principio. Una de las profecías más asombrosas tal como se relaciona con nuestro tema presente se encuentra en Isaías 19:

En aquel tiempo habrá una calzada de Egipto a Asiria, y asirios entrarán en Egipto, y egipcios en Asiria; y los egipcios servirán con los asirios a Jehová. En aquel tiempo Israel será tercero con Egipto y con Asiria para bendición en medio de la tierra; porque Jehová de los ejércitos los bendecirá diciendo: Bendito el pueblo mío Egipto, y el asirio obra de mis manos, e Israel mi heredad. (vv. 23–25)

¡Qué día tan hermoso cuando esta profecía sea cumplida! La animosidad mortal entre los israelitas y sus vecinos árabes ha existido desde los días de sus progenitores Isaac e Ismael. Cuando las naciones islámicas del Medio Oriente afirmen hermandad con su antiguo enemigo Israel, podemos estar seguros de que una era de hermandad entre todas las naciones finalmente ha llegado a la tierra.

Isaías habló de un tiempo de unidad no solo entre Israel y las naciones árabes, sino también entre todos los pueblos. Dijo que quienes habían sido anteriormente excluidos del templo serían bienvenidos en la tierra e invitados a participar en la adoración de Dios.

> Sus holocaustos y sus sacrificios serán aceptos sobre mi altar; porque mi casa será llamada casa de oración para todos los pueblos.
>
> Dice Jehová el Señor, el que reúne a los dispersos de Israel: Aún juntaré sobre él a sus congregados. (Isaías 56.7–8)

En el Nuevo Milenio ya no habrá cosas como extranjeros, residentes temporales o inmigrantes; todos serán uno bajo el gobierno amoroso y benevolente de Jesucristo. Tal como lo resumió el doctor John F. Walvoord: «Tomadas en general, las condiciones sociales y económicas del milenio indican una edad de oro en la cual los sueños de reformistas sociales a lo largo de los siglos se cumplirán, no solo mediante el esfuerzo humano, sino también por la presencia y el poder inmediatos de Dios y el gobierno justo de Cristo».[29]

La unidad de todos los pueblos durante los mil años del Nuevo Milenio es una buena noticia para un mundo que continuamente es desgarrado por las peleas entre naciones y la desconfianza hacia las diferencias étnicas. El reino perfeccionado de Dios en la tierra no ha llegado aún, pero en este capítulo hemos estudiado el ideal de Él para las relaciones entre razas, especialmente con personas de otras razas que viven entre nosotros. Su idea relacional está arraigada en el hecho de que Él creó a cada persona de toda raza a su propia imagen, y Él nos ama a cada uno de nosotros tanto que prefirió morir que vivir durante toda la eternidad sin ninguno de nosotros, un amor que Él ha demostrado mediante la cruz.

Como pueblo de Dios, se nos indica que amemos a otros como Él nos ha amado (1 Juan 4.11). Eso significa que hemos de pensar en los extranjeros que están entre nosotros como personas muy valiosas creadas a imagen de Dios, a quienes Él ama tanto como a nosotros. Compartiremos la eternidad con muchos de ellos. La tensión a la que nos enfrentamos antes de llegar a la eternidad es cómo expresar ese amor dentro de la controversia por la inmigración. Como ha escrito un teólogo:

> Esto no se trata de «problemas» o de «guerras culturales», sino de personas hechas a imagen de Dios. Nuestras iglesias deben ser la presencia de Cristo para todas las personas, independientemente del país de origen o el estatus legal… Nuestro compromiso a un reino multinacional de la reconciliación de Dios en Cristo debe ser evidente en el testimonio verbal de nuestro evangelio y en la constitución visible de nuestras congregaciones… Puede que seamos estadounidenses por nacimiento, pero todos somos inmigrantes del reino de Dios.[30]

Mientras escribo este capítulo estamos en medio de un año electoral, y la inmigración está en el centro de gran parte de la controversia entre los candidatos; pero como lo ha expresado de manera elocuente un escritor: «al final, la reforma de la inmigración no surge de la agenda del asno o el elefante; más bien, dar la bienvenida al extranjero es una convicción que fluye de la agenda del Cordero».[31]

James Kesler, en la revista semanal de la iglesia de las Asambleas de Dios, pregunta: «¿Cómo deberían los cristianos responder a la abrumadora oleada de la inmigración?». Entonces responde a su propia pregunta: «Es imperativo que echemos un nuevo y largo vistazo al mandato de Cristo y desarrollemos una actitud responsable hacia las misiones domésticas. Estados Unidos se ha convertido en un campo misionero en el sentido más verdadero».[32]

La inmigración en nuestra propia comunidad ha abierto para nuestra iglesia una oportunidad enorme precisamente para este tipo de misión. En 2015 nuestra pequeña ciudad de El Cajon en el condado de San Diego se convirtió en el hogar del mayor número de inmigrantes iraquíes en Estados Unidos. Se calcula que una cuarta parte de las cien mil personas de nuestra ciudad son iraquíes, y la mayoría de estos inmigrantes son caldeos.

Una de las bendiciones mayores e inesperadas que hemos experimentado en la iglesia Shadow Mountain Community es nuestro ministerio no solo a este grupo de inmigrantes, sino también a las otras comunidades étnicas en nuestra zona inmediata. Durante los últimos diez años hemos ayudado a más de 2.500 inmigrantes a aprender el idioma inglés mediante nuestros cursos de enseñanza de inglés que voluntarios de nuestra iglesia enseñan. Eso lo hemos hecho sin ninguna expectativa por nuestra parte; sencillamente hemos intentado ayudarles a adaptarse y desarrollarse en nuestra ciudad.

Actualmente, también tenemos cuatro congregaciones internacionales. Cada domingo en la mañana nuestro campus rebosa de personas de todos los rincones del mundo cuando nuestras congregaciones árabe, filipina e iraní se reúnen para adorar.

Bajo la dirección del pastor Robert Helou, nuestra congregación árabe ha estado creciendo regularmente. En Semana Santa de 2016, más de setecientos adoradores asistieron a las reuniones del fin de semana.

El pastor Sohrab Ramtin lidera a unos treinta creyentes iraníes, y el pastor Henry Amalia supervisa a cerca de cien cristianos filipinos.

La tarde del domingo nuestra congregación hispana, dirigida por el pastor Erik Zaldaña, se reúne en el centro principal de adoración de nuestra iglesia, con más de setecientas personas que asisten regular-mente. Pero eso no relata la historia completa del ministerio hispano en Shadow Mountain. Recientemente se concedió una propiedad a nuestra iglesia en Encinitas, California, y tenemos un lugar en inglés por video en esas instalaciones los domingos por la mañana. Pero los domingos por la tarde emitimos el mensaje de Erik Zaldaña por nues-tro sistema de satélite a otros 150 creyentes hispanos en las mismas instalaciones. Cuando sumamos todos los números de nuestros ado-radores hispanos, estamos ministrando aproximadamente a nove-cientos hispanos cada semana.

Y aún hay más. Debido a que el pastor Zaldaña es un comunica-dor excelente, los dos canales de televisión hispanos en nuestra comu-nidad nos han concedido dos horas de emisión gratuita cada domingo, y eso nos permite televisar la reunión hispana a nuestra comunidad, al igual que hacemos con nuestro servicio en inglés.

Casi cada semana en nuestras reuniones en inglés tenemos la opor-tunidad de escuchar los testimonios de quienes han sido bautizados. En muchas de esas ocasiones somos bendecidos por los testimonios de quienes han sido ganados para Cristo en nuestras congregaciones étni-cas. Con frecuencia esos testimonios requieren un intérprete, lo cual me hace sentir como si hubiera visitado un campo misionero, lo cual, de hecho, así es. La inmigración nos ha traído un campo misionero.

El 20 de febrero de 2016 tuvimos la oportunidad de escuchar el testimonio de un joven que se había criado en una nación musulmana y llegó a este país como refugiado. Su historia es solamente un ejemplo de la emoción que todos sentimos por la obra del Señor en nuestras iglesias internacionales:

> Mi nombre es Yousef. Que la paz del Señor Jesús sea sobre ustedes, el pueblo de Dios. Comparto con ustedes cómo salí de la oscuridad del islam y llegué a la luz de Cristo.

Cuando salí de Irak y llegué a Estados Unidos como refugiado, abandoné la terrible matanza que los musulmanes realizan en nombre de la religión. En Estados Unidos conocí a mi patrocinador y amigo Noel, que es miembro de la iglesia árabe de Shadow Mountain. Él se ocupó de mí, y me dijo que Dios me ama y que entregó a su Hijo por mí. Como musulmán, eso me resultaba extraño, así que pregunté:

—¿Quién es ese Hijo?

—Es el Señor Jesucristo —dijo Noel.

—¿Tiene Dios un Hijo? —pregunté.

—Sí, Él es Issa el Hijo de María, y lo llamamos Jesús —él respondió.

Él me regaló la Biblia, y comencé a leerla y estudiarla. Debido a que conocía el Corán, comencé a discernir grandes diferencias entre los dos libros: el amor en el cristianismo, y el odio y la matanza en el islam.

Entonces el Señor Jesús mismo se me apareció, y con su luz iluminó mi oscuro camino. Creí en Él y le pedí que me salvara. Después de aquello comencé a asistir fielmente a todas las reuniones de la iglesia.

Hoy voy a bautizarme en obediencia al mandato del Señor. Doy gracias a Dios por sus tratos diarios conmigo y con mi familia, y hoy declaro con alegría, diciendo junto con Josué: «Pero yo y mi casa, serviremos al Señor».

A Él sea toda la gloria, amén.

El testimonio de Yousef lo contó en un inglés roto, y cuando terminó, nuestra congregación le dio un gozoso aplauso; y tengo la autoridad para poder decir que también se produjo un aplauso en el cielo (Lucas 15.7). Estoy convencido de que el testimonio de Yousef y de otros como él revelan el verdadero corazón de la historia de la inmigración.

Por encima de todos sus problemas y beneficios, la inmigración es para nosotros una oportunidad de extender el reino de Dios. Deberíamos ver la inmigración como el modo que tiene Dios de traer hasta nosotros un mundo de personas que necesitan conocerlo a Él, para que podamos compartir con ellos lo que Él nos ha dado. Creo que Rodríguez pensaba de manera parecida cuando escribió las siguientes palabras:

> La reforma de la inmigración es a la vez un asunto vertical y horizontal. Verticalmente, el corazón de Dios es movido por la situación de los inmigrantes y su sufrimiento. Horizontalmente, aprobar la reforma de la inmigración servirá como una receta de reconciliación para una nación dividida por una política partisana. Por consiguiente, es la cruz la que nos impulsa a levantar nuestras manos al cielo y extender nuestras manos hacia nuestro prójimo. Es la cruz la que nos impulsa a declarar que un ser humano no puede ser ilegal; es la cruz la que nos conduce a reconciliar el estado de derecho (Romanos 13) con tratar al inmigrante como uno de nosotros (Levítico 19).[33]

CAPÍTULO 3

EL AUMENTO DE LA INTOLERANCIA

Kelvin Cochran es el cuarto de seis hijos criados en la pobreza extrema por una madre soltera en Shreveport, Louisiana. Asistía a la iglesia regularmente y desarrolló una fe en Dios fuerte y activa.

Desde el momento en que fue testigo de cómo un grupo de bomberos extinguía un incendio en la casa de un vecino, el joven Kelvin supo que quería ser bombero. Después de graduarse, llegó a ser uno de los primeros afroamericanos contratados por el Cuerpo de Bomberos de Shreveport. Ascendió en las filas para llegar a ser el primer jefe de bomberos afroamericano mientras aún no sobrepasaba los treinta y tantos años.

Ocho años después, Cochran fue invitado a dirigir a los 750 miembros del Cuerpo de Bomberos de Atlanta. Dejó Atlanta en 2009 cuando el presidente lo nombró jefe de la Administración de Incendios de Estados Unidos. Pero el nuevo alcalde de Atlanta persuadió a Cochran para que regresara y reconstruyera el deteriorado cuerpo de bomberos de la ciudad. Él hizo precisamente eso, convirtiendo al Cuerpo de Bomberos de Atlanta en uno de solamente sesenta Cuerpos de Estados Unidos que recibieron una clasificación de Clase 1.

Aunque Cochran era un cristiano comprometido, observaba cuidadosamente las reglas del entorno laboral a la hora de hablar de su fe, conversando sobre religión solamente con quienes se acercaban a él primero. Dirigía estudios bíblicos en su iglesia y formó un grupo de estudio específicamente para hombres que buscaban la verdadera hombría, lo cual le condujo a escribir un libro sobre el tema que publicó privadamente. Entregó el libro solamente a personas con las que había trabajado y compartido su fe y, como cortesía, al alcalde de Atlanta y a un puñado de líderes civiles.

Casi un año después de la publicación del libro, el concejal Alex Wan leyó las pocas páginas que bosquejaban el enfoque bíblico de la sexualidad: que el sexo fuera del matrimonio entre hombre y mujer es contrario a la voluntad de Dios. Fue entonces cuando comenzaron los problemas. Se produjeron reuniones entre los altos oficiales de Atlanta, y como reportaba el *National Review*: «El 6 de enero de 2015, la ciudad de Atlanta despidió a Cochran, sin prepararle el proceso adecuado prescrito por los códigos de la ciudad y, afirma él, sin darle una oportunidad de responder ni a su suspensión ni a su expulsión. En ningún momento, ninguno de los empleados del cuerpo de bomberos se quejó de maltrato o discriminación».

Sin embargo, el concejal Wan dejó claro el motivo del despido de Cochran: «Cuando uno es empleado de la ciudad, y [sus] ideas, creencias y opiniones son diferentes de las de la ciudad, hay que dejarlas en la puerta».[1]

Este incidente es meramente uno de los muchos en los que gobiernos, negocios y organizaciones han reprimido recientemente las creencias cristianas o han penalizado a personas por expresar su fe. En 2014, el gobernador de Arizona, Jan Brewer, vetó una ley pensada para permitir a «negocios que aseveraran sus creencias religiosas el derecho a negar el servicio a clientes gais y lesbianas».[2] El doctor Eric Walsh, director médico de distrito en Georgia, fue despedido cuando el estado se enteró de que él había predicado sermones en su iglesia expresando posiciones cristianas ortodoxas sobre la sexualidad y la creación.[3] El servicio para buscar pareja eHarmony, fundado originalmente sobre principios cristianos, fue obligado por una demanda en 2008 a crear una nueva página web para usuarios gais y lesbianas.[4]

Jesús reprendió a los fariseos por su incapacidad de discernir las señales de los tiempos (Mateo 16.3). Las señales de nuestros tiempos deberían estar claras para nosotros. Los incidentes relatados anteriormente son tan solo una muestra de cientos de otros parecidos que revelan el arco del futuro. La cultura estadounidense se está volviendo cada vez más hostil hacia el cristianismo, que ha perdido su lugar como la pauta ética principal de la nación. Leyes y presiones sociales han comenzado a invadir gravemente la libertad cristiana; estamos en las primeras etapas de represión del discurso y las acciones cristianas, y puede que sigan medidas incluso más fuertes.

Estados Unidos se fundó originalmente sobre principios cristianos. La Declaración de Independencia reconoce explícitamente que Dios, no el gobierno, es la fuente de los derechos y la libertad de los seres humanos: «Sostenemos como evidentes por sí mismas dichas verdades: que todos los hombres son creados iguales; que son dotados *por su Creador* de ciertos derechos inalienables» (cursivas añadidas).[5]

Esta premisa fundamental comenzó a erosionarse a mitad del siglo XX con la afluencia generada por el *boom* económico posterior a la Segunda Guerra Mundial y el ascenso de la cultura de protesta de la década de 1960. Actualmente, el concepto de libertad se ha degenerado hasta convertirse en licencia tipificada por la eliminación de prácticamente todos los límites morales. El cristianismo está siendo empujado hacia los márgenes porque su adherencia a la moralidad bíblica no encaja en la filosofía de la libertad sin restricción que ahora domina el paisaje cultural de Estados Unidos.

Como observó el presidente del Instituto Bíblico Moody, el doctor Paul Nyquist:

Durante casi 250 años, los cristianos en Estados Unidos pudieron vivir en relativa libertad de la persecución. Escapamos porque nuestra sociedad aceptó y promovió históricamente los valores bíblicos. Nuestros padres fundadores redactaron una Constitución estimando la libertad religiosa y estableciendo que los desechos provienen de Dios, y no del gobierno.

Pero estamos siendo testigos de un cambio épico en nuestra cultura, un cambio del clima espiritual que amenaza con remodelar la vida tal como la conocemos. La hostilidad y la intolerancia están sustituyendo a la tolerancia. El rechazo e incluso el odio están haciendo a un lado a la aceptación.[6]

No es ningún secreto que el cristianismo está en declive en Estados Unidos. El Centro de Investigación Pew reporta que en 2014, aproximadamente el 70% de los estadounidenses se identificaban como cristianos.[7] Pero esta cifra es engañosa. Según un estudio de los sociólogos C. Kirk Hadaway y Penny Long Marler publicado en el *Journal for the Scientific Study of Religion* [Revista para el estudio científico de la religión], menos del 20% de los estadounidenses asisten regularmente a la iglesia semanalmente.[8] Esta estadística nos da una mejor indicación del compromiso cristiano actual.

La tendencia descendente ha comenzado, y está cobrando impulso. El gobierno, el sistema educativo, la industria del entretenimiento y los medios de comunicación ya no comparten nuestros valores, lo cual significa que los cristianos fieles están siendo aislados de las fuerzas dominantes en la sociedad. El cristianismo es ahora una subcultura religiosa, cada vez más demonizada, ridiculizada y marginada.

«Prepárense», insta el doctor Nyquist. «Una era emocionante y a la vez aterradora está comenzando para los creyentes estadounidenses. A medida que los cambios culturales barran nuestro país, pronto seremos desafiados a poner en práctica lo que dice la Biblia acerca de confrontar y responder a la persecución».[9]

LA SUSTANCIA DE LA PERSECUCIÓN CRISTIANA

Puede que se pregunte si *persecución* es una palabra demasiado fuerte para describir lo que les está sucediendo a los cristianos actualmente en Estados Unidos. El doctor Nyquist responde: «Debido a nuestra inexperiencia relativa, los estadounidenses tendemos a tener una perspectiva limitada de la persecución. Por lo general, pensamos en ella en términos físicos (encarcelamiento, martirio), y como tal, puede que cuestionemos si nuestra experiencia se califica verdaderamente como persecución, pero esta definición es demasiado estrecha. El término bíblico sugiere una perspectiva más amplia, incluyendo agresión, opresión y violencia que afectan al cuerpo, la mente y las emociones».[10]

El teólogo Geoffrey Bromiley está de acuerdo: «La persecución es el sufrimiento o presión mental, moral o física, la cual autoridades, individuos o grupos infligen sobre otros, especialmente por opiniones o creencias, con la perspectiva de que se sujeten mediante retractación, silencio, o como último recurso, la ejecución».[11]

Christianity Today nos recuerda que «la mayoría de la persecución no es violencia; en cambio, es "apretujar" a los cristianos en cinco esferas de la vida: privada, familiar, comunitaria, nacional y eclesial».[12]

Como puede ver, el término *persecución* cubre cualquier tipo de supresión u opresión de la creencia o práctica religiosa. Sin embargo, no deberíamos suponer que todo lo malo que nos suceda es una forma de persecución. La persecución es solamente problemas que ocurren «por causa de la justicia» (Mateo 5.10), los que llegan porque la persona se identifica con Jesucristo. A veces nuestro propio estrés, pecado o malas decisiones producen dificultades en nuestra vida. Como dice

1 Pedro 4.15: «Así que, ninguno de vosotros padezca como homicida, o ladrón, o malhechor, o por entremeterse en lo ajeno». Los problemas que llegan como resultado de nuestro propio mal hacer no pueden catalogarse de persecución.

Ser perseguidos por causa de la justicia significa que nos odian o sufrimos oposición o sufrimiento únicamente por seguir a Cristo y vivir para Dios. Eso es persecución, y eso define la sustancia de este capítulo.

LAS ETAPAS DE LA PERSECUCIÓN CRISTIANA

Para mostrar el ámbito del problema de la persecución, veamos cinco etapas de supresión religiosa que se producen actualmente en nuestra nación.

Etapa 1: Estereotipos

En la actualidad, a los cristianos con frecuencia se les estereotipa como ignorantes, sin educación, retrógrados, inhibidos, homófobos, odiosos e intolerantes. Incluso el presidente se sumó a esta perspectiva cuando, en 2008, dijo de los trabajadores que votan según sus valores: «Se vuelven amargados, se aferran a las armas, a la religión o a la antipatía hacia personas que no son como ellos, o a un sentimiento en contra de los inmigrantes o en contra del comercio como manera de dar explicación a sus frustraciones».[13]

Las películas y la televisión con frecuencia presentan al cristiano como el antagonista malvado, el intolerante que es más santo que nadie y que cabalga sobre un caballo más alto y juzga a otros con dureza. El personaje por lo general es enojado y despótico, o estúpido e ingenuo; o puede que sea un cristiano que hace concesiones, reprimido emocionalmente o apartado. Normalmente se le representa como un hipócrita que no practica lo que profesa creer, como el alcaide de la prisión en la película *The Shawshank Redemption* [Cadena perpetua] que recita la Biblia pero abusa de los presos.

Una película que sitúa a los cristianos en otro tipo de estereotipo es *Inherit the Wind* [La herencia del viento], el clásico que se emite con frecuencia, una distorsión insidiosa del juicio en 1925 de Scopes contra el estado, que enfrentaba a la evolución contra la creación. Se le acredita a la película el haber hecho mucho para dar forma a la imagen pública de los cristianos como intolerantes, tozudamente ignorantes y contrarios a la ciencia; también inclinó el debate creación/evolución hasta el punto de que actualmente los secularistas no permiten ni siquiera hablar de la creación en la escuela pública o en los cursos universitarios de ciencias. De este modo, el pueblo en conjunto no entiende que, lejos de estar basada en la ignorancia, la doctrina de la creación está edificada sobre sólida evidencia científica y aplicaciones muy racionales del método científico.

Aunque es cierto que algunos cristianos protestantes representan mal la fe, estos estereotipos no reflejan la realidad del cristianismo auténtico, sino que surgen del creciente prejuicio cultural hacia la fe cristiana. Es nuestra obligación practicar nuestras convicciones de una manera que muestre que esas imágenes calumniosas son burdas distorsiones de la verdad.

Etapa 2: Marginalización

Lo que quieren muchos secularistas es que el cristianismo sea desplazado del centro de la vida estadounidense. Si debe permitirse existir a la iglesia, ellos quieren que esté limitada al ámbito de la intimidad personal y que se le niegue cualquier efecto sobre la vida pública. Por eso debe ser prohibida la oración en público, debe ser eliminada la influencia cristiana en la política pública, y las festividades cristianas deben ser secularizadas. Los cristianos deben ser excluidos de posiciones de poder e influencia, lo cual incluye la política, el mundo académico, el entretenimiento y los medios de comunicación. Como escribió en un tweet la personalidad de la MSNBC Chris Matthews: «Si es usted político y cree en Dios en primer lugar, eso está muy bien. Tan solo no se presente para un puesto en el gobierno, preséntese para un puesto en la iglesia».[14]

Cada vez más, la creencia y la práctica cristianas están siendo eliminadas de la vida pública. Por ejemplo, ahora se prohíbe a organizaciones cristianas entrar en muchos campus universitarios. Un tribunal mantuvo la prohibición sobre villancicos cristianos con contenido religioso impuestos por escuelas en Nueva Jersey y Filadelfia.[15] Un tribunal de apelación de California sostuvo el veredicto contra dos médicos que se negaron a inseminar de manera artificial a una mujer lesbiana. El abogado de la mujer dijo: «Cuando un médico está en su iglesia, puede hacer religión, pero no en la consulta médica».[16]

Etapa 3: Amenazas

La prohibición de la expresión religiosa en las arenas académica, institucional, colectiva o pública no es suficiente para muchos secularistas. Están decididos a hacer pagar el precio a los cristianos incluso cuando realizan acciones privadamente que están en conflicto con la agenda progresista.

Por ejemplo, a una becaria de la Universidad Estatal Long Beach de California le rescindieron el contrato y fue amenazada con la expulsión del programa de posgrado por hablar de su fe con compañeros de trabajo, aunque ella lo hizo solamente en sus horas libres.[17] Una alumna de secundaria en Maryland fue obligada a dejar de leer su Biblia, aunque la leía solamente durante su hora para el almuerzo; sin embargo, no le prohibieron leer Harry Potter u otros libros.[18] Un mánager en una empresa nacional de seguros fue despedido únicamente por expresar su oposición hacia el matrimonio gay en un post que escribió en línea desde la computadora de su casa.[19] En 2014,

Brendan Eich, director general de Mozilla, fue obligado a dimitir cuando se descubrió que había donado mil dólares para apoyar la Proposición 8 de California, la cual definía el matrimonio como la unión de un hombre y una mujer.[20]

Etapa 4: Intimidación

En 2005, unos padres en California pusieron una demanda para evitar pruebas psicológicas a alumnos de primero, tercero y quinto grados porque las pruebas contenían preguntas explícitamente sexuales. Perdieron. El dictamen del tribunal: «Los padres no tienen ningún derecho procesal o privado a anular las decisiones de escuelas públicas en cuanto a la información a la cual estarán expuestos sus hijos».[21]

En 2013, el Sindicato Americano por los Derechos Civiles (ACLU, por sus siglas en inglés), demandó a Mercy Health Partners, un hospital católico, porque no ofreció servicios de aborto a una clienta que estaba experimentando un embarazo difícil. El ACLU pretende utilizar el caso para obligar a todos los hospitales católicos a realizar abortos. Como observaron los editores de *National Review*: «El asunto no es si quienes desean que se les proporcionen ciertos servicios podrán obtenerlos, sino más bien que quienes están en contra deban ser obligados a participar».[22]

En octubre de 2014, varios pastores en Houston alentaron a los cristianos a firmar una petición llamando a un referéndum sobre una ordenanza sobre no discriminación recientemente aprobada que permitía a hombres y mujeres usar los baños indistintamente. El gobierno de la ciudad de Houston, bajo la alcaldesa Annise Parker, ordenó a cinco de los pastores que entregaran todos los sermones, mensajes de texto y correos electrónicos que hablaban de la homosexualidad o de asuntos de género. Negarse a cumplir con la orden significaría desacato a los tribunales y cárcel. La alcaldesa Parker más adelante rescindió las citaciones tras la estela de una reacción negativa a nivel nacional.[23]

Mientras escribo esta página, hay un proyecto de ley delante del Senado Estatal de California que evitaría que las universidades cristianas requieran a sus alumnos una profesión de fe, la inclusión de cursos de la Biblia en el currículo académico, o la asistencia a reuniones en la capilla. Evitaría que esas universidades integren la fe en el programa de estudios de su enseñanza u ofrezcan dirección espiritual o cuidado pastoral. ¿Por qué esas restricciones? Para evitar que esas universidades nieguen a estudiantes LGBT la libre expresión de sus preferencias de género o su orientación sexual. Como escribió el conservador Consejo de Política de California, eso «significa que una escuela bautista puede ser demandada por negarse a permitir que un alumno varón que se "identifica" como mujer viva en una residencia estudiantil para mujeres, o utilice los baños y las duchas de mujeres».[24]

Etapa 5: Litigio

Un creciente número de cristianos y organizaciones cristianas están siendo llevados ante los tribunales por negarse a hacer concesiones en sus convicciones cristianas. En primera línea de la batalla están pequeños negocios que proporcionan servicios para bodas, como pastelerías, floristerías, imprentas, proveedores de *catering* y fotógrafos. Varios de estos casos han llegado a las noticias nacionales, incluido uno con un fotógrafo cristiano en Nuevo México que se negó a fotografiar una «ceremonia de compromiso» entre lesbianas. La pareja demandó; el fotógrafo perdió y le impusieron una multa de más de 6.000 dólares.[25] El más atroz de estos incidentes hasta la fecha es la multa de 135.000 dólares impuesta a la panadería en Oregón cuyos dueños eran una pareja cristiana que declinó hacer una tarta de boda para una pareja lesbiana.[26] En muchos de estos casos, los cristianos han pagado un alto precio por sus convicciones. Algunos perdieron los ahorros de toda su vida; otros fueron obligados a salir del negocio o ir a la bancarrota; y varios incluso recibieron amenazas de muerte por parte de activistas.

Algunas de estas inquietantes historias tienen finales que inspiran. El ACLU presentó cargos por desacato contra el director de la escuela de secundaria Pace de Florida, Frank Lay, y el director deportivo, Robert Freeman, por bendecir una comida servida a unos veinte miembros adultos de un club de apoyo en una iglesia local. Los cargos conllevaban penas de seis meses de cárcel y multas de cinco mil dólares para cada uno de los hombres.[27]

Cuando se acercaban las ceremonias de graduación de la escuela Pace, al ACLU le preocupaba que la controversia pudiera conducir a otras violaciones de su agenda. Demandaron que los oficiales de la escuela evitaran que los alumnos dijeran cualquier cosa religiosa o hicieran oraciones en el evento. Para evitar más problemas, los administradores lo acataron.

Pero los casi cuatrocientos veteranos que se graduaban tomaron el asunto en sus propias manos y organizaron de antemano levantarse *en masa* durante la ceremonia y recitar el Padre Nuestro. Muchos de ellos pintaron cruces en sus birretes de graduación para hacer una declaración de fe y mostrar apoyo a sus asediados director y entrenador. Padres, familiares y amigos en la audiencia se unieron a la recitación, y aplaudieron con fuerza al final.[28]

A menos que se produzca un giro importante, podemos esperar que aumenten las demandas y los juicios en los tribunales contra cristianos que practican su fe. Según un escritor: «La persecución bien podría acelerarse para incluir apoderarse de propiedades y dinero de la iglesia al estilo Enrique VIII debido a la negativa de los líderes cristianos a inclinarse ante las doctrinas del Estado… Incluso es bastante posible condenas cárcel para los cristianos».[29]

Creo que a Estados Unidos le queda un largo camino hasta el tipo de persecución que implica tortura y muerte, como soportaron los cristianos en el Nuevo Testamento y ahora soportan en otros países; pero uno nunca sabe lo que pueda estar acechando detrás de la esquina. En mis días de juventud, ni en mis más terribles pesadillas soñé con que el cristianismo pudiera estar bajo ataque como lo está ahora en Estados Unidos.

LA HISTORIA DE LA PERSECUCIÓN CRISTIANA

El cristianismo ha sufrido una severa oposición desde su nacimiento mismo, comenzando con Cristo. Fue vilipendiado, maquinaron contra Él, fue arrestado, condenado en un juicio amañado, flagelado y crucificado. Él advirtió que seguirlo significaría una persecución parecida. Consideremos estas frases escogidas que Él dijo a sus discípulos en Mateo 10: «He aquí, yo os envío como a ovejas en medio de lobos... Y guardaos de los hombres, porque os entregarán a los concilios, y en sus sinagogas os azotarán; y aun ante gobernadores y reyes seréis llevados por causa de mí... El hermano entregará a la muerte al hermano, y el padre al hijo; y los hijos se levantarán contra los padres, y los harán morir. Y seréis aborrecidos de todos por causa de mi nombre» (vv. 16, 17–18, 21–22).

En su libro *Christ Plays in Ten Thousand Places* [Cristo actúa en diez mil lugares], Eugene Peterson escribió:

Unos mil ochocientos años de historia hebrea coronados por una exposición plena en Jesucristo nos dicen que la revelación que Dios hace de sí mismo es rechazada con mucha más frecuencia de lo que es aceptada, muchas más personas la descartan en vez de aceptarla, y ha sido o bien atacada o ignorada por todas las importantes culturas o civilizaciones en las cuales ha dado su testimonio: la magnífica Egipto, la feroz Asiria, la hermosa Babilonia, la artística Grecia, la política Roma, la ilustrada Francia, la Alemania nazi, la Italia renacentista, la Rusia marxista, la China maoísta, y Estados Unidos que busca la felicidad.[30]

¿Por qué se encuentra el regalo de la salvación con una oposición tan persistente? En pocas palabras, se debe a que junto con la salvación viene la sumisión a Dios; pero desde la caída de la humanidad en el Edén, las personas se han resistido a la sumisión a ningún poder que esté fuera del yo. Demandan libertad para definir ellos mismos el bien y el mal y para vivir la vida según sus propios términos; rechazan sugerencias de que cualquier decisión que tomen debería hacer caer crítica o censura; su credo es el del poeta William Ernest Henley: «Yo soy el dueño de mi destino, yo soy el capitán de mi alma».[31]

La conducta cristiana enoja a los no cristianos porque les hace sentirse juzgados; resucita la arraigada verdad de la responsabilidad moral que Dios plantó firmemente en cada corazón humano, una verdad que ellos están decididos a matar y enterrar. Pero como escribió el apóstol Pablo, la existencia de Dios y los principios de la ley natural son demasiado obvios para ser suprimidos:

> Porque las cosas invisibles de él, su eterno poder y deidad, se hacen claramente visibles desde la creación del mundo... de modo que no tienen excusa. Pues habiendo conocido a Dios, no le glorificaron como a Dios, ni le dieron gracias, sino que se envanecieron en sus razonamientos, y su necio corazón fue entenebrecido. (Romanos 1.20–21)

Cuando el cristianismo en la práctica despierta la conciencia latente de los no cristianos, su respuesta raras veces es aceptar el mensaje, sino más bien «matar al mensajero». Silenciarnos les permite ahogar el conocimiento latente de verdad resucitado por nuestra conducta, y por eso la persecución ha sido un contrapunto persistente hacia el cristianismo a lo largo de toda su historia.

Persecución de los cristianos en la Biblia

La persecución en el Nuevo Testamento comienza poco después del nacimiento de Cristo en Belén y no termina hasta los capítulos finales de Apocalipsis. A continuación tenemos algunos de los ejemplos más notables:

- Herodes, el rey de Judea, temeroso de los reportes de que un rey profetizado había nacido en Belén, intentó proteger su dinastía matando a todos los niños varones nacidos allí dentro del marco de tiempo profético (Mateo 2.1–16).
- Juan el Bautista, el primer mensajero público de Cristo, fue decapitado por el hijo de Herodes: Herodes Antipas (Marcos 6.25–29).
- Varias veces, el pueblo judío y sus líderes, enojados por el mensaje de Jesús y sus represiones, intentaron atraparlo y matarlo incluso antes de su exitoso complot para crucificarlo (Lucas 4.28–30; 13.31; Juan 5.16, 18; 7.1, 19, 25, 44; 8.37, 40; 11.53).
- Pedro y otros apóstoles fueron arrestados, golpeados y encarcelados varias veces por predicar a Cristo (Hechos 4.1–3; 5.17–18, 22–40; 12.1–4).
- Esteban fue apedreado hasta morir por judíos enojados por predicar a Cristo (7.54–60).
- Los primeros conversos cristianos que vivían en Jerusalén fueron dispersados a otras tierras, huyendo de la persecución por parte de los líderes judíos (8.1).
- Los doce apóstoles sufrieron muertes violentas a manos de sus perseguidores a excepción de Juan, quien fue exiliado a la isla penitencial de Patmos (Apocalipsis 1.9).

- El apóstol Pablo sufrió casi todo tipo de persecución que se pudiera infligir. Con frecuencia fue encarcelado, apedreado casi hasta morir, golpeado cinco veces con treinta y nueve latigazos, tres veces golpeado con varas, expulsado de la ciudad, y con frecuencia pasó hambre, frío y se encontró sin vestimenta adecuada (2 Corintios 11.22–29).

Lo asombroso acerca de los primeros cristianos es cómo reaccionaron a toda la persecución que se abalanzó sobre ellos. Cuando los judíos comenzaron a perseguirlos poco después de Pentecostés, muchos se vieron forzados a desarraigar sus vidas, dejar sus hogares e incluso enfrentarse a un posible encarcelamiento o a la muerte. ¿Les hizo eso amargados, infelices o pesarosos? ¿Los desalentó o hizo que reconsideraran su decisión de seguir a Cristo? ¡Claro que no! En lugar de quejarse de su destino, Lucas nos dice que formaron una comunidad de apoyo mutuo y prosperaron:

Y la multitud de los que habían creído era de un corazón y un alma; y ninguno decía ser suyo propio nada de lo que poseía, sino que tenían todas las cosas en común. Y con gran poder los apóstoles daban testimonio de la resurrección del Señor Jesús, y abundante gracia era sobre todos ellos. Así que no había entre ellos ningún necesitado; porque todos los que poseían heredades o casas, las vendían, y traían el precio de lo vendido, y lo ponían a los pies de los apóstoles; y se repartía a cada uno según su necesidad. (Hechos 4.32–35)

Cuando Pedro y Juan hablaron de cómo habían sido arrestados, encarcelados, y que se les advirtió bajo amenaza que no volvieran a predicar sobre Jesús, esos discípulos respondieron con una exuberante oración de entusiasmo: «Y ahora, Señor, mira sus amenazas, y concede a tus siervos que con todo denuedo hablen tu palabra, mientras extiendes tu mano para que se hagan sanidades y señales y prodigios mediante el nombre de tu santo Hijo Jesús» (Hechos 4.29–30).

La persecución solamente aumentó su dedicación y les hizo más valientes a la hora de proclamar la verdad. Es un ejemplo inspirador para nosotros en el presente.

Persecución de los cristianos en la historia

El imperio más conocido por perseguir a los cristianos es la antigua Roma. En el primer siglo, romanos bajo el gobierno de Nerón quemaron a cristianos en hogueras y los entregaron por comida a los leones como entretenimiento en la arena. Los apóstoles Pedro y Pablo fueron ejecutados bajo Nerón. Más adelante en el siglo, el emperador romano Domiciano se declaró a sí mismo «Señor y Dios» y ejecutó a cristianos que se negaron a adorarle.[32] El apóstol Juan fue exiliado bajo el reinado de Domiciano. Los romanos siguieron persiguiendo a cristianos con diversos grados de intensidad hasta que el emperador Constantino declaró legal el cristianismo en el año 313 A.D.

Otros imperios, naciones y religiones también han levantado la espada contra los cristianos.

- En las varias inquisiciones entre 1540 y 1685, la iglesia católica martirizó a más de 1,7 millones de cristianos en toda Europa acusados de herejía.[33] También persiguieron a «los de Wycliff», quienes intentaban distribuir las primeras Biblias en inglés.[34]
- En Francia, la masacre del Día de San Bartolomé se calcula que mató a unos 3.000 protestantes franceses en París.[35]
- El Japón del siglo XVII ilegalizó el cristianismo, expulsó a misioneros, y ejecutó a conversos.

- La China del siglo XVIII ilegalizó el cristianismo y persiguió severamente a los cristianos.
- La Revolución Francesa de 1789 ilegalizó el cristianismo. Exiliaron a los clérigos o los mataban. Se profanaron iglesias, y toda semblanza de cristianismo fue eliminada.[36]
- El Imperio Otomano tiene un largo historial de perseguir a cristianos. Solamente en 1915 los turcos islámicos masacraron a 2,7 millones de cristianos. Los cálculos de muertes de cristianos durante la historia del imperio (1894–1915) llegan hasta los 50 millones.[37]
- Tras la Revolución Rusa de 1917, iglesias, enseñanza cristiana, formación y liturgia fueron ilegalizados. El estado confiscó todas las propiedades a la iglesia; millones de disidentes fueron ejecutados.[38]

Muchos que han sufrido por su fe han aceptado la persecución con gozo. Una de tales historias proviene del reinado de la reina María de Inglaterra, conocida como «María la Sangrienta» por su implacable persecución de protestantes. Nicholas Ridley había sido capellán del rey Enrique VIII, el fundador de la Iglesia Protestante de Inglaterra. Cuando María ascendió al trono, estaba decidida a forzar a los súbditos ingleses a regresar al catolicismo. Ridley se negó a acatar la orden y fue condenado a ser quemado en la hoguera en 1555. Cuando lo estaban atando a la hoguera, Ridley oró: «Oh Padre celestial, te doy las gracias más sinceras por haberme llamado a ser profesante de ti, incluso hasta la muerte».[39]

Persecución de los cristianos en el mundo actual

Muchos creen que la persecución mundial de los cristianos en la actualidad es peor que en cualquier otra época de la historia. Cada mes, 322 cristianos son asesinados por su fe, 214 iglesias y propiedades cristianas son destruidas, y se cometen 772 formas de violencia contra cristianos individuales o grupos cristianos. Estas cifras suman más de 15.000 incidentes de grave persecución de cristianos por año.[40] Los diez países que más persiguen son Corea del Norte, Irak, Eritrea, Afganistán, Siria, Pakistán, Somalia, Sudán, Irán y Libia.[41]

Dada la historia y el estado actual de la persecución cristiana en todo el mundo, se vuelve menos sorprendente que estemos comenzando a sentir su aguijón en Estados Unidos. Tener una nación establecida sobre principios cristianos y alineada con ellos ha sido la excepción históricamente; esa consonancia ahora se está desmoronando, y estamos regresando a la norma histórica.

LOS EFECTOS SECUNDARIOS DE LA PERSECUCIÓN CRISTIANA

¿Cómo deberían reaccionar los cristianos en Estados Unidos a la persecución? La primera respuesta podría ser naturalmente el enojo; pero el Nuevo Testamento nos da una respuesta más constructiva. Los primeros cristianos sufrieron persecución mucho más severa de la que nosotros afrontamos en la actualidad, y nunca vemos que respondieran con enojo. De hecho, ellos encontraron beneficios positivos en el sufrimiento.

Pablo le dijo a la iglesia filipense: «Porque a ustedes se les ha concedido no sólo creer en Cristo, sino también sufrir por él» (Filipenses 1.29, NVI). Notemos el modo en que lo expresó: «se les ha *concedido*». Él hizo que el sufrimiento pareciera un regalo. ¿Es el sufrimiento un regalo? ¿De verdad? El impulso natural es decir que nos gustaría devolverlo y conformarnos en cambio con una corbata o un pañuelo, pero rechazar el sufrimiento es perdernos bendiciones enormes. Exploremos lo que eso significa.

El sufrimiento fomenta el carácter

Un hombre acudió a su pastor y dijo:

—Pastor, he llegado a entender que soy un hombre muy impaciente. ¿Por favor ore por mí para que Dios me dé paciencia?

Dos semanas después, regresó y dijo:

—¡Dios mío, pastor! ¿Qué oración hizo? Me están sucediendo cosas terribles. Mi vida se está trastornando.

—Bueno —respondió el pastor—, usted quería paciencia, y la Biblia dice: «la tribulación produce paciencia», así que oré por tribulación. Parece que Dios está respondiendo mi oración.

El sufrimiento ha de soportarse con paciencia porque ayuda a moldear el carácter cristiano. Aunque la persecución es infligida por los enemigos de Dios, Él puede usarla como una forma de disciplina para moldearnos a mayor semejanza de Cristo. Como nos dijo Pablo: «También nos gloriamos en las tribulaciones, sabiendo que la tribulación produce paciencia; y la paciencia, prueba; y la prueba, esperanza; y la esperanza no avergüenza; porque el amor de Dios ha sido derramado en nuestros corazones por el Espíritu Santo que nos fue dado» (Romanos 5.3–5).

Contrariamente a lo que oímos con frecuencia, el llamado a seguir a Cristo no es un llamado a una vida fácil llena de luces verdes y caminos llanos. Una vida así nunca soltaría el tenaz agarre de la obstinación que ha atrapado nuestros corazones desde la caída de Adán.

Como lo expresó John Ortberg: «Dios no obra para producir las circunstancias que yo quiero. Dios obra en las malas circunstancias para producir en mí el yo que Él quiere».[42]

C. S. Lewis explicó de la siguiente manera el propósito del sufrimiento:

Dios, que nos ha creado, sabe lo que somos y que nuestra felicidad yace en Él; sin embargo, nosotros no la buscaremos en Él mientras que Él nos deje cualquier otro recurso donde pueda buscarse aunque sea de modo plausible. Mientras lo que nosotros denominamos «nuestra propia vida» se mantenga agradable, no la rendiremos a Él. Entonces, qué otra cosa puede hacer Dios en nuestro propio interés, sino que «nuestra propia vida» sea menos agradable para nosotros, y quitar las fuentes plausibles de la falsa felicidad.[43]

Cuando Pierre-Auguste Renoir, el gran impresionista francés, se vio afligido con artritis, sus manos se retorcieron y se deformaron. El sencillo acto de sostener un pincel se volvió atroz. Con el tiempo se vio en una silla de ruedas, pero ¿abandonó su pintura? ¡Desde luego que no!

Un día, el amigo artista de Renoir, Henri Matisse, lo visitó y observó al gran pintor mientras sostenía dolorosamente un pincel utilizándolo tan solo con las yemas de sus dedos. Cada movimiento era una agonía, pero sin embargo él seguía trabajando tenazmente en su cuadro.

—¿Cómo puedes pintar a expensas de una tortura así? —exclamó Matisse.

—El dolor pasa, pero la belleza permanece —respondió Renoir.

Así sucede con la belleza del alma que soporta la agonía del sufrimiento. Uno de nuestros himnos, «Qué firme cimiento», lo expresa de este modo:

La llama no puede dañarte jamás
Si en medio del fuego te ordeno pasar;
El oro de tu alma más puro será,
Pues solo la escoria se habrá de quemar.

El sufrimiento provoca valentía

La valentía es una marca de cristianismo auténtico porque refleja el carácter de Cristo en las circunstancias adversas. Es la virtud crucial que los cristianos deben mostrar cuando se enfrentan a demandas culturales que están en conflicto con la enseñanza bíblica.

Los apóstoles Pedro y Juan se enfrentaron a tal demanda cuando los líderes judíos los llevaron a los tribunales por predicar a Cristo y demandaron que dejaran de hacerlo inmediatamente. Pedro y Juan respondieron: «Juzgad si es justo delante de Dios obedecer a vosotros antes que a Dios; porque no podemos dejar de decir lo que hemos visto y oído» (Hechos 4.19–20).

Los líderes judíos liberaron a los apóstoles, pensando que su severa advertencia los acobardaría, ¿y qué hicieron Pedro y Juan? Regresaron y siguieron predicando. Ninguna cantidad de arrestos, tiempo en la cárcel o edictos de los tribunales podía intimidar a esos apóstoles valientes.

Tras la dramática conversión del apóstol Pablo, toda su vida se convirtió en un gran ejemplo de este tipo de valentía. Como escribió a los filipenses: «Mi ardiente anhelo y esperanza es que en nada seré avergonzado, sino que con toda libertad, ya sea que yo viva o muera, ahora como siempre, Cristo será exaltado en mi cuerpo. Porque para mí el vivir es Cristo y el morir es ganancia» (Filipenses 1.20–21, NVI).

Una mujer joven y su hija pequeña iban caminando por el bosque cuando un ruido repentino entre los arbustos hizo que la pequeña se agarrara a la falda de su madre y gritara:

—¡Mami, tengo miedo!

—A veces todos tenemos miedo —respondió la madre—. Es entonces cuando necesitamos valentía.

—¿Qué es valentía? —preguntó la hija.

En ese momento llegaron a una parte del terreno que estaba oscurecida y quemada por un reciente incendio forestal. No podía verse nada con vida a excepción de una sola flor roja y delicada que se veía entre las cenizas. La madre señaló a la flor y dijo:

—Mira esa pequeña flor, que vive y crece donde nada a su alrededor tiene vida; mostrando su color donde todo lo que le rodea es gris, sin temor a brotar sola donde no puede verse ninguna otra belleza. Eso, cariño, es valentía.[44]

El sufrimiento demuestra piedad

A. W. Tozer escribió: «Estar en paz con Dios con frecuencia ha significado tener problemas con los hombres».[45] En palabras de Pablo: «Y también todos los que quieren vivir piadosamente en Cristo Jesús padecerán persecución» (2 Timoteo 3.12). En realidad es una cuestión de simple lógica: ¿por qué molestarían los enemigos del cristianismo a cualquiera que no esté demostrando la naturaleza de Cristo?

Como observamos anteriormente, Dios con frecuencia utiliza la persecución como un medio de disciplina, una manera severa pero necesaria de producir piedad al desarraigar de nosotros todo lo que no es eterno. El escritor de Hebreos dijo: «Porque el Señor al que ama, disciplina» (Hebreos 12.6). Si Dios no nos amara, ¿por qué se molestaría en disciplinar? Visto desde este ángulo, la persecución nos da una causa para la gratitud y la alabanza, ya que forma el carácter de Dios en nosotros: «Mas el Dios de toda gracia, que nos llamó a su gloria eterna en Jesucristo, después que hayáis padecido un poco de tiempo, él mismo os perfeccione, afirme, fortalezca y establezca» (1 Pedro 5.10).

El doctor Martyn Lloyd-Jones escribió: «Si está sufriendo como cristiano, y porque es usted cristiano, esa es una de las pruebas más seguras que puede tener jamás del hecho de que es usted un hijo de Dios».[46]

El sufrimiento produce gozo

Cuando entendemos el propósito, las bendiciones y los resultados positivos de sufrir persecución, puede convertirse en una fuente de verdadero gozo, como lo fue para Pablo y Silas cuando se encontraron con oposición en la ciudad de Filipos. En Hechos 16.22–24 fueron acosados, arrestados, golpeados severamente y encarcelados con grilletes en los pies. Entonces leemos: «Pero a medianoche, orando Pablo y Silas, cantaban himnos a Dios; y los presos los oían» (v. 25).

¡Estos dos discípulos, golpeados y encarcelados sin juicio alguno, estaban tan gozosos que no pudieron evitar comenzar a cantar! Esto nos dice que el gozo no proviene de la ausencia de sufrimiento o ni siquiera a pesar del sufrimiento; con frecuencia viene *debido al* sufrimiento. La fuente de gozo es nuestra relación con Dios, y esa relación es afirmada cuando sufrimos persecución con valentía. Esta afirmación de la aprobación de Dios es la fuente de nuestro gozo, y nunca puede llegar hasta nosotros tan poderosamente como cuando somos perseguidos.

Pedro y Juan mostraron este tipo de gozo después de que los líderes judíos hicieran que los golpearan por predicar de Jesús: «Y ellos salieron de la presencia del concilio, gozosos de haber sido tenidos por dignos de padecer afrenta por causa del Nombre» (Hechos 5.41).

El sufrimiento da recompensas

Las Escrituras abundan con promesas de grandes recompensas para quienes soportan el sufrimiento. Con frecuencia permitimos que estas recompensas futuras sean ensombrecidas por las gratificaciones inmediatas que se encuentran en el estatus, el poder, el placer o la aceptación social. Moisés podría haber permitido fácilmente que lo inmediato nublara lo distante. Al ser criado como un príncipe con los lujos del palacio real de Egipto, él tenía acceso a todo: seguridad, riquezas, placeres, estatus y poder. Pero la Biblia nos dice que «por la fe Moisés, hecho ya grande, rehusó llamarse hijo de la hija de Faraón, escogiendo antes ser maltratado con el pueblo de Dios, que gozar de los deleites temporales del pecado, teniendo por mayores riquezas el vituperio de Cristo que los tesoros de los egipcios; porque tenía puesta la mirada en el galardón» (Hebreos 11.24–26).

Debido a que Moisés vio y entendió el elevado valor de la recompensa eterna, estuvo dispuesto no solo a dar la espalda al placer inmediato, la posición y el poder, sino también a sufrir aflicción para recibir la promesa del cielo.

¿Cuáles son algunas de las recompensas prometidas a quienes soportan la persecución?

- Serán vengados (Apocalipsis 6.9–11; 16.5–7; 18.20; 19.2).
- Serán recompensados con ropas blancas, significando santidad y pureza (6.11).
- Se les dará una vida perfecta y abundante, libre de tristezas (7.14–17).
- El cielo se regocijará por ellos porque no retrocedieron ante la muerte (12.11–12).
- Encontrarán descanso eterno (14.13).
- Reinarán mil años con Cristo (20.4, 6).
- Recibirán la corona de la vida eterna (Santiago 1.12).
- Ya no tendrán más muerte que temer (1 Corintios 15.54; Apocalipsis 20.14).

Estas son solo algunas de las incontables recompensas que esperan a quienes sufren persecución por causa de Cristo. El apóstol Pablo escribió: «De hecho, considero que en nada se comparan los sufrimientos actuales con la gloria que habrá de revelarse en nosotros» (Romanos 8.18, nvi).

John Stott nos recuerda que el sufrimiento es un requisito previo de esta gloria:

Los sufrimientos y la gloria van juntos indisolublemente. Así fue en la experiencia de Cristo, y así es también en la experiencia de su pueblo. Solamente después de que «hayamos sufrido un poco de tiempo» es cuando entraremos a «la eterna gloria de Dios en Cristo» a la cual Él nos ha llamado. Por lo tanto, los sufrimientos y la gloria están casados; no pueden divorciarse. Están soldados, y no pueden ser separados.[47]

El doctor Nyquist habló de la persecución de tal manera que casi hace que parezca emocionante. Ofrezco sus palabras como una conclusión inspiradora de esta sección:

En la economía de Dios, persecución significa que *somos bendecidos, no maldecidos*. La persecución produce bendición porque nos permite conocer más a Cristo. La persecución produce bendición porque nos permite ser más semejantes a Cristo.

Durante años hemos cantado «God Bless America», y normalmente relacionamos la bendición divina con prosperidad y libertad. Sin duda, eso es bendición porque todo don perfecto y toda libertad vienen de Dios; pero hay una parte importante de la bendición de Dios que hemos pasado por alto en Estados Unidos: la bendición que viene con la persecución. Quizá el cambio cultural en nuestro país y la llegada de la persecución para los creyentes sea la respuesta de Dios a nuestro ruego: «Dios bendiga América». Quizá los creyentes en Estados Unidos podrán experimentar bendición divina como nunca antes en nuestra historia. Creyentes en el todo el mundo conocen y experimentan esta bendición. Quizá sea el momento de que nosotros participemos en la fiesta.[48]

LA FORTALEZA PARA AFRONTAR LA PERSECUCIÓN CRISTIANA

Muchos cristianos aún no se han enfrentado a una grave oposición por aferrarse a sus creencias. Cuando no somos probados, nos preguntamos cuán fuertes seremos cuando esté en juego nuestra libertad, nuestro trabajo o nuestra chequera.

Tengo un amigo que ha criado a tres hijas. Cuando las niñas llegaron a la edad de tener citas, les dio consejos sobre resistir la tentación que creo que se aplican también a la persecución:

> Si esperan hasta el momento en que llegue la tentación para decidir cómo la manejarán, es demasiado tarde; ya han perdido la batalla, porque no han preparado su voluntad para sobreponerse a sus sentimientos. Deben de ser firmes al decidir de antemano que no cederán, y deben dar pasos positivos para reforzar esa situación. Han de visualizarse a ustedes mismas en la situación, ensayar en su mente lo que harán y dirán; decidir con antelación seguir su programa predeterminado incluso ante la presión. Y entonces cuando llegue la tentación, habrán construido un muro sólido contra ella, y la resistencia se convertirá meramente en cuestión de poner en práctica su convicción predeterminada.

Pablo conocía la importancia de preparar a sus convertidos para el sufrimiento. Les dijo a los nuevos creyentes en Tesalónica: «Les enviamos a Timoteo... con el fin de afianzarlos y animarlos en la fe para que nadie fuera perturbado por estos sufrimientos. Ustedes mismos saben que se nos destinó para esto, pues cuando estábamos con ustedes les advertimos que íbamos a padecer sufrimientos» (1 Tesalonicenses 3.2–4, NVI).

Tras su primer viaje misionero, Pablo y Bernabé «volvieron a Listra, a Iconio y a Antioquía, confirmando los ánimos de los discípulos, exhortándoles a que permaneciesen en la fe, y diciéndoles: Es necesario que a través de muchas tribulaciones entremos en el reino de Dios» (Hechos 14.21–22).

Richard Wurmbrand conocía el sufrimiento. Era «un ministro evangélico que pasó catorce años en las cárceles y la tortura comunistas en su tierra natal de Rumanía».[49] Su experiencia le condujo a ayudar a otros a prepararse para el sufrimiento:

> Recuerdo mi última clase de Confirmación antes de salir de Rumanía. Llevé a un grupo de diez o quince chicos y chicas un domingo en la mañana no a una iglesia, sino al zoo. Delante de la jaula de los leones, les dije: «Sus antepasados en la fe fueron lanzados ante tales animales salvajes por su fe. Sepan que ustedes también tendrán que sufrir; no serán lanzados ante leones, pero tendrán que tratar con hombres que serán mucho peores que leones. Decidan aquí y ahora si desean prometer lealtad a Cristo». Dijeron sí con lágrimas en sus ojos.
>
> Tenemos que prepararnos ahora, antes de ser encarcelados. En la cárcel uno lo pierde todo. Le desnudan y le dan un traje de prisionero; ya no hay muebles bonitos, hermosas alfombras o bellas cortinas. Ya no se tiene esposa ni tampoco hijos; uno no tiene su biblioteca, y nunca ve una flor. Nada de lo que hace que la vida sea agradable permanece. Nadie resiste si no ha renunciado de antemano a los placeres de la vida.[50]

Hay ciertas decisiones que podemos tomar y ciertos pasos que podemos dar con antelación para prepararnos para el momento en que llegue la persecución. Veamos tres cosas que podemos hacer para prepararnos para ese momento.

Determinar defender la verdad

En su famoso discurso de la ceremonia de graduación de Harvard, Aleksandr Solzhenitsyn dijo: «Un declive de valentía puede que sea la característica más notable que un observador desde fuera note en Occidente en nuestros días».[51]

Nosotros como cristianos debemos darle la vuelta a esa crítica. Es imperativo que el temor al rechazo, a la crítica o a la pérdida no nos acobarde y ocultemos nuestra luz. Vivir siendo dignos del evangelio es defender la verdad de Dios sin doblegarnos. Tal como Pablo instó a los corintios: «Manténganse alerta; permanezcan firmes en la fe; sean valientes y fuertes. Hagan todo con amor» (1 Corintios 16.13–14, NVI).

Dos hombres que recientemente siguieron el consejo de Pablo son los hermanos gemelos David y Jason Benham. Los Benham son exitosos emprendedores en la industria de los bienes raíces que fueron contratados para realizar una serie en la HGTV titulada *Flip It Forward*. Después de grabar algunos episodios, los activistas descubrieron que los hermanos eran cristianos y que David había hecho controvertidos comentarios acerca del aborto y el matrimonio homosexual en el pasado. Aunque las creencias de los hermanos sobre esos temas no tenían nada que ver con el contenido de su programa, los activistas presionaron a la HGTV para que cancelaran el programa.[52]

Después, David Benham dijo: «Creo que Dios mira desde el cielo y ve a los hombres y las mujeres que se mantendrán en la brecha por causa de la tierra y reconstruirán el muro y regresarán a los fundamentos del verdadero cristianismo bíblico».[53]

No crea que porque usted no está en una situación de alto perfil como la de los hermanos Benham, su defensa de la verdad no importa; puede marcar una gran diferencia, como sucedió cuando un hombre anónimo oró de rodillas en la nieve en el exterior de una clínica abortista de Maryland. Dentro estaba sentada una joven esperando a que le realizaran un aborto. Miró por la ventana y vio al hombre que oraba, y su sencilla piedad le causó convicción. Ella canceló su cita y tuvo a su hijo.[54]

Dondequiera que estemos y en lo que hagamos, somos llamados a ser el agente de Dios en ese momento y lugar en particular. Cualquiera que sea la situación, nuestra tarea es en realidad bastante sencilla: no pensemos en el costo; no pensemos en el resultado; solamente pensemos en lo que decidimos de antemano que haríamos cuando fuéramos probados. Dios puede usar nuestra valentía en las pequeñas cosas para lograr cosas más grandes.

A veces, la persecución que experimentamos puede que no sea otra cosa sino burla o denuncia; aun así, puede hacer que sea muy doloroso mantenerse en contra de la opinión generalizada. Una de nuestras necesidades más profundas es la aceptación, y por eso por naturaleza buscamos la aprobación de nuestros iguales, pero por difícil que pueda ser, la aceptación de los iguales es una de las cosas que puede que estemos llamados a sacrificar. Esto significa disposición a ser catalogado de mojigato por evitar películas, libros, discursos, programas de televisión y actividades que fomentan la inmoralidad, el sacrilegio o valores que no son piadosos; significa disposición a ser catalogado de estúpido por creer en la creación, de homófobo por rechazar la homosexualidad, de antifeminista por rechazar el aborto, y de intolerante por profesar la exclusividad de Cristo. Como Pablo lo expresó, debemos estar dispuestos a ser «insensatos por amor de Cristo» o incluso a ser difamados como «la escoria del mundo» (1 Corintios 4.10, 13, LBLA).

John Piper escribió:

Seguir a Jesús significa que por dondequiera que se requiera obediencia, aceptaremos la traición, el rechazo, los golpes, la burla, la crucifixión y la muerte. Jesús nos da la seguridad de que si le seguimos hasta el Gólgota durante todos los Viernes Santos de esta vida, también resucitaremos con Él en el último día de la Pascua de la resurrección.[55]

Necesitamos más ejemplos fuertes como los hermanos Benham que no tienen temor a defender verdades impopulares y se niegan a quedarse en silencio cuando la verdad es pisoteada. O como David Green de Hobby Lobby, quien se negó a retractarse cuando se vio confrontado con mandatos gubernamentales inmorales. Necesitamos más líderes como el gobernador Mike Pence y miembros de la legislatura de Indiana que se negaron a echarse atrás bajo una intensa presión después de aprobar una ley que limitaba estrictamente la base sobre la cual podían realizarse abortos.[56]

Es nuestra obligación ponernos de pie y defender la verdad bíblica cuando sea atacada, pero es también nuestra obligación confrontar con amor, teniendo cuidado de no justificar las etiquetas de odio e intolerancia que algunas personas nos ponen. Pablo nos dio nuestras normas de combate: «Nos maldicen, y bendecimos; padecemos persecución, y la soportamos. Nos difaman, y rogamos» (1 Corintios 4.12–13). Y Pedro añadió que cuando nos enfrentemos con persecución, debemos estar preparados para defender nuestra fe con razón y civismo: «Estad siempre preparados para presentar defensa con mansedumbre y reverencia ante todo el que os demande razón de la esperanza que hay en vosotros; teniendo buena conciencia, para que en lo que murmuran de vosotros como de malhechores, sean avergonzados los que calumnian vuestra buena conducta en Cristo» (1 Pedro 3.15–16).

Obtener apoyo los unos de los otros

Incluso en los mejores tiempos, los cristianos deberían hacer que la iglesia sea su principal grupo de iguales y su círculo social. Cuando estamos bajo ataque, tener un grupo de apoyo de otras personas que comparten nuestras creencias y valores hace que sea mucho más fácil resistir la arremetida del progresismo; por eso la asistencia regular a la iglesia es tan importante para tener un estilo de vida cristiano saludable. Con asistencia me refiero a algo más que solamente presentarse en la reunión de adoración el domingo en la mañana. Asista a clases, participe en grupos de servicio, involúcrese en las campañas, y participe en la comunión social. A fin de poder navegar en las agitadas aguas del presente, la iglesia necesita que todos pongan manos a la obra; la iglesia le necesita a usted, y usted necesita a la iglesia. El escritor de Hebreos lo expresó del siguiente modo: «Y considerémonos unos a otros para estimularnos al amor y a las buenas obras; no dejando de congregarnos, como algunos tienen por costumbre, sino exhortándonos; y tanto más, cuanto veis que aquel día se acerca» (Hebreos 10.24–25).

No podemos ser cristianos en solitario; necesitamos la compañía de otros como nosotros con quienes podamos compartir aliento, luchas y victorias. Es fácil sentirnos solos y desalentados, pero en compañía de otros creyentes obtenemos fuerza, disciplina, conocimiento, aliento, apoyo y amor los unos de los otros. Un valiente ejemplo puede alentarnos a cualquiera de nosotros a decir: «Si él o ella puede hacerlo, por la gracia de Dios yo también puedo».

Obtener su seguridad del Señor

La clave para permanecer firme ante la persecución es recordar a quién pertenecemos y hacia dónde vamos. Le pertenecemos a Cristo, y Él nos mantiene seguros en sus manos; por lo tanto, no tenemos que tener temor al peligro en nuestra reputación, nuestro empleo, nuestras finanzas, o incluso nuestra vida física. Como Él dijo: «Porque todo el que quiera salvar su vida, la perderá; y todo el que pierda su vida por causa de mí, la hallará» (Mateo 16.25).

Toda la persecución que experimentamos se origina en Satanás, el usurpador que es temporalmente el señor de la tierra; por eso C. S. Lewis llamó a este mundo caído «territorio ocupado por el enemigo». Los cristianos formamos un movimiento de resistencia que lucha para reclamar el territorio perdido bajo el liderazgo de nuestro comandante supremo: Jesucristo. Obtenemos valentía de saber a quién pertenecemos, a dónde vamos, y la gloria que nos espera cuando lleguemos allí: «Nosotros somos ciudadanos del cielo, de donde anhelamos recibir al Salvador, el Señor Jesucristo. Él transformará nuestro cuerpo miserable para que sea como su cuerpo glorioso» (Filipenses 3.20–21, NVI ; ver también 4.1).

Juan Crisóstomo, el predicador de la lengua de oro que fue hecho arzobispo de Constantinopla, chocó con la emperatriz bizantina Eudoxia por predicar contra el mal uso que el tribunal hacía de la riqueza, el descuido de los pobres y las indulgencias inmorales. Se presentaron sonoras acusaciones de herejía contra Crisóstomo, y fue llevado ante la emperatriz para ser juzgado. Cuando se negó a inclinarse, se cuenta la historia de que la emperatriz amenazó con desterrarlo.

—Usted no puede desterrarme —respondió Crisóstomo—, porque este mundo es la casa de mi Padre.

—Pero le mataré —dijo Eudoxia.

—No, no puede, porque mi vida está escondida con Cristo en Dios.

—Le arrebataré sus tesoros.

—No puede, porque mi tesoro está en el cielo y mi corazón está allí.

—Pero le alejaré de sus amigos y no le quedará nadie —dijo Eudoxia.

—No, no puede hacerlo, porque tengo un Amigo en el cielo del cual no puede usted separarme. Le desafío, porque no hay nada que usted pueda hacer para dañarme.

¿Qué se puede hacer con un hombre como él? Eudoxia finalmente exilió a Crisóstomo. Fue obligado a marchar en condiciones hostiles que pronto le produjeron la muerte.[57]

Nosotros, al igual que Crisóstomo, debemos entender que nuestros perseguidores no pueden quitarnos nada que ya tengamos asegurado en Cristo, ya sea hogar, familia, amigos, tesoro o la vida misma. Esa es la clave para permanecer firme ante la persecución. Nuestra seguridad, nuestra paz y nuestro gozo se encuentran en última instancia solamente en Cristo.

No es probable que los cristianos en Estados Unidos se enfrenten pronto al martirio, pero podemos obtener valentía de cristianos como Crisóstomo, mártires a lo largo de los siglos, y cristianos que ahora están soportando severa persecución en otros países. Si ellos pueden mantenerse fuertes ante la tortura y la muerte, nosotros deberíamos estar dispuestos a mantenernos fuertes ante la represión cristiana que está aumentando actualmente en nuestra nación.

CAPÍTULO 4

LA APATÍA DE ESTADOS UNIDOS

Hace casi doscientos años, el profesor escocés Alexander Fraser Tyler escribió las siguientes palabras acerca de la República ateniense, que había caído hacía más de dos mil años:

Una democracia es siempre temporal en naturaleza; sencillamente no puede existir como forma de gobierno permanente. Una democracia seguirá existiendo hasta el momento en que los votantes descubran que pueden votar para proporcionarse a sí mismos generosos regalos provenientes del tesoro público. Desde ese momento en adelante, la mayoría siempre vota por los candidatos que prometan mayores beneficios del tesoro público, con el resultado de que toda democracia finalmente se derrumbará debido a una laxa política fiscal, que siempre es seguida por una dictadura.

La edad promedio de las civilizaciones más grandes del mundo desde el principio de la historia ha sido de unos doscientos años. Durante esos doscientos años, esas naciones siempre progresaron según la secuencia siguiente: de la esclavitud a la fe espiritual, de la fe espiritual a una gran valentía, de la valentía a la libertad, de la libertad a la abundancia, de la abundancia a la complacencia, de la complacencia a la apatía, de la *apatía* a la dependencia, y de la dependencia de nuevo a la esclavitud.[1]

Una sincera evaluación de nuestra nación indica con fuerza que nos estamos moviendo firmemente hacia el final de la lista del profesor Tyler. No es exagerado describir a Estados Unidos como una nación apática.

Según el diccionario Webster, apatía es «el sentimiento de no tener mucha emoción o interés». La palabra está compuesta por el prefijo *a*, indicando «sin», añadido a la raíz *pathos*, que significa «emoción, sentimiento»."[2] Una nación apática es una nación cínica, una nación cuya gente sencillamente ya no tiene interés.

Alguien ha dicho: «Lo hermoso sobre la apatía es que uno no tiene que esforzarse para mostrar que es sincero al respecto». En una ocasión circuló una historia durante la presidencia de Ronald Reagan que decía que cuando él presidió una reunión del gabinete, dos facciones se enzarzaron en un rencoroso debate, una de las partes buscando información persistentemente y la otra sin querer que le molestaran. Un frustrado secretario del departamento dijo finalmente: «Señor Presidente, ¿qué es peor, la ignorancia o la apatía?». Siempre capaz de disipar la tensión con un toque de frivolidad, Reagan respondió: «No lo sé, y no me importa».

En su artículo «El lema de Estados Unidos de apatía es "No nos importa"», el profesor Howard Steven Friedman describe la actitud de indiferencia de nuestro país:

A los estadounidenses no les importa. No nos importa el voto a menos que estemos convencidos de que es un candidato «único». No nos importa nuestro cuidado médico atrozmente caro y con frecuencia ineficaz a menos que no tengamos seguro y estemos enfermos. No nos importa que la crisis económica nos haya robado a nosotros y a futuras generaciones miles de millones «ilocalizables» a menos que estemos desempleados. No nos importa que se proporcionen recortes impositivos para los ricos bajo el débil disfraz de «estimular la economía» a menos que seamos ricos. No nos importa que el futuro de la clase media esté siendo ahogado por un menor apoyo a la educación a menos que nuestros hijos sean analfabetos. No nos importan las personas sin techo y los pobres a menos que se estén muriendo a la puerta de nuestra casa. No nos importa que nuestros índices de delito y de encarcelamiento sean inmensamente más elevados que los de otros países ricos a menos que seamos una víctima. No nos importa la débil seguridad interna de Estados Unidos a menos que seamos atacados. No nos importan las vidas perdidas en Irak y Afganistán a menos que tengamos un familiar o un amigo cercano allí. No nos importa la religión a menos que se proponga la construcción de una mezquita cerca de la Zona Cero. Estados Unidos es verdaderamente excepcional en su capacidad de no importarle las cosas.[3]

Para ayudarnos a entender cómo nos hemos convertido en una nación marcada por la indiferencia, regresemos al comienzo de la historia de Estados Unidos. Quizá recordar la providencia y la provisión de Dios para nuestra nación moverá nuestros corazones desde la apatía hasta la gratitud.

ESTADOS UNIDOS Y LA PROVIDENCIA DE DIOS

Se negó a que le llamaran «Su Majestad» o «Excelencia». Cuando fue elegido unánimemente como primer presidente de la nación recién constituida llamada Estados Unidos, George Washington, con su típica humildad, se quedó con «Señor Presidente». También estableció otros precedentes que se han mantenido hasta la fecha. Él instituyó el primer gabinete de consejeros, inició la tradición del discurso de toma de posesión, y estableció dos períodos como el límite tradicional para el mandato del presidente.

Su ascenso al liderazgo no fue totalmente una sorpresa. Provenía de una familia destacada y acomodada de Virginia; era alto, distinguido, bienhablado, y un líder por naturaleza. El Congreso Continental le pidió que dirigiera el Ejército Continental en una lucha en la que el ganador se queda con todo para expulsar a los británicos de las costas estadounidenses. Él soportó las frías condiciones climatológicas en Valley Forge, Pensilvania, durante el invierno de 1777–1778. Lleno de recursos limitados durante la guerra, condujo a las Colonias a la victoria en 1783, siete años después de la Declaración de Independencia. En lugar de desear el poder que podría haber reclamado fácilmente, Washington dimitió de su comisión militar y regresó a Virginia y a la vida agrícola.

Fue llamado al servicio otra vez en 1787 para liderar la Convención Constitucional, el modelo sobre el cual se formaría la nueva república democrática mediante convicción y compromiso. Y entonces sucedió lo obvio: Washington fue elegido como primer presidente en 1789. Viajó desde Virginia a Nueva York, la sede del gobierno estadounidense en ese momento, para hacer su juramento como primer presidente.

El 30 de abril de 1789, el día de la toma de posesión, Washington hizo el juramento en un balcón del segundo piso del Federal Hall en Wall Street en lo que es ahora el bajo Manhattan. Una gran multitud se encontraba en la calle para observar hacer el juramento «al padre de su país».

Tras la ceremonia, Washington y los miembros del Congreso se reunieron en la Cámara del Senado de Federal Hall, donde el nuevo presidente reveló su corazón a los líderes del experimento llamado

Estados Unidos. Quizá por primera vez, el imponente líder entendió la enormidad de la nueva responsabilidad que habían puesto sobre él. El senador William Maclay de Pensilvania registró sus recuerdos de Washington ante los líderes de la nación reunidos: «Este gran hombre estaba agitado y avergonzado mucho más de lo que lo estuvo jamás por el llano Cañón o el puntiagudo Mosquete».[4]

Dudo que fuera miedo escénico lo que puso nervioso a George Washington. Creo que él, y probablemente la mayoría de los líderes que había en ese salón se sintieron inmerecedores por el sentimiento de destino que se había asentado sobre ese momento. Lo único que hay que hacer es leer los pensamientos bien documentados de nuestros Padres Fundadores para saber que ellos sentían la mano de la providencia sobre sus vidas. Aquellos hombres, casi todos ellos muy versados en su conocimiento de las Escrituras, entendían que todas las naciones están bajo Dios independientemente de que lo sepan o de que les guste. Nos haría bien familiarizarnos con el mismo testimonio de la Palabra de Dios que estaba tan claro en las mentes de los fundadores de nuestra nación:

Cuando el Altísimo hizo heredar a las naciones,
Cuando hizo dividir a los hijos de los hombres,
Estableció los límites de los pueblos
Según el número de los hijos de Israel. (Deuteronomio 32.8)

Tuyo, oh Jehová, es el reino, y tú eres excelso sobre todos. Las riquezas y la gloria proceden de ti, y tú dominas sobre todo; en tu mano está la fuerza y el poder, y en tu mano el hacer grande y el dar poder a todos. (1 Crónicas 29.11–12)

El multiplica las naciones, y él las destruye;
Esparce a las naciones, y las vuelve a reunir. (Job 12.23)

El corazón del rey es como un arroyo dirigido por el Señor, quien lo guía por donde él quiere. (Proverbios 21.1, NTV)

Él... quita reyes, y pone reyes; da la sabiduría a los sabios, y la ciencia a los entendidos. (Daniel 2.21)

El Altísimo gobierna el reino de los hombres, y que a quien él quiere lo da, y constituye sobre él al más bajo de los hombres. (Daniel 4.17)

Cuyo dominio es sempiterno, y su reino por todas las edades. Todos los habitantes de la tierra son considerados como nada; y él hace según su voluntad en el ejército del cielo, y en los habitantes de la tierra, y no hay quien detenga su mano, y le diga: ¿Qué haces? (Daniel 4.34–35)

El Dios que hizo el mundo y todas las cosas que en él hay, siendo Señor del cielo y de la tierra, no habita en templos hechos por manos humanas... Y de una sangre ha hecho todo el linaje de los hombres, para que habiten sobre toda la faz de la tierra; y les ha prefijado el orden de los tiempos, y los límites de su habitación. (Hechos 17.24, 26)

Alguien podría preguntarse: si Dios tiene el control de las naciones, ¿por qué no son todas ellas rectas, justas, fuertes y duraderas? No es este el lugar para entrar en las complejidades de cómo la providencia y el control de Dios pueden coexistir con el libre albedrío del hombre, pero sabemos por la historia de naciones en el Antiguo Testamento que Dios permite a gobiernos descender al mal solamente hasta cierto punto antes de intervenir y derribar esa nación. John Phillips ha escrito:

Los gobiernos pueden ser débiles o fuertes, justos u opresivos, benevolentes o crueles, sabios o necios, pero en cada caso, Dios hace que su camino y sus propios planes avancen. Democracias y dictaduras por igual están bajo su control... Naciones vienen y van, reinos surgen y caen, imperios se extienden y se desvanecen, pero detrás de todos ellos está Dios, gobernando en los asuntos de los hombres... Desde nuestro punto de vista, puede que los hilos estén enredados, no tengan significado, haya nudos imposibles, desigualdad y maldad; pero el tapiz que Él está tejiendo es perfecto, y todas las presiones de las fuerzas satánicas y el pecado humano son gloriosamente anuladas por un Dios que es a la vez omnipotente y omnisciente.[5]

Avancemos desde el año 1789 hasta 2016 para ver cómo han cambiado las cosas en Estados Unidos. Nuestros líderes siguen manteniendo un nivel de respeto superficial por el papel de Dios en nuestra nación; siguen diciendo «Dios bendiga América», y «en Dios confiamos» sigue siendo el lema oficial de Estados Unidos; pero esos términos con frecuencia suenan huecos en los labios de quienes los pronuncian. Sus actos desmienten las palabras. Puede que sea solamente cuestión de tiempo para que esos cimientos tan firmemente establecidos por nuestros antepasados desaparezcan; ya está sucediendo en algunas partes mayoritarias de la cultura.

Tomemos por ejemplo la organización de noticias y medios de comunicación NBCUniversal. Durante el campeonato de golf del Abierto de Estados Unidos en 2011, la NBC presentó dos veces un segmento que mostraba a niños recitando la Promesa de Lealtad a Estados Unidos. En la recitación, se omitieron las palabras «bajo Dios» e «indivisible». Cuando el senador Dan Coats de Indiana, en una carta a la NBC, expresó su «grave preocupación» porque la NBC había editado la Promesa de Lealtad, la empresa admitió que fue una «mala decisión» tomada por un pequeño grupo de personas.[6]

Más adelante se hizo obvio que la explicación de la NBCUniversal fue poco sincera. Si los líderes de la empresa realmente pensaban que esos recortes fueron una mala decisión tomada por empleados sin escrúpulos, ¿por qué hicieron los mismos cortes otra vez en 2015? En un anuncio televisivo para un próximo thriller de espías titulado, irónicamente, «Lealtad», podía oírse un coro de voces recitando la Promesa de Lealtad y dejando fuera, una vez más, las palabras «bajo Dios».[7] Cuando los fundamentos de la devoción son destruidos, no es de extrañar que se establezca la apatía.

ESTADOS UNIDOS Y LA PROVISIÓN DE DIOS

En 1815 el presidente James Madison proclamó: «Ninguna persona debiera sentir mayores obligaciones de celebrar la bondad del Gran Organizador de eventos del destino de las naciones que el pueblo de Estados Unidos… Y estamos en deuda con el mismo autor Divino de todo don perfecto por todos esos privilegios y ventajas, religiosas y también civiles, que disfrutamos tan abundantemente en esta tierra favorecida».[8]

Ahora, doscientos años después de haberse proclamado esas palabras, es fácil sentirse desalentado, pensando que nuestra nación ha descarrilado después de haber sido establecida mediante proclamaciones tan piadosas. Aunque está claro que nuestra nación se está desviando peligrosamente, es fácil olvidar que muchas de aquellas bendiciones originales siguen intactas, y seguimos siendo los beneficiarios de lo que comenzaron nuestros fundadores. A pesar de nuestros problemas profundos y graves, las bendiciones que seguimos disfrutando en Estados Unidos nos hacen ser la envidia del mundo.

En su providencia, Dios ha provisto para Estados Unidos y sigue proveyendo en muchos aspectos. Considerar algunas de esas bendiciones puede ayudarnos a ver el vaso de nuestra nación medio lleno en lugar de verlo medio vacío.

La bendición de nuestros antepasados

Herbert Hoover, el trigésimo primer presidente de Estados Unidos, dijo: «Nuestros Padres Fundadores construyeron para Estados Unidos un gobierno nuevo y distinto a todos los gobiernos del viejo mundo mediante tres golpes de genialidad... Ellos promulgaron una Constitución escrita... establecieron una división de poderes dentro de los gobiernos Federal y Estatal separando al Legislativo de la Judicatura, y las ramas ejecutivas. Y reforzaron todo esto mediante el propósito declarado de establecer un gobierno de leyes donde cada ciudadano fuera igual ante la ley».[9]

¿Cuál fue la fuente de aquellas ideas brillantes y revolucionarias? Las Escrituras judeocristianas. Moisés dio a Israel una constitución escrita: un gobierno tripartito de profetas, sacerdotes y reyes gobernaba una nación descentralizada de doce estados tribales. Todos eran iguales ante el trono de Dios. Los Padres Fundadores no pensaban que Estados Unidos era Israel o el reino de Dios, pero ciertamente reconocieron la sabiduría en el modo en que Dios gobierna y la aplicaron libremente al sistema de gobierno de Estados Unidos.

La bendición de nuestra libertad

Los peregrinos llegaron a Estados Unidos para adorar con libertad según su conciencia. La generación de los Padres Fundadores luchó por el derecho a ser ciudadanos libres en lugar de súbditos restringidos a un rey terrenal. Y desde entonces, Estados Unidos ha acogido a quienes «desean respirar libres» (como está inscrito en la

Estatua de la Libertad). Más personas han puesto en riesgo sus vidas para llegar a ser estadounidenses que para llegar a ser ciudadanos de cualquier otro país en el mundo, todo ello porque buscaban libertad.

Lo que Jesús les dijo a los judíos en su época ha tenido una amplia aplicación sociológica para toda la humanidad: «Y conoceréis la verdad, y la verdad os hará libres» (Juan 8.32). La libertad es el anhelo del corazón humano, y la Declaración de Independencia de Estados Unidos refleja la fuente divina de este anhelo: «Sostenemos como evidentes por sí mismas dichas verdades: que todos los hombres son creados iguales; que son dotados por su Creador de ciertos derechos inalienables, que entre ellos están vida, libertad, y la búsqueda de la felicidad».

Estados Unidos no es el símbolo de libertad para todo el mundo por accidente. Esta nación fue pensada para reflejar, de modo colectivo y también individual, el principio bíblico de que el hombre fue creado para ser libre. Nada debía obstaculizar la relación de la criatura con su Creador, ni reyes, ni gobiernos, ni tiranía, ni la voluntad del hombre. En una época en que soldados estadounidenses están defendiendo nuestro derecho a vivir libres del terrorismo, nos incumbe a nosotros dar gracias a Dios por una tierra en la cual la campana de la libertad ha estado sonando durante 240 años.

No podemos disfrutar de los privilegios de la libertad sin asumir inmensas responsabilidades. Espero que nunca se diga de nuestra generación que mientras aplaudimos a quienes compraron nuestra libertad con su sangre, nos fuimos a dormir durante nuestro turno y permitimos que esa libertad se nos escapara entre los dedos.

En algún lugar a lo largo del camino tendremos una oportunidad de levantarnos y hacer oír nuestra voz. Seremos llamados a expresar mediante palabras y actos lo que significa verdaderamente la libertad de esta nación: la libertad de orar, la libertad de hablar sobre Dios, la libertad de expresar nuestros valores y creencias.

Debemos aceptar este desafío de adquirir para nuestros hijos la libertad que hemos conocido; porque la libertad no es estática, sino dinámica. Es solamente tan buena como los cuidadores que se ocupan de ella. Cada generación tiene la responsabilidad de traspasar a la siguiente generación la libertad tal como fue recibida. Quienes dan por sentada la libertad están en peligro de dar por sentado al Autor de la libertad.

Aunque ha de atesorarse la libertad política, debemos recordar que no es la mayor de las libertades. La mayor libertad es la libertad del pecado. Una persona puede vivir en Estados Unidos y seguir siendo esclavo del pecado; o alguien puede vivir bajo el régimen político más opresor de la tierra y aún así ser completamente libre. Los cristianos guiados por el Espíritu que viven en Estados Unidos tienen lo mejor de ambos mundos: libertad política y también espiritual. Aunque la primera puede ser arrebatada, nunca se puede quitar la segunda.

La bendición de nuestras fortunas

Durante casi 250 años, los estadounidenses han tenido la libertad de crear, innovar, fabricar y alcanzar logros de maneras espectaculares que han ayudado a otros tanto dentro como fuera del país. No hemos utilizado perfectamente nuestras bendiciones, pero consideremos ahora cuatro bendiciones significativas que han permitido nuestra prosperidad.

Bendiciones financieras

La riqueza individual no es automáticamente una señal de la bendición de Dios. En el Antiguo Testamento, sin embargo, la riqueza de Israel en su edad de oro fue sin duda alguna una señal de la bendición de Dios sobre las naciones obedientes (Deuteronomio 28.1–14; 1 Reyes 10.1–9).

El beneficio está incorporado en la creación de Dios. Cada cosa viviente en la tierra se multiplica: animales, plantas, vida microscópica y seres humanos. Si sembramos una semilla en la tierra, cosechamos cientos de plantas resultantes. El beneficio financiero refleja el patrón de la naturaleza; sembrar los talentos de una persona y cosechar un beneficio es un acto piadoso (Mateo 25.14–30). El beneficio y la abundancia permiten a la humanidad propagar las bendiciones de Dios a otros.

Durante gran parte de su historia, Estados Unidos ha liderado a las naciones del mundo en el producto interior bruto. Tenemos el nivel más elevado de ganancias personales y la mayor cantidad de multimillonarios (más de quinientos). Más de la mitad de las veinte personas más ricas del mundo son estadounidenses.[10]

El dinero es un medio de medir y transferir riqueza; su forma básica ha sido el metal precioso, aunque hoy día está representado más comúnmente por certificados en papel y entradas digitales. El dinero es neutral, no es ni bueno ni malo; lo que hacemos con nuestro dinero personalmente y nacionalmente es lo que importa (1 Timoteo 6.9–10, 17–19).

No es ninguna coincidencia que el país más rico del mundo también haya sido el país más generoso del mundo. Estados Unidos dio más de treinta y dos mil millones de dólares en ayuda exterior en 2014, doce mil millones de dólares más que cualquier otra nación. A nivel personal, según el Índice Mundial de Donativos, los estadounidenses estaban clasificados en primer lugar de todo el mundo, tanto en 2013 como en 2014, y en segundo lugar en 2015, en actos y donativos personales a la beneficencia.[11] De modo que nacionalmente y personalmente, Estados Unidos tiene un historial de generosidad.

¿Qué permite a Estados Unidos dar tan generosamente? Lo mismo que permitió al rey David y a su pueblo dar tan generosamente para construir el primer templo en Jerusalén: «Pues todo es tuyo, y de lo recibido de tu mano te damos» (1 Crónicas 29.14). Las personas que dan libremente reciben libremente. Dios le dijo a Malaquías que si su pueblo era generoso en sus ofrendas, Él abriría «las ventanas de los cielos, y derramaré sobre vosotros bendición hasta que sobreabunde» (Malaquías 3.10). Todo lo que tenemos se debe a la generosidad de Dios. Si alguna vez dejáramos de ser generosos con otros, ¿podríamos esperar que Dios siguiera siendo generoso con nosotros?

Bendiciones intelectuales

Aunque las universidades estadounidenses no son en ningún sentido las más antiguas (la Universidad de Bolonia fue fundada en 1088 y la Universidad de Oxford alrededor de 1096), han llegado a estar entre las mejores del mundo. Las universidades más antiguas de Estados Unidos fueron fundadas en nueva Inglaterra en los siglos XVII y XVIII, la mayoría de ellas con un énfasis en formar a ministros del evangelio. Al igual que el lema de la Universidad de Oxford traiciona su misión original, «el Señor es mi luz», así lo hacen los lemas de las universidades de la Liga Ivy de Estados Unidos:

- Harvard: «Verdad»
- Yale: «Luz y Verdad»
- Princeton: «¡Bajo el poder de Dios florece!»
- Brown: «En Dios esperamos»
- Columbia: «En tu luz veremos la luz»
- Dartmouth: «La voz de uno que clama en el desierto»

Tristemente, todas las universidades originales de Nueva Inglaterra han abandonado su enfoque centrado en el evangelio; pero la infraestructura educativa de Estados Unidos está intacta: albergamos a ocho de las diez principales universidades del mundo, y a cincuenta y dos de las cien principales.[12] Comenzando con Cal Tech, Stanford y MIT, Estados Unidos tiene seis de las diez principales universidades del mundo en investigación.[13]

Bendiciones militares

En los últimos doscientos años, se han producido solamente dos ataques importantes por parte de enemigos extranjeros en tierra estadounidense: Pearl Harbor y el 11 de Septiembre. Es como si un escudo de protección se hubiera puesto rodeando esta nación.

El Preámbulo de la Constitución estadounidense afirma que uno de los propósitos del gobierno es «proveer para la defensa común». El artículo cuatro, sección cuatro, de la Constitución afirma específicamente que «Estados Unidos garantizará a cada estado en esta unión una forma de gobierno republicana, y protegerá cada uno de ellos contra la invasión». Es un requisito constitucional que el gobierno federal defienda a la nación; y es una responsabilidad que ha sido bien cumplida.

Bendiciones religiosas

Según un sondeo, el 71% de los adultos estadounidenses se declaran a sí mismos cristianos.[14] En términos de afiliación religiosa, Estados Unidos ha sido una nación cristiana por consenso desde que fue fundada; pero en la década de 1960, el término «poscristiana» comenzó a aplicarse a Estados Unidos. El cristianismo seguía siendo profesado ampliamente, pero ya no era la cosmovisión directora de la cultura estadounidense. El consenso cristiano que había dado forma a los dos primeros siglos de la vida nacional de Estados Unidos está esencialmente ausente en la actualidad. El lugar de la fe en el futuro de la nación es una pregunta abierta.

El Centro de Investigación Pew ha esquematizado el cambio en la vida religiosa de Estados Unidos desde 2007 hasta 2014. Los siguientes descensos son ligeros y lentos, pero son descensos de todos modos.

Protestantes evangélicos	Descendió en un 0,9%
Católicos	Descendió en un 3,1%
Protestantes tradicionales	Descendió en un 3,4%

El aumento de personas que no se afilian a ninguna tradición religiosa es indicativo de la secularización de la sociedad estadounidense y la marginación de la fe:

Fes no cristianas	Aumentó en un 1,2%
No afiliados	Aumentó en un 6,7%[15]

Eso no es lo mismo que decir que la fe cristiana no crecerá o no volverá a crecer de nuevo en Estados Unidos; pero la tendencia descendente debe revertirse de modo dramático si han de continuar las bendiciones de la religión.

¿Significa esto que nuestra nación no sobrevivirá? ¿Ofrece la Biblia alguna guía con respecto al futuro de Estados Unidos?

ESTADOS UNIDOS Y EL PLAN DE DIOS

Joel Rosenberg ha escrito muchos libros hablando de los acontecimientos de los últimos tiempos, y le han consultado líderes de naciones, incluidas Israel y Estados Unidos, con respecto a realidades presentes y posibilidades futuras. Él ha observado un cambio en las preguntas que le hacen con mayor frecuencia cuando habla y hace entrevistas. En el pasado, la pregunta más frecuente era: «Joel, ¿cómo puede usted ser judío y creer que Jesús es el Mesías?». Pero desde el año 2000, la pregunta más frecuente ha sido: «¿Qué le sucede a Estados Unidos en los últimos tiempos?». En los años anteriores a 2000, ni Rosenberg ni su esposa recuerdan que nadie les preguntara sobre el futuro de Estados Unidos con respecto a la profecía bíblica. Obviamente, algo ha cambiado.[16]

Estados Unidos sigue siendo una gran nación según muchas medidas; pero existe un corrosivo sentimiento de que, por la razón que sea, ya no es tan grande como antes lo fue. Eso es causa para la preocupación, y explica la razón de que muchas personas ahora pregunten: ¿que habrá en el futuro para nuestra nación? ¿Dice algo la Biblia sobre el futuro de Estados Unidos?

Muchas naciones modernas son ellas mismas (o sus antepasados) mencionadas en la Biblia:

- Israel
- Jordán (Amón bíblica, Moab y Edom)
- Egipto
- Sudán (Cus)
- Rusia (Ros)
- Irán (Persia)
- Irak (Babilonia)
- Europa (Imperio Romano revivido)
- Asia Central (Magog)
- Siria
- Grecia
- Arabia Saudí (Seba y Dedán)
- Libia (Put)
- Líbano (Tiro)
- Turquía

Pero ¿qué de Estados Unidos? Según Rosenberg:

Lo cierto es que Estados Unidos de América sencillamente no se encuentra en ningún lugar en la Biblia. Puede que a muchos les duela escuchar esto, y puede que a muchos les resulte difícil de aceptar; sin embargo, el hecho sigue siendo cierto: Estados Unidos nunca se menciona directamente ni es concretamente referenciada en la historia de la Biblia o en la profecía bíblica. Sencillamente no aparece.[17]

En 2008 yo saqué la misma conclusión en mi libro *¿Qué le pasa al mundo?*: «En realidad, en la Biblia no se menciona específicamente a Estados Unidos ni a ningún otro país de América del Norte o del Sur».[18]

Dado todo lo que sabemos sobre el pasado y el presente de Estados Unidos y lo que sabemos por las Escrituras acerca de cómo se desarrollarán los acontecimientos en el futuro profético, ¿cuál es el resultado probable para Estados Unidos? A continuación tenemos un resumen de cinco posibilidades.[19]

Estados Unidos puede ser incluida en la coalición europea

Yo creo que la llegada del anticristo conducirá a una coalición de diez naciones que formarán una recreación moderna del antiguo Imperio Romano. Hay eruditos que esperan que esta coalición recreada esté centrada en Europa. Será el vehículo político del anticristo, y es posible que Estados Unidos llegue a ser parte de esta coalición por razones de supervivencia o sumisión al poder y la autoridad del anticristo. Este resultado se producirá solamente si Estados Unidos se vuelve tan débil económicamente, moralmente y militarmente que no tenga voluntad o capacidad para resistir. Si eso sucede, entonces Estados Unidos recibirá el mismo juicio que Dios aplica al anticristo y a todos los que se rebelen contra la segunda venida de Cristo: profunda destrucción.

Estados Unidos puede incorporarse al sistema monetario mundial

Hemos pasado de ser la reserva de moneda del mundo y ser la mayor nación acreedora en la historia a ser la nación con más deuda del mundo.[20] El mal uso financiero ha conducido a que tengamos 19 billones de dólares de deuda y 127 billones de dólares en pasivos no financiados.[21] Nos hemos convertido en un estado esclavo: esclavizado a aquellos de quienes hemos tomado prestado. Eventualmente se debe pagar la factura; ninguna nación puede vivir para siempre con dinero prestado.

Si la incapacidad de Estados Unidos para devolver sus billones de dólares de deuda nos deja tan debilitados como para ser absorbidos en el nuevo orden mundial y su economía global, la nación inevitablemente perderá su soberanía y su identidad independiente.

Estados Unidos puede ser invadida por fuerzas externas

Hubo un tiempo en que la idea de que Estados Unidos fuera atacado no tenía sentido. Estados Unidos reforzó sus formidables defensas desarrollando capacidad nuclear y utilizándola dos veces contra Japón en 1945. Pero en la actualidad, otras ocho naciones poseen capacidad nuclear: Rusia, Reino Unido, Francia, China, India, Pakistán, Corea del Norte e Israel. Esta proliferación de armas nucleares, junto con las bombas de pulso electromagnético (EMP), que pueden interrumpir las comunicaciones en una gran zona, y los ciberataques a grandes sistemas informáticos que controlan la electricidad, los transportes, las estaciones nucleares y los edificios públicos, han cambiado la naturaleza de la guerra. El 11 de septiembre de 2001 fue una llamada de atención para Estados Unidos. La posibilidad de que una nación de nuestro tamaño fuera obligada a arrodillarse y a necesitar décadas para recuperarse ya no es impensable. Un ataque así podría debilitar gravemente la posición de Estados Unidos en el mundo.

Estados Unidos puede ser infectada con decadencia moral

Muchas ilustraciones en las Escrituras nos advierten que incluso un Dios paciente no luchará para siempre con los hombres. Si ignoramos las instrucciones divinas, no podemos esperar la bendición de Dios.

El libro de Jueces es un recordatorio de veintiún capítulos de que Dios no será burlado. Este libro registra el ciclo de cuatro partes que es tan común en la historia de Israel (rebelión, retribución, arrepentimiento y restauración) que ocurrió trece veces en ese breve período de la vida de Israel. La nación se negó tercamente a aprender.

El estado de nuestra nación es parecido, y se ha expresado popularmente de la siguiente manera: Estados Unidos se revuelca en lujos, se goza en los excesos, juguetea en el placer, se tambalea por la borrachera, se rebela en la moralidad y se pudre en el pecado. Estados Unidos ha rechazado al Dios de su juventud y en su lugar ha levantado los ídolos hechos con sus propias manos. Hemos programado que Dios salga de nuestras escuelas, nuestro gobierno, nuestros hogares e incluso de nuestras iglesias.

Cuando comienza la espiral descendente, se hace muy difícil salir de ella. Mi compañero en el seminario, Erwin Lutzer, pastor emérito de la iglesia Moody en Chicago, nos muestra cuán rápidamente puede regresar la apatía después de un período de avivamiento:

Cuando se produjeron los ataques terroristas del 11 de septiembre, había carteles de «God Bless America» por todas partes, incluso en las marquesinas de tiendas porno. Todo el mundo pensaba que sin duda se podía confiar en que Dios se pondría de nuestro lado en esta guerra contra el terror... Pero cuando nuestra nación volvió a sentirse segura, Dios volvió a ser apartado, la asistencia a las iglesias disminuyó, y el supuesto muro de separación entre Iglesia y Estado se levantó un poco más alto... El Dios de la Biblia no tolerará para siempre la idolatría y el ser apartado; Él soporta con misericordia el rechazo y los insultos, pero en algún punto podría decidir poner de rodillas a una nación con una grave disciplina.[22]

Estados Unidos puede ser incapacitada debido al rapto

Imaginemos lo que le sucedería a la moralidad y la salud espiritual de Estados Unidos si la verdadera iglesia de su Jesucristo se desvaneciera repentinamente. No sabemos cuántos cristianos verdaderos desaparecerían, desde luego, pero los cálculos sugieren que la población estadounidense podría verse reducida hasta en un 70%.[23] Más devastador que esa cifra sería la ausencia del Espíritu Santo, quien capacita a los cristianos para ser sal y luz en la sociedad (Mateo 5.13–16). Sin la influencia del Espíritu, todo el infierno se desataría en Estados Unidos, literalmente, enviando a esta nación a una descentralización de la cual no se recuperaría (2 Tesalonicenses 2.5–12). Esta tierra sufriría horribles juicios que se describen en Apocalipsis y que han de caer sobre la tierra durante la tribulación.

Incluso si ninguno de los anteriores escenarios se produjera, este último se producirá. Porque llegará el rapto de la igleisa, y sabemos lo que les sucederá a las naciones durante la siguiente tribulación de siete años, de lo cual hablaré con detalle más adelante, en los capítulos 9 y 10.

ESTADOS UNIDOS Y EL PUEBLO DE DIOS

Cuando Arturo Toscanini era el director de la orquesta filarmónica de Nueva York, apareció en su buzón de correo una carta arrugada escrita en papel de cuaderno.

«Apreciado señor Toscanini», decían los bastos garabatos, «soy pastor y estoy en Wyoming. Su concierto semanal es sin duda alguna buena compañía en las largas noches cuando estoy en las solitarias colinas, pero mi radio se está quedando sin baterías, y tengo un viejo violín que me gustaría tocar cuando se agoten. Pero está horriblemente desafinado, así que le pido por favor. En su concierto el próximo domingo, ¿cree que podría tocar con fuerza un La para mí? Así podría afinar las otras cuerdas y tocar yo mismo un poco de música».

El gran director fue conmovido por la petición, y en el siguiente concierto anunció que la orquesta tocaría un sonoro La para su solitario amigo en las montañas de Wyoming. Al otro lado del continente, el pastor oyó la nota y afinó su instrumento.[24]

Creo que todos estamos de acuerdo en que Estados Unidos en la actualidad está desafinada. La nación ha perdido su tono al apartar a Dios de su vida, produciendo así los acordes disonantes del cinismo y la apatía. En esta cacofonía de desesperanza, Dios llama a su pueblo a tocar un sonoro La para que el mundo pueda oír por encima de la disonancia la nota celestial de esperanza.

La primera Epístola de Pedro es un libro de esperanza que nos proporciona un fuerte antídoto para esta época de apatía. La carta fue escrita a un grupo de creyentes del siglo primero que se enfrentaba a una situación en algunos aspectos parecida a la nuestra. Ellos intentaban sobrevivir en una cultura que estaba desafinada de su Creador, una cultura que no los aceptaba ni los entendía (1 Pedro 2.11–17).

Observemos que Pedro se dirigió a aquellos creyentes como «peregrinos»; es decir, personas que vivían lejos de casa, residentes temporales, exiliados, extranjeros o forasteros. Es un recordatorio de que también nosotros somos peregrinos que están de paso por un mundo a veces traicionero de camino a nuestro verdadero hogar en el cielo.

En los primeros versículos de su carta, el apóstol nos dio tres verdades poderosas que nos ayudarán a vivir vidas esperanzadas en una cultura apática.

Nuestra esperanza viva descansa en el poder de la resurrección

La primera razón por la cual podemos tener esperanza es porque Dios todopoderoso «nos hizo renacer para una esperanza viva, por la resurrección de Jesucristo de los muertos» (1 Pedro 1.3). Si Cristo ha vencido al último enemigo, la muerte, entonces sin duda alguna no hay situación a la que nos enfrentemos que no podamos vencer por medio de Él. Somos enormemente bienaventurados por tener esta sólida razón para la esperanza que se mantiene segura independientemente del deterioro de nuestro mundo o de las dificultades de nuestra vida. ¡Esa razón se llama Jesús!

Pedro había caminado de cerca con Cristo a lo largo de los tres años de su ministerio público, y durante ese período fracasó más de una vez. Debido a la humanidad de Pedro nos identificamos enseguida con él; los fracasos y la resistencia de Pedro nos dan esperanza de que también nosotros, a pesar de nuestros fracasos, podemos servir al Señor tan bien como él lo hizo al final.

Pedro tenía una gran esperanza en que Jesús era el Mesías tan esperado que enderezaría las cosas en Israel y eliminaría el yugo de la esclavitud romana; pero cuando Jesús fue crucificado, el mundo de Pedro se derrumbó, al igual que sucedió para los otros discípulos y los seguidores de Jesús. Si hubiéramos podido mirar el corazón de Pedro durante el tiempo que pasó entre la crucifixión de Jesús y su resurrección, probablemente habríamos visto un pozo sin fondo de desesperación. El hombre que él pensaba que era el Mesías estaba muerto, y todas sus esperanzas para la restauración de Israel habían muerto con Él.

Pero el domingo después de la crucifixión, comenzaron a difundirse rumores de que el sepulcro de Jesús estaba vacío. Pedro y Juan corrieron hasta el sepulcro para comprobarlo por sí mismos. Cuando Pedro miró al interior y vio las telas mortuorias vacías al lado de donde había estado el cuerpo de Jesús, comenzó a captar la realidad de la resurrección. Más adelante, cuando tuvo un encuentro con el Cristo vivo, se maravilló de cómo ese hombre que había sido brutalmente ejecutado podía estar vivo ahora y sano de nuevo. Jesús ciertamente había resucitado de la muerte. ¡Él era el Señor resucitado!

Es ese trasfondo el que mencionó Pedro cuando escribió a aquellos primeros cristianos que sufrían por su fe. Su mensaje era el siguiente: «Ustedes tienen una esperanza viva basándose en lo que Jesucristo hizo cuando salió del sepulcro. Jesús venció a nuestro mayor enemigo, la muerte, y por medio de eso promete que independientemente de lo que suceda en esta vida, ustedes también derrotarán a ese enemigo. Si están buscando esperanza mientras la nación desciende a la apatía a su alrededor, no necesitan mirar más lejos que al Cristo resucitado y vivo».

El mundo actual tiene solamente una esperanza limitada que ofrecer, la esperanza de una vida que no es mejor de lo que nuestros mejores esfuerzos puedan hacerla, y la cual finalmente se derrumbará en el sepulcro. Si esa es la mejor esperanza que tenemos, «somos los más dignos de conmiseración de todos los hombres» (1 Corintios 15.19). Es mucho mejor tener una «esperanza viva», los recursos del cielo mismo, cuando nos enfrentamos a una situación sin esperanza.

Nuestra esperanza viva descansa en la promesa de nuestra recompensa

Pedro también tenía una esperanza viva porque el Cristo resucitado le había prometido una herencia que es «incorruptible, incontaminada e inmarcesible, reservada en los cielos para vosotros» (1 Pedro 1.4). En ese versículo, Pedro describió esta herencia celestial utilizando cuatro afirmaciones dinámicas y descriptivas.

Una herencia sin mancha

La palabra griega traducida como «incorruptible» también podría traducirse como «no deteriorada». En la época en que Pedro escribió esta carta, los romanos con frecuencia enviaban a grupos merodeadores a zonas de Palestina ocupadas por judíos. Como conquistadores que se llevan los despojos de la guerra, robaban todo lo que tenía valor y dejaban un rastro de devastación. «Deterioraban» a sus víctimas indefensas. Los judíos de esa región vivían en terror constante, sabiendo que ellos podían invadir en cualquier momento. Pedro recordó a los creyentes que llegaría un día en que ellos recibirían una recompensa que nunca más podría ser robada ni deteriorada.[25]

John Newton, el reformador libertino que llegó a ser un gran predicador, una vez visitó a una mujer cuyas propiedades terrenales acababan de ser destruidas en un incendio. Newton, quien escribió nuestro famoso himno «Sublime gracia», era conocido por sus caminos poco ortodoxos. Se acercó a la presencia de la mujer sufriente y dijo: «Señora, le doy alegría».

La mirada que ella lanzó a Newton podría haberlo traspasado.

«¿Cómo? ¡Acabo de perder todo lo que poseía! ¿Y usted me da alegría?».

Con una tierna compasión, Newton respondió: «Le doy la alegría de que tiene usted un tesoro al que no pueden alcanzar las llamas, que tiene una sustancia mejor y más duradera en el cielo, que tiene usted una herencia incorruptible».[26]

Una herencia incontaminada

Cuando una nación se desvía hacia la apatía, también se desvía hacia una indulgencia de los apetitos sin restricciones. Lo vemos a nuestro alrededor: nuestro entretenimiento, la Internet y los medios de comunicación están saturados de atracciones hacia actividades que contaminan nuestros cuerpos y nuestras almas. Pero Pedro nos dijo que la herencia que Dios ofrece por medio de Cristo no está manchada. Es santa, pura y limpia; es incontaminada. En la tierra a la cual pertenecen los creyentes, no habrá más maldad.

El apóstol Juan escribió del cielo: «No entrará en ella ninguna cosa inmunda, o que hace abominación y mentira, sino solamente los que están inscritos en el libro de la vida del Cordero» (Apocalipsis 21.27).

Una herencia imperecedera

Jesús describió nuestro mundo caído como un lugar «donde la polilla y el orín corrompen, y donde ladrones minan y hurtan» (Mateo 6.19). Al vivir en un mundo así donde todo tiende a degenerarse y desvanecerse, anhelamos permanencia, durabilidad, solidez eterna; pero en el cielo, donde está nuestra recompensa, Pedro nos dijo que nada se desvanecerá. No hay polilla ni orín que pueda tocarlo, ningún ladrón puede entrar y robarlo. Las cosas de Dios en el cielo son cosas que nunca mueren y nunca se desvanecen.

Una herencia sin oposición

¿Cuántas historias en las noticias ha leído o películas ha visto en las que miembros de la familia de una persona fallecida intentan abrir el testamento y robar la fortuna para sí mismos? Nuestra herencia está reservada en el cielo específicamente para nosotros mediante un testamento que no puede abrirse. Está seguro en las manos de Dios y no puede ser robado, perdido ni destruido. Sabemos que esta herencia está reservada para nosotros porque ya hemos recibido un pago previo: el Espíritu Santo «que es las arras de nuestra herencia hasta la redención de la posesión adquirida, para alabanza de su gloria» (Efesios 1.14).

El Espíritu Santo que vive en nuestro interíor es la garantía de que nuestra herencia en el cielo está reservada con seguridad por Dios mismo, quien nos la dará en el momento de nuestra llegada al cielo.

Nuestra esperanza viva descansa en nuestra protección hasta el regreso de Cristo

Pedro nos dijo que mientras esperamos el momento en que recibiremos la herencia prometida, somos «guardados por el poder de Dios mediante la fe, para alcanzar la salvación que está preparada para ser manifestada en el tiempo postrero» (1 Pedro 1.5). En el versículo 4 se utiliza un intrigante contrapunto verbal, que dice que nuestra herencia está reservada para nosotros; en el versículo 5 nosotros estamos reservados para nuestra herencia en el cielo. Aquí, Pedro nos aseguró con firmeza de que el mismo Dios que está guardando la herencia en el cielo también guarda a su pueblo para la herencia. Dios no solo protege nuestra recompensa allí, sino que también nos protege aquí, asegurándonos con su promesa absoluta e inmutable que la recompensa y quien hereda se mantendrán seguros e intactos hasta el día en que se unan.

La esperanza del cielo es lo que motivaba a los primeros cristianos a vivir vidas optimistas y piadosas; también les permitía llevar una vida tranquila y respetuosa, amando a su prójimo y honrando a las autoridades gobernantes. La epístola a Diognetus, escrita en el siglo II A.D., proporciona una inspiradora ilustración de su estilo de vida. La carta fue escrita por un oficial del gobierno romano que era incrédulo y había estado observando a los cristianos que populaban su territorio. En su carta a Diognetus, intentó explicar lo que hacían aquellos cristianos:

> Los cristianos no destacan del resto de la humanidad por su país, por su conversación o por sus costumbres... Viven en ciudades tanto griegas como bárbaras, cada uno según su suerte, y siguen las costumbres de la región en cuanto a vestimenta y comida, y en las cosas externas de la vida en general; sin embargo, manifiestan el maravilloso carácter abiertamente paradójico de su propio estado. Habitan las tierras de su nacimiento, pero como residentes temporales de ellas; cumplen con su parte de todas sus responsabilidades como ciudadanos, y soportan todas las discapacidades como forasteros. Cada tierra extranjera es su tierra natal, y cada tierra natal una tierra extranjera... Pasan sus días en la tierra, pero su ciudadanía está en el cielo.[27]

Esta carta no solo dibuja una imagen magnífica de la ciudadanía cristiana ideal; el hecho de que fuera escrita por un pagano muestra el potente efecto del ejemplo cristiano.

Daniel Webster dijo: «Lo que hace a los hombres ser buenos cristianos también los hace ser buenos ciudadanos».[28] Como cristianos, tenemos una responsabilidad ante nuestra nación y ante Dios, y no debemos atrevernos a ignorar ninguna de ellas. ¿Cuáles son las responsabilidades específicas que tienen los cristianos con respecto a su nación? El Nuevo Testamento enumera al menos cuatro.

Orar por nuestros líderes

Es demasiado fácil quejarse por quienes están en autoridad sobre nosotros, ya sean oficiales del gobierno, líderes civiles o supervisores; pero Pablo nos dijo que oráramos por esos líderes:

> Exhorto ante todo, a que se hagan rogativas, oraciones, peticiones y acciones de gracias, por todos los hombres; por los reyes y por todos los que están en eminencia, para que vivamos quieta y reposadamente en toda piedad y honestidad. Porque esto es bueno y agradable delante de Dios nuestro Salvador. (1 Timoteo 2.1–3)

En otra de sus epístolas, Pablo escribió que deberíamos honrar a quienes están en autoridad (Romanos 13.7). Si cree que es difícil honrar y orar por algunos de nuestros líderes en el gobierno actualmente, recuerde que Pablo escribió estas palabras durante el reinado de Nerón, el primero y más cruel perseguidor de los cristianos.

Como escribí en las notas de *The Jeremiah Study Bible* [Biblia de estudio Jeremiah]: «Estas intercesiones deberían incluir peticiones por su gobierno sabio y pacífico, y también oraciones por su salvación. Tales oraciones reconocen que toda autoridad es en última instancia la autoridad de Dios, y que Dios es el Rey supremo».[29]

Pagar nuestros impuestos

Algunos cristianos en la actualidad se preguntan si deberían retener parte de sus impuestos porque el gobierno utiliza el dinero de nuestros impuestos para financiar causas que son contrarias a la moralidad cristiana y la ley natural. El padre de la iglesia Justino Mártir respondió a esta preocupación en una carta abierta a los oficiales del gobierno:

> Más que otros intentamos pagar los impuestos y tasaciones a quienes ustedes nombran, tal como Jesús nos enseña. En una ocasión durante su vida algunos acudieron a él y le preguntaron si era correcto pagar impuestos a César, y él respondió: «¿De quién es esta imagen y la inscripción? Ellos le dijeron: De César. Respondiendo Jesús, les dijo: Dad a César lo que es de César, y a Dios lo que es de Dios» (Marcos 12.16–17). De modo que adoramos solamente a Dios, pero en otros asuntos alegremente les servimos a ustedes, reconociéndolos como emperadores y gobernadores de los hombres, y orando para que junto con su poder imperial también lleguen a tener una mente sensata.[30]

Nunca tendremos un gobierno perfecto hasta que Cristo regrese y establezca su gobierno en la tierra. Hasta entonces, hemos de vivir bajo un gobierno secular con el cual no siempre estamos de acuerdo. Dios no nos hace responsables del modo en que el gobierno utiliza el dinero de nuestros impuestos, pero no podemos permanecer en comunión con Él si evitamos pagar nuestros impuestos.

Participar en el proceso

En las elecciones nacionales de 2012, aproximadamente veinticinco millones de cristianos que estaban registrados para votar se quedaron en su casa el día de las elecciones.[31] Algunos me dicen que no votan porque no creen que un solo voto cause ninguna diferencia. Esta actitud es a la vez ilógica e irresponsable. La lógica nos dice que no existiría nunca ninguna mayoría si no fuera por los muchos votos individuales que se realizan. El autor e historiador Edward Everett Hale hace énfasis en la responsabilidad de la acción individual: «Yo soy solamente uno, pero sigo siendo uno. No puedo hacerlo todo, pero puedo hacer algo; y porque no puedo hacerlo todo, ¡no me negaré a hacer ese algo que puedo hacer!».[32]

Un voto a veces es el que marca la diferencia. Ocho elecciones estatales al Congreso y al Senado en Estados Unidos se han decidido por un solo voto.[33]

Me temo que la verdadera razón por la que muchos estadounidenses y evangélicos no votan es simplemente la apatía; sin embargo, quienes no votan son con frecuencia los más expresivos y críticos cuando los cargos electos no cumplen con sus expectativas.

La Biblia nos dice que los cristianos han de ser sal y luz en el mundo. Ha llegado el momento para que hagamos oír nuestras voces y nuestros votos cuenten. Pero hagamos que cuenten responsablemente:

- No vote a su ubicación geográfica.
- No vote a su denominación religiosa.
- No vote a su afiliación política.
- No vote la identificación racial.
- Ni siquiera vote por obligación sindical.

En cambio, vote por sus valores; vote por sus creencias; vote por sus convicciones. Si los candidatos quieren su voto, deje que se lo ganen a la manera tradicional. Deje que hagan compromisos con sus valores, y hágales saber que tiene intención de hacerles rendir cuentas. Es mi responsabilidad y la de usted participar en el proceso; si no actuamos pronto, puede que sea demasiado tarde. Permita que las siguientes palabras de Martin Niemoller, un pastor que vivió durante el régimen nazi en Alemania, cimenten en su corazón y su mente la importancia de su participación:

> Primero llegaron en busca de los comunistas, y yo no levanté mi voz porque no era comunista. Después llegaron en busca de los judíos, y yo no levanté mi voz porque no era judío. Entonces llegaron en busca de los sindicalistas, y yo no levanté mi voz porque no era sindicalista. Más tarde llegaron en busca de los católicos, y yo no levanté mi voz porque era protestante. Y entonces llegaron a buscarme a mí, y en ese momento ya no quedaba nadie que levantara la voz.[34]

Persevere en la carrera

Los griegos tenían una carrera en sus Juegos Olímpicos que era verdaderamente única. El premio no lo recibía el corredor que meramente llegaba en primer lugar, sino el corredor que terminaba primero con su antorcha aún encendida.[35] Es una metáfora bastante buena de la vida cristiana, ¿verdad? Se trata de terminar la carrera con su antorcha aún encendida: con su influencia aún intacta y su testimonio aún fuerte.

Para seguir en la carrera cristiana, «[necesitamos] perseverar» (Hebreos 10.36). Randy Alcorn escribe: «Somos llamados a una vida de paciencia capacitada por Cristo, y acompañada por la acción de gracias gozosa. La perseverancia requiere paciencia, porque la recompensa por las buenas decisiones del presente llegará, pero puede que pasen meses o años desde ahora, o que no llegue hasta que dejemos este mundo».[36]

¿Cómo han de perseverar los cristianos en una nación que está en una espiral descendente hacia la apatía?

En la primera escena de la película clásica de 1952 *High Noon* [Solo ante el peligro], Marshal Will Kane (representado por Gary

Cooper) ha limpiado la ciudad y ha hecho que sea un lugar decente y próspero donde vivir; ahora se retira para casarse, dejar la ciudad y emprender una nueva vida como tendero.

Pero inmediatamente después de su boda, llegan noticias sorprendentes. Frank Miller, a quien Kane había enviado a la cárcel, ha salido en libertad condicional y regresa en el tren del mediodía para vengarse. Kane sabe que si se va ahora, Miller hará que la ciudad regrese a sus viejos caminos depravados y sin ley, y decide posponer su luna de miel el tiempo suficiente para terminar con Miller y su pandilla.

Pero cuando intenta reunir un pelotón, cada uno de los hombres a los que se acerca encuentra una excusa para no involucrarse. Incluso cuando intenta lograrlo en la iglesia, ninguno de los ciudadanos a los que ha protegido quiere unirse a él para librar a la ciudad de la maldad que la amenaza.

¿Es la apatía de la ciudad de Kane lo que estamos viendo en la actualidad en Estados Unidos? ¿Nos ha conducido nuestra prosperidad a tal indulgencia que ya no estamos dispuestos a dejar nuestros placeres el tiempo suficiente para proteger y sanar a la nación por la que otros se sacrificaron? Incluso si Estados Unidos ha llegado a ese punto, nosotros los cristianos debemos levantarnos por encima de la apatía que nos rodea y, al igual que Kane, hacer frente nosotros solos a nuestra obligación. Debemos recordar que nuestra esperanza no depende de la supervivencia de nuestra nación, sino de nuestra herencia prometida en los cielos.

Si somos diligentes para reflejar esa esperanza a nuestro prójimo, puede que descubramos que es demasiado pronto para descartar a Estados Unidos. Incluso si el cristianismo se convierte en una minoría, debemos recordar que solamente diez hombres justos habrían salvado la ciudad de Sodoma. Sé que Dios está preparado para hacer por Estados Unidos lo que prometió a Salomón que haría por Israel: «Si se humillare mi pueblo, sobre el cual mi nombre es invocado, y oraren, y buscaren mi rostro, y se convirtieren de sus malos caminos; entonces yo oiré desde los cielos, y perdonaré sus pecados, y sanaré su tierra» (2 Crónicas 7.14).

Los cristianos bien podríamos ser el timón que saque al buque de Estados Unidos de las aguas calmadas de la apatía y lo dirija hacia la seguridad del compromiso.

CAPÍTULO 5

EL REMEDIO DEL AVIVAMIENTO

El primer día de la secundaria, un muchacho bajito y delgado llamado Jeremy, de una altura de 1,60 metros entró en el edificio listo para jugar al baloncesto y estudiar duro, y en ese orden. Soñaba en secreto con poder recorrer algún día todo el camino hasta llegar a la NBA, pero dada su estatura, pocas personas le tomaron en serio. No se desanimó, y Jeremy desarrolló una estrategia en dos partes para aumentar su altura: (1) bebía mucha leche, y (2) se colgaba de barras en el parque durante largos períodos de tiempo. Increíblemente, creció veintiocho centímetros durante sus años de secundaria, obtuvo estupendas calificaciones, y sobresalió en la cancha de baloncesto.[1]

Durante el ultimo año de Jeremy, su entrenador intentó conseguir para él, aunque no pudo lograrlo, una beca de baloncesto; por lo tanto, el joven utilizó su calificación de 4,2 de media y se matriculó en Harvard, donde entró en el equipo y, en cuatro años, dirigió a los Crimson, que estaban en apuros, a una temporada ganadora. Ese éxito avivó el largo sueño de Jeremy de jugar al baloncesto profesional, aunque un equipo tras otro lo pasaba. Después de todo, nunca antes había habido un jugador de la NBA taiwanés-estadounidense. Tras varias decepciones dolorosas, Jeremy firmó con los Nicks de Nueva York y se mudó al diminuto apartamento de su hermano en Manhattan, donde dormía en el sofá.

El día de San Valentín de 2012, mientras las flechas de Cupido llegaban hasta otros, se hizo la luz para Jeremy Lin. Comenzó a jugar el mejor baloncesto de su vida, y casi él solo dio la vuelta a la temporada de los Nicks, y poco después las ruidosas multitudes en el Madison Square Garden encontraron un nuevo vocabulario: Linlocura. Lintensidad. Linteligencia. Linvencible. Linspiración. Lincreíble.

Sin embargo, desde esa temporada mágica, Lin ha batallado contra lesiones, cirugías y altibajos en su carrera. Mientras escribo Lin juega con los Hornets de Charlotte, y admite abiertamente que batalla a veces con el desaliento; pero puede que las cosas estén cambiando para Lin. Como muestran los siguientes titulares, los cronistas deportivos han comenzado recientemente a detectar evidencias de un despertar de su carrera: «No es Linlocura, pero Jeremy Lin está experimentando un avivamiento en Charlotte».[2] «Linlocura revive en Charlotte».[3] «El callado despertar de la Linlocura».[4]

Con frecuencia vemos la palabra *avivamiento* en nuestros titulares. Los periodistas deportivos utilizan la palabra para describir a equipos o deportistas como Lin que se están desplomando pero se recuperan en la competición. Los economistas hablan del avivamiento económico o un avivamiento en las acciones, los metales preciosos o los valores de la propiedad. La industria del entretenimiento utiliza la palabra *despertar* para describir obras antiguas de Broadway que encuentran nueva vida cuando vuelven a representarse para las audiencias actuales. Este titular reciente captó mi atención inmediata: «Baltimore necesita un plan de avivamiento integral». Pero cuando leí el artículo, perdí la esperanza. No hablaba en absoluto de un despertar espiritual, sino que defendía la recuperación de viviendas en deterioro.[5]

No puedo predecir el futuro de la carrera de Lin en el baloncesto, pero sé con seguridad que él está interesado profundamente en el avivamiento; está en su mente día y noche. Sin embargo, su mayor interés no es un despertar de la Linlocura, sino un tipo distinto de avivamiento: un avivamiento real, un avivamiento del poder espiritual en Estados Unidos y en todo el mundo. Lin está profundamente comprometido con Cristo, y su corazón anhela que se produzca un verdadero avivamiento de la moralidad y la fe.

No hace mucho tiempo envió un mensaje a sus seguidores, pidiéndoles que se unieran a él en oración por un despertar en todo el mundo. «Por favor, oren por un avivamiento cristiano global», rogaba. «Áreas concretas que siento que Dios ha puesto en mi corazón son los asiático-americanos en Estados Unidos, que son tibios en su fe, los miles de millones en China que no conocen a Cristo y Taiwan/Hong Kong. Obviamente me preocupan muchos otros lugares, ¡pero estos son muy queridos para mi corazón!».[6]

La gente puede hablar sobre un tipo de avivamiento u otro, pero yo estoy de acuerdo con Lin: el tipo de avivamiento que necesitamos es espiritual, y creo que es la última esperanza para nuestra nación y para el mundo.

Soy dolorosamente consciente de que gran parte de lo que he escrito en las páginas anteriores de este libro podría dejarnos desalentados, y por eso quiero alentarle con la esperanza del avivamiento. Sí, deberíamos sentir carga por nuestro mundo. El profeta Jeremías vivió en tiempos parecidos a los nuestros, y cuando leemos sus escritos, nos vemos abrumados con la desesperación que él sentía por su cultura. Jesús lloró sobre la Jerusalén no arrepentida. Pablo se lamentaba: «Tengo gran tristeza y continuo dolor en mi corazón... por amor a mis hermanos, los que son mis parientes según la carne» (Romanos 9.2–3). El sobrino de Abraham, Lot, que vivía en Sodoma, «se hallaba abrumado por la vida desenfrenada de esos perversos» (2 Pedro 2.7, NVI).

No puedo disculparme por ser franco y sincero acerca de nuestros tiempos desmoralizadores. Deberíamos llevar una carga en nuestros corazones por un mundo caído y tristeza por el ritmo acelerado de pecado y sufrimiento que nos rodea; sin embargo, quiero retarle a que se mantenga alegre. Incluso en tiempos oscuros, no tenemos necesidad de ser pesimistas, pues como cristianos tenemos la mejor de las razones para ser optimistas realistas y tener buen ánimo. La Biblia está llena de todas las promesas y el poder que necesitamos. Jesús mismo dijo:

Ten ánimo, hijo; tus pecados te son perdonados. (Mateo 9.2)

Ten ánimo, hija; tu fe te ha salvado. (9.22)

¡Tened ánimo; yo soy, no temáis! (14.27)

Ten confianza; levántate, te llama. (Marcos 10.49)

¡Anímense! Yo he vencido al mundo. (Juan 16.33, NVI)

¿Cómo podemos ser pesimistas cuando el futuro está en las manos de Aquel que conoce el fin desde el principio? Nuestra nación sigue estando llena de personas piadosas que saben orar. Por todo el mundo, la iglesia está creciendo a un ritmo sin precedente. La próxima generación está llena de jóvenes cristianos profundamente comprometidos; y podemos seguir teniendo esperanza, orar y trabajar hacia un verdadero avivamiento espiritual en nuestra tierra y un despertar en nuestro mundo. La Biblia incluso sugiere una sencilla oración para tiempos como estos:

¿No volverás a darnos vida [avivamiento],
para que tu pueblo se regocije en ti? (Salmos 85.6)

Esa es la oración de mi corazón, y mientras oraba y creaba los capítulos de este libro, sabía que tenía que escribir sobre el remedio del avivamiento. Las cosas han estado así de mal anteriormente, y Dios ha enviado avivamiento y ha cambiado las mareas, ha revertido las tendencias, ha cambiado la cultura, y ha impulsado el evangelio hacia una nueva generación. ¡Que lo haga otra vez! ¡Que Él nos avive otra vez para que su pueblo pueda regocijarse en Él!

AVIVAMIENTO EN LA BIBLIA

Según la Biblia, el avivamiento es obra de Dios, un período especial de renovación que Él derrama sobre su iglesia y rebosa y se convierte en celo evangelístico. No podemos programar o crear el avivamiento; no podemos hacer descender fuego del cielo para prender el altar, como hizo Elías, pero podemos tener lista la leña y ofrecernos a nosotros mismos como madera empapada por el Espíritu.

El libro de 2 Crónicas en el Antiguo Testamento es el manual de la Biblia sobre avivamiento. El escritor (puede que fuera Esdras) mostró que Dios nunca dio la espalda a la nación de Judá. Describió un avivamiento tras otro que revirtieron el descenso de la nación. Incluso después del juicio final y la destrucción de la nación, Dios se mantuvo en el negocio de avivar a su pueblo. Segunda de Crónicas 36 nos dice que Él envió a un remanente de regreso a Jerusalén para reconstruir el templo y mantener vivo el progreso de la redención. Aunque el escritor era realista sobre la apostasía de Judá, siempre dejó lugar para el avivamiento; y los avivamientos marcaron la diferencia.

Es imposible en el espacio que tengo en este capítulo cubrir todos los avivamientos nacionales en Judea que se describen en 2 Crónicas, pero podemos obtener un gran ejemplo en los capítulos 34 y 35: la historia del rey Josías. Este joven rey ascendió al trono durante los tiempos más oscuros que Judá haya conocido jamás. Uno de los reyes más malvados en la Biblia, Manasés, había estado en el trono durante cincuenta y cinco años, y la nación había caído bajo la influencia de su arco de maldad. Durante su reinado, Judá se hundió en un lodazal de idolatría, ocultismo, sacrificios humanos, impiedad, violencia, debilidad militar y confusión moral.

Más adelante en la vida, Manasés se volvió al Señor (¡hay esperanza para cualquiera!), pero su conversión espiritual llegó demasiado tarde para influenciar a su nación. Tras su muerte, su hijo Amón, terriblemente malvado, continuó el reinado de terror hasta que fue asesinado en el segundo año de su reinado por sus propios sirvientes.

Aquí entra Josías, con ocho años de edad. Con su abuelo muerto y su padre asesinado, Josías ascendió al trono. Es notable que el muchacho tenía afinidad hacia Dios. Quizá había sido influenciado por el arrepentimiento tardío de su abuelo. Puedo ver al viejo Manasés, con sus manos temblando por el lamento, tomando a su nieto de seis años en su regazo y diciendo: «Un día serás el rey de Judá. No cometas los mismos errores que yo. Debes intentar revertir el daño que yo causé. Entrega tu corazón al Señor y dirige rectamente a esta nación».

Cualquiera que fuera la razón, Josías entregó su corazón al Señor y dirigió a su nación rectamente. «Este hizo lo recto ante los ojos de Jehová, y anduvo en los caminos de David su padre, sin apartarse a la derecha ni a la izquierda» (34.2).

Un líder humilde

Ya que tenía solamente ocho años cuando le pusieron la corona, Josías no tuvo mucho que ver a la hora de dirigir su nación hasta que comenzó a hacerse cargo a los dieciséis años de edad. Segunda de Crónicas 34.3 dice: «A los ocho años de su reinado, siendo aún muchacho, comenzó a buscar al Dios de David su padre; y a los doce años comenzó a limpiar a Judá y a Jerusalén de los lugares altos, imágenes de Asera, esculturas, e imágenes fundidas».

¡Es asombroso lo que Dios puede hacer con un adolescente totalmente comprometido con Él! Es mejor tener a un líder joven que ama al Señor que un líder experimentado que no ha invertido sus años en la justicia.

En el año dieciocho de su reinado, cuando Josías tenía veintiséis años, se preocupó por el estado del inmenso templo de Dios que estaba en la colina sobre el palacio, e inició un extenso proyecto de renovación para devolverle su gloria. El dinero que necesitaban llegó, y «lo entregaron en mano de los que hacían la obra, que eran mayordomos en la casa de Jehová, los cuales lo daban a los que hacían la obra y trabajaban en la casa de Jehová, para reparar y restaurar el templo. Daban asimismo a los carpinteros y canteros para que comprasen piedra de cantería, y madera para los armazones... Y estos hombres procedían con fidelidad en la obra» (vv. 10–12).

Un libro santo

Fue entonces cuando los obreros hicieron un gran descubrimiento. El proceso de renovación del templo descubrió un tesoro que había estado escondido por mucho tiempo. El sacerdote Hilcías encontró el libro de la ley del Señor dada por Moisés (v. 14).

Llevaron el libro a Josías y se lo leyeron; cada palabra golpeó al rey como si fuera una daga. Las escrituras revelaban que los pecados de su padre y de su abuelo fueron mucho peores de lo que él había entendido, y la nación estaba en gran peligro moral. Angustiado por su culpabilidad y la de su pueblo, Josías se rasgó las vestiduras y buscó sinceramente entender la voluntad de Dios más claramente que nunca. Necesitaba un profeta que le enseñara, y Dios le envió a Hulda, una profetisa cuyo esposo se ocupaba del armario del rey.

Hulda le dijo a Josías que los pecados de Judá eran duraderos, profundos y condenatorios, pero añadió una palabra personal de ánimo de parte del Señor: «Como te has conmovido y humillado ante mí al escuchar lo que he anunciado contra este lugar y sus habitantes, y te has rasgado las vestiduras y has llorado en mi presencia, yo te he escuchado» (v. 27, NVI).

Un pueblo hambriento

Alentado por las palabras de Hulda, Josías anunció una reunión de avivamiento y «todos los varones de Judá, y los moradores de Jerusalén» se reunieron en el templo, donde Josías «leyó a oídos de ellos todas las palabras del libro del pacto que había sido hallado en la casa de Jehová. Y estando el rey en pie en su sitio, hizo delante de Jehová pacto de caminar en pos de Jehová y de guardar sus mandamientos, sus testimonios y sus estatutos, con todo su corazón y con toda su alma» (vv. 30–31). El pueblo, movido al ver a su rey, tuvo carga por el avivamiento y se unió a su compromiso.

¿Puede imaginar lo que sucedería en nuestra tierra si pudiéramos encontrar a una persona joven así, redescubrir un viejo libro y mover a un pueblo tan cargado? En tiempos de Josías el resultado fue electrizante, y el avivamiento que siguió cambió el aspecto de Judá. Las tendencias morales fueron dadas vuelta, pusieron boca arriba el celo espiritual, y el juicio inminente quedó aparcado durante una generación: «Mientras Josías vivió, no abandonaron al SEÑOR, Dios de sus antepasados» (v. 33, NVI).

El capítulo siguiente describe la restitución que hizo Josías de una de las grandes fiestas de Israel: la Pascua. Él indicó y alentó a los sacerdotes en su servicio, y la capital se llenó de alabanza y adoración. «Nunca fue celebrada una pascua como esta en Israel desde los días de Samuel el profeta; ni ningún rey de Israel celebró pascua tal como la que celebró el rey Josías» (35.18).

Josías tenía solamente veintiséis años, pero Dios lo utilizó para revitalizar a su nación.

Mientras el rey Josías dirigía el avivamiento desde el trono, el profeta Jeremías le ayudaba en el púlpito, predicando en las calles, las plazas y los atrios del templo. Poco después, otros profetas como Sofonías y Nahúm se unieron a él. La reforma nacional de Judá fue tan radical y completa como la que emprendieron Martín Lutero,

Juan Calvino o John Knox. Además, el avivamiento de la época de Josías encendió a un grupo de jóvenes y los impulsó a una vida entera de servicio piadoso, muchachos como Daniel y sus tres amigos, Ananías, Misael y Azarías (Sadrac, Mesac y Abednego). Estoy convencido de que el haber estado expuestos a Josías y Jeremías moldeó las vidas de esos tres jóvenes, preparándolos para defender a Dios más adelante en medio de una cultura caldea pervertida. Los avivamientos siempre impulsan a nuevas generaciones de obreros celosos al servicio del Rey.

Este es el tipo de avivamiento que está retrasado en nuestra nación y en el mundo actualmente. El gran predicador escocés Duncan Campbell escribió: «Hay una creciente convicción en todas partes, y especialmente entre personas pensativas, de que a menos que llegue el avivamiento, otras fuerzas tomarán el campo, que nos hundirán aún más profundo en el lodo del humanismo y el materialismo».[7]

AVIVAMIENTO EN ESTADOS UNIDOS

La buena noticia es que es posible el avivamiento, y tenemos la historia para demostrarlo. A pesar de lo alarmante que parezca nuestra época presente, Estados Unidos ha estado antes en este punto bajo. Tenemos tendencia a pensar que nuestros tiempos son peores que los anteriores, pero como le mostraré en los siguientes párrafos, la historia de Estados Unidos está marcada por períodos de peligro espiritual. Como la antigua Judá, nuestra nación se ha hundido repetidamente en las profundidades solamente para ser salvada de sí misma mediante oportunos períodos de avivamiento. ¡Esa es la gracia de Dios! Quizá un breve examen de despertares del pasado nos ayudará a prepararnos para un próximo avivamiento.

El Gran Despertar: décadas de 1720 a 1740

El Gran Despertar que ocurrió durante la era colonial es uno de los movimientos más famosos en la historia del cristianismo estadounidense. Muchos de los primeros colonos en el litoral oriental llegaron aquí encendidos con el evangelio y con hambre de libertad religiosa. Un monumento casi olvidado se erige en el presente en un pequeño parque circular en la calle Allerton en Plymouth, Massachusetts. Se llama Monumento Nacional a los Antepasados, antes conocido como Monumento a los Peregrinos: la escultura de granito más grande en Estados Unidos. Profundamente llena de un patente simbolismo cristiano, ha permanecido como testigo silencioso de los orígenes cristianos de nuestro país desde 1889.

Esta imponente estatua presenta a una mujer que personifica la fe. Con su mano derecha señala hacia el cielo y tiene una Biblia en la izquierda. En cada uno de los cuatro lados de su pedestal hay estatuas más pequeñas que representan los valores de moralidad, ley, educación y libertad. El monumento es un tributo adecuado a la fe bíblica y los valores cristianos de nuestros antepasados.

Como observan J. Stephen Lang y Mark A. Noll: «Para los primeros Nuevos Ingleses, la historia religiosa y social eran inseparables. Se suponía desde la llegada de los peregrinos en 1620 que los colonos eran (o deberían ser) cristianos, y que Dios bendeciría el establecimiento de una comunidad piadosa en la nueva tierra».[8]

Tras los peregrinos llegaron los puritanos, quienes fundaron la Universidad de Harvard para formar a ministros y líderes cristianos poco después de su llegada. Las colonias eran, según un historiador: «las comunidades más protestantes, reformadas y puritanas del mundo».[9]

Sin embargo, a lo largo del siglo XVII el estado espiritual y moral de las Colonias fue en declive a un ritmo que alarmó a los creyentes genuinos. La siguiente paráfrasis, de un sermón predicado en 1702 por un pastor de Nueva Inglaterra llamado Increase Mather bien podría ser lo que ese pastor diría desde un púlpito en la actualidad:

> Somos la posteridad de personas piadosas, nuestros antepasados que seguían al Señor; pero veamos cómo se está alejando la gloria. Los que tienen más edad pueden recordar hace cincuenta años cuando las iglesias estaban en todo su esplendor. ¿Acaso no es un triste declive de esa gloria? ¡Qué cambio se ha producido! Era un tiempo en que las iglesias eran hermosas. Muchas personas se convertían y declaraban voluntariamente lo que Dios había hecho por sus almas. Y se añadían cada día a las iglesias los que habían de ser salvos. Pero las conversiones se han vuelto raras ocasiones en este tiempo. Miremos los púlpitos y veamos si hay una gloria como la que antes había. La gloria ya no está. El diseño especial de la providencia en este país parece que ahora ha terminado. Podemos llorar al pensar en ello.[10]

Otro observador, el reverendo Samuel Torrey, predicó un sermón el 16 de mayo de 1683 titulado «Un ruego por la vida de una religión moribunda», en el cual decía:

> Ha habido un deterioro vital, un deterioro en los signos vitales de la religión, mediante una profunda declinación en la vida, y el poder de ella; que ya hay una gran muerte sobre la religión, poco más que tan solo un nombre; que las cosas que permanecen están listas para morir; y que estamos en gran peligro de morir juntamente con ellas.[11]

A principios de la década de 1720, Dios desató un pequeño avivamiento en Nueva Jersey que ardería por todo el resto de las Colonias y cambiaría la historia. Un holandés de Nueva Jersey llamado Theodorus Frelinghuysen comenzó a predicar evangelismo en su iglesia.

Predicaba un evangelio puro; predicaba que las personas necesitaban nacer de nuevo. Extrañamente, las personas más mayores no aceptaron su mensaje pero las jóvenes respondieron con entusiasmo, y surgió el avivamiento.

El avivamiento comenzó a extenderse, y al final llegó hasta Northampton, Massachusetts, donde la llama fue avivada por un pastor de Nueva Inglaterra llamado Jonathan Edwards. Al igual que Josías, Edwards se había beneficiado de la influencia de su abuelo, un predicador de avivamiento llamado Solomon Stoddard. Stoddard era un hombre alto que predicaba potentes sermones evangelísticos sin utilizar notas, y creía que Dios había traído a los antepasados al Nuevo Mundo con un propósito excepcional.

El joven Edwards era brillante. A los seis años de edad estudiaba latín; entró en Yale cuando no había cumplido los trece y se graduó cuando apenas alcanzaba los quince. Ordenado a los diecinueve años de edad, Edwards enseñaba en Yale cuando tenía veinte, y posteriormente llegó a ser presidente de Princeton. Harvard le otorgó una licenciatura y una maestría el mismo día; pero es más conocido por su «Pecadores en las manos de un Dios enojado», el sermón más famoso de la historia estadounidense.

Edwards predicó el sermón del domingo, 8 de julio de 1741, mientras ministraba en la diminuta ciudad de Enfield, Connecticut. Un grupo de mujeres había pasado la noche anterior orando por avivamiento. Cuando Edwards se puso de pie para hablar, anunció tranquilamente que su texto sería Deuteronomio 32.35: «A su tiempo su pie resbalará». Este enfoque de «fuego y azufre» fue en cierto modo una desviación para Edwards. De sus muchos sermones escritos, pocos son de este tipo.

Habló de manera suave y sencilla, advirtiendo a los incrédulos que se tambaleaban sobre el infierno como lo hace una araña sobre el fuego. «¡Ah, pecador! Considera el terrible peligro en que te encuentras...

hombres no convertidos caminan sobre el pozo del infierno sobre una cubierta podrida, y hay innumerables lugares en esta cubierta que son tan débiles que no soportarán su peso, y estos lugares no se ven».[12]

La voz de Edwards se perdió repentinamente entre llantos y conmoción entre la multitud. Hizo una pausa llamando a la calma, y entonces concluyó: «Que todo aquel que está fuera de Cristo, ahora despierte y huya de la ira que habrá de venir. La ira del Dios Todopoderoso sin duda alguna pende ahora sobre una gran parte de esta congregación: que todo el mundo huya de Sodoma».[13]

Se dice que hombres fuertes se agarraban a bancos y postes, sintiendo que se caían al infierno. Otros temblaban incontroladamente y rodaban sobre el piso. A lo largo de la noche surgieron llantos de hombres y mujeres en el pueblo a medida que personas rogaban a Dios que las salvara. Se convirtieron quinientas personas esa noche, la chispa de un avivamiento que llevó a miles al reino.[14]

Al mismo tiempo, Juan Wesley y sus metodistas estaban en la cresta de un avivamiento parecido en Inglaterra. Y el poderoso George Whitefield viajaba de un lado a otro entre Estados Unidos e Inglaterra, prestando su potente voz a la evangelización de los pecadores. Y cuando digo potente voz, eso es exactamente a lo que me refiero. Sin ningún sistema de amplificación, sus palabras viajaban en el viento más de un kilómetro y alcanzaron a treinta mil pares de oídos.[15]

A medida que miles de convertidos llenaban las Colonias, se abrieron nuevas universidades de formación teológica, incluidas las universidades de Princeton, Rutgers, Dartmouth y Brown. Misioneros se aventuraban a salir para evangelizar a estadounidenses nativos. Los efectos del Gran Despertar dieron forma a la escena política estadounidense y prepararon el escenario para la Revolución Americana. El historiador Benjamin Rice Lacy Jr. escribió: «El curso de los acontecimientos que condujeron a la Declaración de Independencia, el entusiasmo y la constancia que finalmente llevaron a la victoria de las

Colonias... no habrían sido posibles durante los años 1775–1788 si no hubiera habido ningún Gran Despertar».[16]

El Segundo Gran Despertar: principios de la década de 1800

Tras la Guerra de la Revolución, el cristianismo en Estados Unidos fue en espiral hacia otro declive. Mientras las personas se sumergían en la tarea de construir una nueva nación, descuidaron su bienestar espiritual. El racionalismo francés infiltró las universidades; grandes números de personas se mudaron al interior y comenzaron a poblar territorios al oeste de los Apalaches, al oeste de Blue Ridge, en lo que se llamó la frontera estadounidense, donde existían pocas iglesias. La gente se fue alejando del Señor y de la Biblia; la sociedad se volvió impía. Durante el Gran Despertar, hasta el 40% al 50% de la población asistía a la iglesia, pero en la década de 1790 esta cifra descendió hasta el 5% al 10%, mucho menos que incluso en la actualidad.[17]

John Marshall, el juez del Tribunal Supremo, escribió al «obispo Madison» y dijo: «Es demasiado tarde para que la iglesia sea redimida».[18] En ultramar en Francia, Voltaire predijo que «en dos generaciones, el cristianismo desaparecería por completo».[19]

El discípulo de Voltaire en Estados Unidos, Thomas Paine, el gran calígrafo de la Guerra de la Revolución, atacó el cristianismo con un odio despiadado. «De todos los sistemas de religión que se inventaron jamás», escribió, «no hay ninguno más derogatorio para el Todopoderoso, menos edificante para el hombre, más repugnante para la razón y más contradictorio en sí mismo, que esto llamado cristianismo. Demasiado absurdo para creerlo, demasiado imposible para convencer y demasiado incoherente para la práctica, deja al corazón aletargado o produce solamente ateos y fanáticos».[20]

Las cosas se pusieron tan mal, que entre los alumnos de Princeton solamente dos profesaban ser cristianos. Según el doctor J. Edwin Orr:

El típico alumno de Harvard era ateo. Los alumnos en la Universidad William hacían una celebración de burla de la Santa Cena. Cuando el decano en Princeton abría la Biblia de la capilla para leer, caía una baraja de naipes, porque algunos radicales habían recortado un rectángulo de cada página para que los naipes encajaran. Los cristianos eran tan impopulares que se reunían en secreto y sus notas estaban codificadas… Las dos últimas décadas del siglo XVIII fueron el período más oscuro, espiritualmente y moralmente, en la historia del cristianismo estadounidense.[21]

Pero llegó otro avivamiento. Las primeras indicaciones del Segundo Gran Despertar ocurrieron en la Universidad Hampden-Sydney College en Virginia cuando algunos estudiantes se encerraron en un salón por temor a otros estudiantes y comenzaron a orar por avivamiento. Eso creó casi una revuelta, y el director de la universidad apareció para investigar. Tras invitar a los estudiantes cristianos a su despacho, se unió a ellos en oración, y en un breve período de tiempo más de la mitad del cuerpo estudiantil se había convertido.[22] Este avivamiento se extendió también a otros campus y se convirtió en un precursor de lo que sucedió poco después en la frontera estadounidense.

En 1800, sinceros evangelistas como el reverendo James McGready comenzaron a realizar reuniones bajo cenadores en el sur de Kentucky. Asistieron multitudes en números sin precedente, miles y miles, bloqueando las carreteras y llenando las ubicaciones. Surgió una tremenda convicción de pecado entre las personas que lloraban mientras tenían un encuentro con Dios.

La más famosa entre esas reuniones se produjo en Cane Ridge, Kentucky, en agosto de 1801. A continuación tenemos un relato de un testigo ocular, James B. Finley del condado de Highland, Ohio, que visitó la reunión de avivamiento para ver lo que sucedía:

El ruido era como el estruendo del Niágara. El inmenso mar de seres humanos parecía estar agitado como por una tormenta. Conté siete ministros que predicaban a la vez, algunos sobre montículos, otros sobre vagones... Algunas de las personas cantaban, otras oraban, otras lloraban pidiendo misericordia con los acentos más lastimosos... mientras que otras gritaban a viva voz. Mientras era testigo de aquellas escenas, vino sobre mí una sensación peculiarmente extraña como nunca antes había sentido. Mi corazón latía agitadamente, me temblaban las rodillas y también los labios, y tenía la sensación de que debía caerme al piso. Un extraño poder sobrenatural parecía inundar toda mi masa cerebral... A veces parecía que todos los pecados que había cometido en toda mi vida desfilaban de manera gráfica delante de mi aterrada imaginación, y bajo su terrible presión sentí que iba a morir si no obtenía alivio.[23]

Finley se sintió tan abrumado que se fue para encontrar una taberna cercana donde pudiera calmar los nervios con brandy. Durmió muy mal aquella noche en un granero cercano, y a la mañana siguiente se montó en su caballo para regresar a su casa; pero en el camino se convirtió gloriosamente y más adelante llegó a ser un predicador metodista itinerante.

Entre los resultados del Segundo Gran Despertar, varios merecen una mención especial: de este avivamiento surgió una generación de predicadores itinerantes como Finley, Peter Cartwright y Charles Finney, quienes llevaron el evangelio a cada parte de la nación. Pero el Espíritu Santo tenía en mente un campo más amplio. En 1806 algunos estudiantes en la Universidad Williams se metieron en un pajar para evitar una tormenta, y allí se unieron en oración y se comprometieron a ir a todo el mundo, donde Dios pudiera guiarles. El 19 de febrero de 1812, Adoniram y Ann Judson zarparon de Salem, Massachusetts, como los primeros misioneros al extranjero. Pronto fueron seguidos por otros miles a medida que iglesias estadounidenses comenzaron a enviar misioneros por todo el planeta. El nacimiento del movimiento misionero moderno puede remontarse hasta «la reunión de oración en el pajar» y el Segundo Gran Despertar.

El avivamiento también alentó una indignación recta contra la esclavitud, la cual condujo a su abolición en Estados Unidos, aunque fue necesaria la Guerra Civil para lograrlo.

Una corriente de causas humanitarias discurrió como corrientes de ríos desde el Segundo Gran Despertar, incluidas reformas carcelarias, leyes sobre trabajo infantil, derechos de la mujer y misiones de rescate. Miles de organizaciones se extendieron para avanzar la educación, la templanza, la paz mundial, la observancia del día de reposo y el evangelismo en ultramar. El Segundo Gran Despertar dio nacimiento a la Sociedad Bíblica Americana, el American Sunday School Union, American Board of Commissioners for Foreign Missions, American Tract Society, American Temperance Society, American Baptist Home Missionary Society, y muchas otras organizaciones, sociedades y movimientos que llevaron el evangelio en palabra y obra por todo el mundo.

El Tercer Gran Despertar: décadas de 1850 y 1860

Tras algunos años, la pasión del avivamiento murió, y Estados Unidos volvió a hundirse en el letargo espiritual y la impiedad; pero en 1857 surgió otro avivamiento nacional. Los historiadores le han puesto muchos nombres: el Tercer Gran Despertar, el Despertar de la calle Fulton, el Despertar de los Hombres de Negocios, el Despertar de Oración, y el Despertar de los Laicos.

Entre los catalizadores para este avivamiento estuvo Jeremiah Lanphier, quien anunció que se realizaría una reunión de oración el 23 de septiembre de 1857 en un edificio de una iglesia reformada holandesa en la calle Fulton en la ciudad de Nueva York.[24] No acudió casi nadie a su primera reunión, pero unos meses después había más de cincuenta mil personas cada día que se reunían para orar por toda Nueva York. El avivamiento se extendió de una ciudad a otra, Cleveland, Detroit, Chicago, Cincinnati, y se calcula que entre uno y dos millones de personas encontraron a Cristo como su Salvador.

Una historia de particular interés ocurrió durante ese período. Un piloto del puerto de Nueva York que era cristiano se subió a un barco de carga europeo para guiarlo a puerto. Les habló al capitán y a la tripulación sobre el avivamiento, y un sentimiento de convicción extraño y a la vez poderoso se apoderó de todos los que iban en el barco. Cuando atracaron, la mayoría de la tripulación había entregado sus vidas a Cristo.[25]

En el punto álgido del avivamiento, oficinas y tiendas por toda la nación cerraban para orar a mediodía. Los periódicos difundieron la historia, e incluso empresas de telégrafo apartaron ciertas horas durante las cuales los hombres de negocios podían enviarse telegramas unos a otros con la noticia del avivamiento. Este tercer despertar se convirtió también en la lanzadera de muchos nuevos ministerios, como la Asociación de Jóvenes Hombres Cristianos (YMCA), el Instituto Bíblico Moody, y varias organizaciones juveniles denominacionales.

Incluso cuando la Guerra Civil desgarraba la nación, el Espíritu de Dios seguía obrando. Surgieron importantes avivamientos en los dos ejércitos. Entre cien mil y doscientos mil soldados del ejército de la Unión y aproximadamente ciento cincuenta mil tropas Confederadas se convirtieron a Cristo. A veces, las iglesias realizaban reuniones de predicación y oración las veinticuatro horas del día, y las capillas no podían dar cabida a los soldados que esperaban para entrar. Se produjo un «Gran Despertar» entre las fuerzas de Robert E. Lee en el otoño de 1863 y el invierno de 1864, durante el cual se convirtieron unos siete mil soldados.[26]

Estos avivamientos en medio de la Guerra Civil dieron nacimiento al ministerio de capellanes militares, siendo uno de los primeros un joven agitador llamado Dwight L. Moody. Él y otros distribuyeron millones de tratados, predicaron miles de sermones, y bautizaron a incontables convertidos. Se realizó al menos un servicio de bautismos en una charca expuesta al fuego enemigo, haciendo que varios de los convertidos fueran «heridos mientras se administraba la ordenanza».[27]

De este avivamiento llegó la era góspel de Moody, Ira Sankey y Fanny Crosby y el nacimiento de una nueva fase en nuestra himnología con millones que cantaban populares canciones góspel, cálidas y alentadoras, como «Te loamos, ¡Oh Dios!» y «En Jesucristo se halla la paz».

El Despertar Global: principio de la década de 1900

A pesar de los fuegos de avivamiento entre las tropas y el ministerio de los evangelistas del siglo XIX, la lámpara de la iglesia volvió a apagarse tras la estela de la Guerra Civil. Estados Unidos se vio abrumada por la devastación económica, política y espiritual de la guerra, el asesinato de Abraham Lincoln; y la carga de la Reconstrucción.

Entonces, casi de la nada, surgió uno de los mayores avivamientos en la historia cristiana en la primera década del siglo XX. Es difícil marcar su origen, pero un epicentro importante fue sin duda alguna Gales. La persona a la que más se relaciona con el Despertar Galés es un joven minero del carbón llamado Evan Roberts. La primera chispa de avivamiento se vio cuando Roberts, estudiante de un instituto bíblico, tomó unas vacaciones y regresó a su aldea natal de Loughor para predicar su primer sermón. El sermón presentaba cuatro puntos principales:

1. Confesar a Dios cualquier pecado y eliminar toda ofensa contra otros.
2. Desechar cualquier hábito de duda.

3. Obedecer enseguida al Espíritu Santo.
4. Confesar abiertamente la fe en Cristo.

Tan solo diecisiete personas se presentaron para el sermón de Roberts, pero al final de la semana se habían convertido sesenta personas, y se produjo un avivamiento. A los tres meses, se habían añadido cien mil convertidos a las iglesias en Gales. Por toda la nación cerraron teatros, se vaciaron cárceles, se llenaron iglesias y se cancelaron partidos de fútbol para evitar coincidir con las reuniones de avivamiento. Mineros galeses se convirtieron tan profundamente, que sus potros y burros tuvieron que ser entrenados de nuevo para trabajar sin la incitación de malas palabras.

El 29 de marzo de 1905 Roberts comenzó una serie de reuniones en la capilla de la calle Shaw en Liverpool: fuera de Gales y en Inglaterra, fuera del país y en la ciudad. Miles se agolparon en la iglesia, y llegaban personas de todas partes de Inglaterra, Escocia, Irlanda, el Continente y Estados Unidos. Multitudes se convirtieron o encontraron nuevo gozo en Cristo. Con frecuencia, Roberts ni siquiera predicaba. Solamente verlo a él enviaba raudales de emociones entre las multitudes y, cuando hablaba, su mensaje era tranquilo y sencillo: «Obediencia a Jesús, consagración completa a su servicio, recibir al Espíritu Santo, y permitirnos a nosotros mismos ser gobernados por Él».[28]

Un hombre que experimentó este avivamiento, el reverendo R. B. Jones, dijo que el sentimiento de la presencia de Dios en Gales era generalizado:

No importaba dónde fuera uno, la conciencia de la realidad y la cercanía de Dios le seguían… en las reuniones de avivamiento… en los hogares, en las calles, en las minas y las fábricas, en las escuelas, sí, incluso en los teatros y bares. El extraño resultado fue que dondequiera que se reunieran personas se convertía en lugar de asombro, y los lugares de entretenimiento… estaban prácticamente vacíos».[29]

El avivamiento se extendió por Inglaterra, Escocia y Escandinavia, y por toda Europa. Relatos de la historia del cristianismo en Sudáfrica, India, Corea y China hablan de fuegos de avivamiento que se encendían por todas partes en la segunda mitad de la primera década de 1900. En Indonesia, el número de cristianos se triplicó.[30] Miles acudieron a Cristo en Japón, y en Brasil los bautistas «experimentaron el equivalente a veinticinco años de crecimiento en tres años, desde 1905 hasta 1907».[31]

En Estados Unidos, los metodistas de Filadelfia hablaron de diez mil conversiones en un período de cuatro meses; en Atlantic City fueron salvas tantas personas, que algunos informes solamente podían encontrar a unas cincuenta personas entre una población de sesenta mil que no profesaran la fe en Cristo. Se cree que en Nueva Inglaterra se añadieron más personas a las iglesias en abril de 1905 que en cualquier otro período registrado.[32]

La mitad de los alumnos de la Universidad de Rutgers acudían a estudios bíblicos, y más del 70% de los alumnos en Princeton. En Trinity College en Durham, Carolina del Norte, un tercio de los alumnos proclamaban a Cristo como Señor, y solamente veinticinco alumnos siguieron sin responder. La Universidad Baylor experimentó lo que se denominó «una extraordinaria agitación».[33]

En Asbury College, cuatro estudiantes varones se reunieron en una sala privada para orar, y alrededor de las diez aquella noche, «el Espíritu Santo pareció entrar en la sala». Otros alumnos llegaron corriendo, y pocos durmieron aquella noche. A la mañana siguiente, el avivamiento se extendió por el campus como una oleada, y durante tres días se suspendieron todas las clases, mientras los alumnos ponían sus vidas en paz con Dios.[34]

Un despertar llegó a la Universidad Seattle Pacific College el 19 de diciembre de 1905 que era difícil de describir. Se reunieron estudiantes, y «ola tras ola de bendiciones, una oleada tras otra de gloria divina recorrió toda la congregación... Tan grande era el poder de Dios que los incrédulos eran incapaces de resistirse... La reunión se prolongó con poder e interés hasta mucho después de la medianoche».[35]

Portland, Oregon, tuvo tal visitación del Espíritu que la ocasión se sigue llamando «el Pentecostés de Portland».[36]

En Atlanta, tiendas, fábricas y oficinas, incluso el Tribunal Supremo, cerraban para que las personas pudieran asistir a reuniones de oración. En Louisville, la prensa informó de miles de conversiones, y cincuenta y ocho de las principales empresas de negocios cerraban a mediodía para asistir a reuniones de oración.[37] En Colorado, la Legislatura Estatal suspendió sus procedimientos para que los miembros pudieran asistir a reuniones de oración.[38]

En California, el Despertar de la calle Azusa, que comenzó en 1906, cambió el rostro del cristianismo en Estados Unidos y del mundo al iniciar el movimiento pentecostal.[39]

En un estado tras otro en todos Estados Unidos se difundió el avivamiento como si fuera un incendio, incluso hasta las zonas más remotas. Mi amigo Robert Morgan cuenta de su abuelo, un predicador itinerante en las montañas remotas del este de Tennessee y Carolina del Norte, que informó de cientos de convertidos en los años entre 1905 y 1910. Cuando uno conduce en la actualidad por esas montañas, hay pequeñas iglesias en cada valle y cada camino, y muchas de ellas comenzaron en el avivamiento de 1905.

Aunque el mundo no ha experimentado un avivamiento tan global y transformador de la historia desde esa época (¡nos espera otro!), movimientos ocasionales parecidos a avivamientos sí marcaron los años posteriores del siglo XX. Después de la Segunda Guerra Mundial, se produjo un surgimiento de ministerios cristianos que dieron forma al resto del siglo. Entre ellos estaban Cruzada Estudiantil para Cristo, Juventud para Cristo, evangelistas como Billy Graham, numerosos ministerios de radio y televisión, y universidades y seminarios bíblicos.

El movimiento Jesús: década de 1970

Sin embargo, nuestra nación volvió a caer otra vez en tiempos difíciles, moralmente y espiritualmente. Quienes tienen mi edad nunca podrán olvidar los oscuros días de la década de 1960, cuando parecía que toda una generación de jóvenes «se encendieron, se entonaron y abandonaron», como lo expresó Timothy Leary.[40] El presidente John F. Kennedy fue asesinado en 1963. La Guerra Fría puso a Estados Unidos en contra de la Unión Soviética. El conflicto racial cobró fuerza en el Sur, y en 1968 el doctor Martin Luther King Jr. fue asesinado en Memphis, seguido por la trágica muerte de Bobby Kennedy. Surgieron revueltas en las calles. La Guerra de Vietnam desgarró el tejido de nuestra vida nacional.

Richard Nixon fue elegido presidente. Los estudiantes tomaron campus universitarios, explotaron bombas, personas fueron asesinadas, y fueron atacadas instituciones de todo tipo. Se popularizaron las drogas alucinógenas; cabello largo, faldas cortas, meditación trascendental, misticismo oriental y el yogui Maharishi Mehesh: todas estas fuerzas se estaban tragando a una generación entera. El Watergate envió al caos a nuestra política, y estudiantes batallaban contra la Guardia Nacional en campus universitarios, a veces con resultados trágicos.

La zona cero para la cultura juvenil emergente de esta generación difícil fue el distrito de Haight-Ashbury en San Francisco (al que los *hippies* llamaron «Hashbury»). Allí, jóvenes desilusionados con el cabello largo adoptaron valores contraculturales, acudieron a las drogas, se apartaron de la sociedad y protestaron contra «el sistema».[41]

En el punto álgido del alboroto de Hashbury en 1968, una pareja cristiana abrió una cafetería evangelista llamada The Living Room.

Pronto se abrieron otras cafeterías cristianas por toda la costa oeste. Comenzaron ministerios, almas fueron salvadas, y los vientos del avivamiento recorrieron a miles de *hippies* llevándolos al océano Pacífico para ser bautizados. Este fue el comienzo del Movimiento Jesús.[42]

Inicialmente, muchos cristianos consideraron a «la gente de Jesús» con escepticismo; pero el 1 de enero de 1971 Billy Graham recorrió Pasadena como el gran mariscal del Desfile del Torneo de las Rosas, y una marea de *hippies* recién convertidos lo rodearon, señalando con sus dedos índice al cielo y gritando «un camino». Profundamente conmovido, Graham se comprometió a alentar a aquellos jóvenes que estaban buscando a Cristo por desesperación. Los llamó «la Generación Jesús» y escribió un libro con este título.[43]

Los medios de comunicación también lo observaron. La revista *Look* decía en su edición del 9 febrero de 1971: «Una cruzada... se ha asentado en California, y muestra todas las señales de barrer el este y convertirse en una preocupación nacional. Es un tipo de avivamiento a la vieja usanza, con Biblia y testimonios, y los nuevos evangelistas son los jóvenes». La revista continuaba:

El movimiento Jesús parece estar surgiendo simultáneamente en una miscelánea de lugares, y con frecuencia en los últimos lugares en donde uno pensaría en mirar. Pero quizá, debido a que esto es California, este debería ser el primer lugar donde mirar. En Orange County se convirtió toda una pandilla de motociclistas... Decenas de clubes nocturnos en todo el estado han sido convertidos en cafeterías religiosas, donde los muchachos van para cantar y orar... Se están formando clubes religiosos en los campus de California: Stanford, Berkeley y UCLA. Es un avivamiento, no hay modo de negarlo. Jesús está siendo levantado en California. Él es el último movimiento, el último ritmo al que bailar.[44]

La revista *Time* presentaba en su portada a un Jesús color púrpura, rodeado por un arco iris que tenía escritas las palabras «la Revolución Jesús». La revista describía a Cristo como «un líder destacado de un movimiento de liberación clandestino», que tenía el aspecto de un tipo de «*hippie* típico: cabello largo, barba, túnica y sandalias».[45]

Sin embargo, Él estaba cambiando vidas. Miles de los «fanáticos de Jesús», como a veces los llamaban, llenaban iglesias como Calvary Chapel en Costa Mesa, donde Chuck Smith era pastor. Congregaciones recibían a los convertidos poco convencionales y los alentaban a tocar sus guitarras, disfrutar de sus sonidos folk-rock, y escribir nuevos cantos para el Señor, alimentando así el surgimiento de música de alabanza y adoración. Oleadas de avivamiento se extendieron hasta grupos de jóvenes por todo el mundo. Explo '72, una reunión de seis días en Dallas, atrajo a ochenta mil jóvenes. Avivamientos en campus universitarios sacudieron universidades como Wheaton y Asbury.

Como en cualquier avivamiento o movimiento, había casos de inmadurez. No todos eran sensatos doctrinalmente o moralmente. En la confusión de los tiempos, algunos pastores no sabían qué pensar. Pero la «gente de Jesús» del ayer son los líderes de iglesias del presente. Su pasión por Jesús nunca ha disminuido. Alimentados por el avivamiento de aquellos tiempos, un ejército de obreros cristianos ha trabajado en campos misioneros durante una generación. Muchos han avanzado la causa de Cristo en campus universitarios y en iglesias en todo el mundo. Sus canciones han cambiado el modo de adorar, añadiendo notas nuevas a nuestros himnarios y dándonos una nueva era de música cristiana.[46]

En la actualidad necesitamos otra chispa, otro toque del fuego del cielo. Estados Unidos no puede ser salvado por la política; no van a salvarlo republicanos, demócratas o independientes. Aunque necesitamos líderes nacionales sabios y piadosos, la verdadera respuesta a nuestros problemas no es política sino espiritual. No vamos a ser salvados por nuestros economistas o educadores. La respuesta no se encuentra en ser liberal o conservador, sino en estar comprometido con Jesucristo.

Como dije con respecto al avivamiento de Josías, hay una potente química en la unión de un líder humilde, un libro santo y personas con hambre. El versículo clave del manual de la Biblia sobre el avivamiento es 2 Crónicas 7.14: «Si se humillare mi pueblo, sobre el cual mi nombre es invocado, y oraren, y buscaren mi rostro, y se convirtieren de sus malos caminos; entonces yo oiré desde los cielos, y perdonaré sus pecados, y sanaré su tierra».

En su libro, *The Secret of Christian Joy* [El secreto del gozo cristiano], Vance Havner escribió:

La mayor necesidad de Estados Unidos es un avivamiento a la antigua usanza, nacido del cielo y enviado por Dios. A lo largo de la historia de la iglesia, cuando las nubes han estado más bajas, cuando el pecado ha parecido más negro y la fe ha estado más debilitada, siempre ha habido algunos fieles que no se han vendido al diablo ni se han arrodillado ante Baal, quienes han tenido temor del Señor y han pensado en su Nombre, y no se han olvidado de reunirse. Ellos han buscado al Señor para que reviva su obra en medio de los años, y en medio de los temores y las lágrimas, y en ira, recordar la misericordia. Dios ha respondido siempre tales súplicas, llenando cada corazón con su amor, reavivando cada alma con fuego de lo alto.[47]

UN PLAN DOBLE PARA EL AVIVAMIENTO

No podemos orquestar el avivamiento, pero podemos establecer los cimientos de dos maneras.

Orar por avivamiento personalmente

En primer lugar, redediquemos nuestras propias vidas a orar: «¡Avívanos!». Si quiere, puede expresarlo de esta manera: «Aviva EEUU». Como hemos visto, el avivamiento con frecuencia comienza con un grupo de personas que oran y desarrollan un deseo insaciable de rogar al cielo por un avivamiento. Recordemos la maravillosa oración que el Señor nos dio en Salmos 85.6: «¿No volverás a darnos vida [avivamiento], para que tu pueblo se regocije en ti?».

El escriba del Antiguo Testamento, Esdras, escribió: «Y ahora por un breve momento ha habido misericordia de parte de Jehová nuestro Dios, para hacer que nos quedase un remanente libre, y para darnos un lugar seguro en su santuario, a fin de alumbrar nuestro Dios nuestros ojos y darnos un poco de vida [avivamiento] en nuestra servidumbre» (Esdras 9.8).

¡Oh, cómo necesitamos orar por ese poco de avivamiento! Salmos 80.18 (NVI) dice: «Reavívanos, e invocaremos tu nombre».

Practicar el avivamiento personalmente

En segundo lugar, rededíquese a vivir una vida de santidad personal y avivamiento perpetuo. Usted y yo no tenemos que esperar a que haya un avivamiento global nacional; podemos permitir que comience con nosotros viviendo en estado de avivamiento continuado y personal. A esto se refería el apóstol Pablo cuando dijo las siguientes palabras:

Sed llenos del Espíritu, hablando entre vosotros con salmos, con himnos y cánticos espirituales, cantando y alabando al Señor en vuestros corazones; dando siempre gracias por todo al Dios y Padre, en el nombre de nuestro Señor Jesucristo. Someteos unos a otros en el temor de Dios. (Efesios 5.18–21)

Aunque es importante orar «¡Avívanos!», es igualmente vital orar «¡Avívame!». Oremos como lo hacía este himno del ayer: «Que el

Espíritu Santo venga y tome el control, y envíe un gran avivamiento a mi alma».[48] Esa es la oración recurrente que se encuentra en el capítulo más largo de la Biblia: el Salmo 119. Veamos cómo rogaba el autor a Dios un avivamiento personal:

> Vivifícame según tu palabra. (v. 25)
>
> Avívame en tu camino. (v. 37)
>
> Vivifícame en tu justicia. (v. 40)
>
> Vivifícame conforme a tu misericordia. (v. 88)
>
> Vivifícame, oh Jehová, conforme a tu palabra. (v. 107)
>
> Vivifícame conforme a tu juicio. (v. 149)
>
> Vivifícame con tu palabra. (v. 154)
>
> Vivifícame conforme a tus juicios. (v. 156)
>
> Vivifícame conforme a tu misericordia. (v. 159)

Si hemos de cambiar el mundo, primero debemos dejar que el Señor nos cambie; y después transmitir a otros la llama que Él inició en nuestros corazones. Él desea darle gozo perpetuo, esperanza eterna y una vida capacitada. En medio de una cultura oscurecida, podemos confesar y alejarnos del pecado, y permitir que las llamas del avivamiento del Espíritu Santo ardan en nuestro interior como si fuera un horno divino.

¿Ha perdido el fervor de su amor por Él? ¿Ha apagado el pecado su celo espiritual y ha obstaculizado su testimonio? ¿Se ha colado el mundo en su alma y sus hábitos? ¿Qué cambios tienen que producirse en su vida para abrir su corazón a ser lleno del Espíritu Santo, caminar en el Espíritu, obrar en el poder del Espíritu? Haga todo lo necesario para apartar el pecado, poner a Cristo en primer lugar y convertirse en madera ardiente para Él. Jesús vino para encender el mundo, y solo es necesaria una chispa para hacerlo. Deje que comience con usted. Que comience hoy.

¿No volverás a darnos vida [avivamiento], para que tu pueblo se regocije en ti?

¿ES ESTE EL FIN DEL MUNDO?

CAPÍTULO 6

EL AISLAMIENTO DE ISRAEL

El 13 de octubre de 2015, Richard Lakin salió de la consulta de un médico después de un examen rutinario y decidió tomar el autobús hasta su casa en lugar de caminar. Había mucha tensión en las calles de Jerusalén debido a recientes oleadas de terrorismo palestino. Él pensó que el autobús ofrecería mayor seguridad.

Dos hombres árabes iban sentados en los asientos cercanos al frente del autobús, observando a los pasajeros mientras entraban. Cuando todos hubieron subido, se cerraron las puertas y los dos se levantaron repentinamente sacando cuchillos y gritando: «¡Allahu Akbar». Antes de que nadie pudiera reaccionar, fueron por el pasillo apuñalando a pasajeros, matando a dos de ellos e hiriendo a otros dieciséis. Lakin fue una de sus víctimas.

Cuando salió en la televisión la noticia del ataque, Karen Lakin y su hijo comenzaron a marcar frenéticamente el número telefónico de Richard Lakin. Finalmente, una enfermera respondió y les dijo que fueran al hospital lo antes posible.

El equipo quirúrgico luchó valientemente por salvar la vida de Lakin, pero sus múltiples heridas eran demasiado graves. Murió en el hospital dos semanas después. Lakin no era un enemigo de los palestinos; de hecho, era un maestro de inglés muy respetado de niños israelíes y árabes.[1] Resultó muerto al azar simplemente porque era israelí.[2]

La mayoría de personas en Israel conocen a alguien que fue una víctima del terrorismo palestino. Un israelí escribió recientemente en un blog: «Por todas partes en Israel podemos sentir la tensión del terror, mediante cohetes, piedras, revueltas o cócteles Molotov… Hoy día los palestinos se las arreglan para disparar cohetes casi tan lejos como Haifa, que está a unos 165 kilómetros al norte de Gaza».[3] En algunas zonas de Israel, reunir a la familia para ir a un refugio contra bombas es casi una experiencia rutinaria.

Los israelíes viven diariamente con este tipo de terror colgando sobre sus cabezas. «Aunque muchos palestinos desean genuinamente poner fin a las hostilidades, el "nacionalismo palestino" continúa basándose en un asunto solamente: la muerte de Israel. Desde el principio de la Segunda Intifada en el año 2000, los palestinos han apoyado la matanza de más de cien niños israelíes; han asesinado a adolescentes que estudiaban en sus escuelas, a civiles en sus autobuses y cafeterías, y han intentado asesinar a niños en guarderías y centros de cuidado infantil».[4] Los líderes palestinos pagan salarios a terroristas y sus familias para que maten a israelíes, financiados en parte por el régimen de Irán, que aborrece a Israel, y que ahora tiene muchos fondos después de que su tratado armamentístico con la administración Obama le diera unos beneficios imprevistos de cien mil millones de dólares.

El autor Ramon Bennett cree que el conflicto árabe-israelí puede resumirse en una sola palabra: *Islam*: «La llegada del recreado Estado de Israel en 1948 creó el reto supremo para el mundo islámico… Un Israel recreado demuestra que la Biblia es veraz y que la enseñanza del Corán es falsa. Un Israel recreado no solo clava una espada en el corazón de la creencia islámica, ¡sino que también añade insulto a su herida siendo recreado en el centro mismo del corazón islámico!».[5]

La Israel moderna está rodeada por todas partes por enemigos que no reconocen su derecho a existir y han jurado abiertamente aniquilarla. Esas naciones ocupan una masa de tierra de más de ocho millones de kilómetros. La diminuta Israel ocupa una masa de tierra de casi 14.800 kilómetros. En su libro, *Fast Facts on the Middle East Conflict* [Hechos rápidos sobre el conflicto en el Medio Oriente] el doctor Randall Price proporciona un mapa que ilustra de modo gráfico la situación vulnerable con la que los ciudadanos de Israel se despiertan cada mañana. Con su permiso, he incluido este mapa aquí

EL AISLAMIENTO DE ISRAEL

Tomado de: FAST FACTS® SOBRE EL CONFLICTO DE MEDIO ORIENTE. © 2003 por Randall Price. Publicado por Harvest House Publishers, Eugene, Oregon 97402. www.harvesthousepublishers.com. Usado con permiso.

La Israel moderna ha sido forzada a mantener un estado de guerra continuo a lo largo de sus sesenta y ocho años de existencia. El problema parece ser que muy pocos en Occidente admitirán que Israel está en una lucha por su supervivencia. El subtítulo de un artículo del editor jefe de WORLD News Group, Marvin Olasky, resume sucintamente el dilema de la nación: «Criticado si lo hace, muerto si no lo hace». Cuando los israelitas toman las medidas difíciles pero necesarias para defenderse, son criticados por la censura mundial. Si no toman esas medidas, quedan vulnerables a sus vecinos hostiles. En ese artículo, Olasky presenta esta explicación de la situación imposible en la cual se encuentran los israelíes en la actualidad:

> Los seis millones de asesinatos del Holocausto condujeron a la creación del Estado israelí en 1948 y a la disposición de los judíos a luchar por él contra todo pronóstico... Los endurecidos hombres y mujeres que fundaron el Estado de Israel y pelearon para defenderlo en las décadas de 1950, 1960 y 1970 llegaron a ser conocidos por decir «Nunca más». Nunca más se lo pondrían fácil a los asesinos en masa. Nunca más serían aplastados sin presentar lucha. Durante varias décadas, estadounidenses y europeos que no eran judíos entendieron esa decisión... Pero después creció una generación que no conocía a Adolf [Hitler]. Quienes no tenían una conciencia visceral del trasfondo no consideraron a los israelíes víctimas que intentan sobrevivir, sino señores que actúan injustamente con los pobres palestinos. Manipuladores aprovecharon la oportunidad para reformular el viejo antisemitismo como compasión por una población oprimida del tercer mundo.[6]

Sam Harris, un estridente ateo, es un héroe para muchos en la izquierda, razón por la cual su defensa de Israel debería impactar a quienes ven a los israelíes como villanos y a los palestinos como víctimas. Él escribió:

> La verdad es que existe una diferencia moral obvia, innegable y de muchas consecuencias entre Israel y sus enemigos. Los israelíes están rodeados de pueblos que tienen intenciones genocidas explícitas hacia ellos. El discurso en el mundo musulmán sobre los judíos es profundamente asombroso. No solo existe una negación

del Holocausto; existe una negación del Holocausto que después asevera que lo haríamos de veras si se nos diera la oportunidad… Hay programas para niños en los territorios palestinos y en otros lugares que enseñan a niños de cinco años sobre las glorias del martirio y sobre la necesidad de matar a judíos.[7]

Opresión y oposición a los judíos no es nada nuevo en la historia del mundo. Mientras se iban desarrollando en una nación, fueron esclavos en Egipto durante cuatrocientos años. Después de conquistar su tierra natal prometida, la gente de la joven nación era continuamente atacada por tribus hostiles. Cuando los días de gloria del Reino Unido terminaron, los judíos fueron asediados por guerras con países vecinos. En el año 722 A.C., los asirios conquistaron el norte de Israel y deportaron a su gente. En el 586 A.C., Babilonia conquistó el sur de Israel y exilió a sus ciudadanos. Los judíos regresaron a su tierra natal setenta años después, pero los romanos finalmente los aplastaron en el año 70 A.D. y fueron dispersados a los cuatro vientos, dejándolos sin país durante 1.878 años.

Incluso en los países de su exilio, los judíos fueron oprimidos, se les negaron derechos, fueron aislados en guetos y perseguidos de modo implacable. La peor de esas persecuciones llegó en la década de 1930 y a principios de la década de 1940 cuando el loco déspota Adolf Hitler exterminó a unos seis millones de judíos.[8]

Considerando todo lo que han soportado los judíos, no hay ninguna explicación humana para su continuada existencia. Ningún otro pueblo en el mundo ha sido expulsado de su tierra natal, ha mantenido su identidad durante más de dieciocho siglos de exilio, y después ha resurgido como una nación intacta.

La Biblia deja claro por qué los judíos han soportado a pesar de esos siglos de dificultad. Son el pueblo especial de Dios, escogido para un propósito concreto. El profeta Ezequiel respondió la pregunta natural: si los judíos son el pueblo especial de Dios, ¿por qué han soportado tanta dificultad?

> Por tanto, di a la casa de Israel: Así ha dicho Jehová el Señor: No lo hago por vosotros, oh casa de Israel, sino por causa de mi santo nombre, el cual profanasteis vosotros entre las naciones adonde habéis llegado. Y santificaré mi grande nombre, profanado entre las naciones, el cual profanasteis vosotros en medio de ellas; y sabrán las naciones que yo soy Jehová, dice Jehová el Señor, cuando sea santificado en vosotros delante de sus ojos. (Ezequiel 36.22–23)

De acuerdo con Ezequiel, el profeta Isaías sugirió que muchas de las dificultades de Israel han sido la disciplina de Dios por los fracasos de la nación. Al haber hecho de los judíos su pueblo especial, Él requería mucho de ellos; por lo tanto, recibieron doble castigo por sus transgresiones: «Hablen con cariño a Jerusalén, y anúncienle que ya ha cumplido su tiempo de servicio, que ya ha pagado por su iniquidad, que ya ha recibido de la mano del Señor el doble por todos sus pecados» (Isaías 40.2, NVI).

Sin embargo, debido a que Dios tiene un propósito eterno para Israel, Él ha protegido la nación a lo largo de esos siglos de opresión, y como nos dice este versículo, un día sus pecados serán perdonados y su guerra llegará a su fin. La paz vendrá a Israel en el futuro; mientras tanto sigue sufriendo.

En el clásico musical *El violinista en el tejado*, el pobre lechero judío Tevye está abrumado por la pobreza a la vez que intenta mantener tradiciones de mucho tiempo y lidiar con la opresión por parte de los rusos antisemitas. En cierto momento, clama a Dios: «Lo sé, lo sé, somos tu pueblo escogido; pero de vez en cuando, ¿no puedes escoger a otro?».

Aunque el pobre Tevye era consciente de ser una de las personas escogidas de Dios, no es probable que entendiera por qué Dios escogió a los judíos. Cuando yo estudié por primera vez la profecía, recuerdo leer una pequeña broma sobre Israel. Decía lo siguiente:

Qué extraño de Dios,
Escoger a los judíos.

De entre todas las naciones del mundo, ¿por qué escogió Dios a Israel? En el libro de Deuteronomio, Moisés explicó por qué:

Porque tú eres pueblo santo para Jehová tu Dios; Jehová tu Dios te ha escogido para serle un pueblo especial, más que todos los pueblos que están sobre la tierra. No por ser vosotros más que todos los pueblos os ha querido Jehová y os ha escogido, pues vosotros erais el más insignificante de todos los pueblos; sino por cuanto Jehová os amó, y quiso guardar el juramento que juró a vuestros padres» (Deuteronomio 7.6–8).

Los israelitas se convirtieron en el pueblo escogido de Dios por dos razones: (1) debido a una promesa que Dios hizo a Abraham y (2) debido al fiel amor de Dios para cumplir sus promesas. Observemos que estas dos razones no tienen nada que ver con los méritos de Israel y todo que ver con el amor de Dios.

Cuando Abraham vivía con su familia en la ciudad mesopotámica de Harán, Dios hizo con él este pacto:

Vete de tu tierra y de tu parentela, y de la casa de tu padre, a la tierra que te mostraré. Y haré de ti una nación grande, y te bendeciré, y engrandeceré tu nombre, y serás bendición. Bendeciré a los que te bendijeren, y a los que te maldijeren maldeciré; y serán benditas en ti todas las familias de la tierra. (Génesis 12.1–3)

Aquí, en el primer libro de la Biblia, nos encontramos con uno de los pasajes más importantes en todas las Escrituras. Revela el pacto de Dios con Abraham, lo cual explica el propósito supremo de la nación de Israel y la sitúa en el centro del mundo geopolítico de nuestro tiempo. Estos tres versículos revelan la misión y el futuro de la nación escogida de Dios.

El pacto abrahámico está lleno de varias promesas de largo alcance que resuenan a lo largo de las épocas pasadas y llegan hasta los tiempos que vendrán. Estudiar esas promesas nos ayudará mucho para entender la presente inquietud que reina en el Medio Oriente, el futuro de la nación israelí, y cómo será afectado el destino de las naciones actuales por su postura hacia el pueblo escogido de Dios.

Cuando abrimos este documento histórico, descubrimos siete características importantes. El pacto abrahámico es...

UN PACTO INCONDICIONAL

Siete veces en Génesis 12.1–3 Dios declaró con términos enfáticos lo que Él haría por Abraham. No había ninguna ambigüedad: era todo «Yo haré... Yo haré... Haré... Haré». El pacto de Dios con Abraham era incondicional, y Él lo ratificó en una ceremonia especial que se escribe en Génesis 15. En *The Jeremiah Study Bible* [Biblia de estudio Jeremiah] explico el significado de esta ceremonia:

> Para establecer y confirmar un pacto en tiempos de Abram, por lo general las dos partes caminaban entre los pedazos de los animales sacrificados, diciendo, en efecto: «Que lo que les ha sucedido a estas criaturas me suceda a mí si rompo el pacto». La expresión hebrea «cortar un pacto» tiene relación con el acto de cortar en dos los animales sacrificiales (Génesis 15.18).

Debido a que este era un pacto soberano de Dios con Abram, y no un acuerdo entre iguales, símbolos de Dios (un horno humeando y una antorcha ardiente) pasaron entre esos pedazos; Abram no pasó. El Señor hizo el pacto sin ninguna condición, independientemente de Abram, y Él lo cumpliría en su tiempo.[9]

Paul Wilkinson observa que solamente Dios firmó y selló el pacto, porque solo Él «pasaba por entre los animales divididos» (Génesis 15.12–21). La conclusión que sacamos de la antigua costumbre del Medio Oriente es que al hacerlo así, Dios invocó una maldición sobre sí mismo si alguna vez quebrantaba su promesa».[10]

No se hizo ninguna provisión para que este pacto fuera revocado, y no estaba sujeto a enmiendas o la anulación.

UN PACTO PERSONAL

Notemos que en el pacto con Abraham, Dios prometió bendiciones extravagantes no solo a los descendientes de Abraham sino también a Abraham mismo: «Te bendeciré, y engrandeceré tu nombre» (12.2).

En Génesis 12.1–3, Dios se dirigió a Abraham usando los pronombres personales *ti* y *tu* muchas veces. Las promesas son en última instancia eternas y de largo alcance, pero fueron hechas antes que nada a Abraham personalmente; y cada una ha sido cumplida.

Dios dirigió a Abraham a viajar a la tierra que prometió a sus descendientes, y Abraham fue bendecido abundantemente mientras vivió en esa tierra. Descubrió que era, como Moisés escribió más adelante, una tierra rica «que fluye leche y miel» (Éxodo 3.8, 17; 13.5; 33.3). Sus rebaños y su ganado aumentaron de modo exponencial, y se convirtió en un hombre muy rico que tenía bajo su mando a 318 sirvientes entrenados (Génesis 14.14). Sí, esta tierra sería la posesión eterna de sus descendientes, pero también fue el hogar personal de Abraham durante el resto de su vida (25.7–8).

La promesa de Dios de engrandecer el nombre de Abraham también se ha cumplido abundantemente. En la actualidad, cuatro mil años después de su vida, Abraham sigue inspirando devoción por parte de los seguidores del judaísmo, el cristianismo y el islam.

Incluso en su propia vida, el nombre de Abraham se hizo famoso. Era conocido por toda la tierra como un líder rico y poderoso que inspiraba mucho respeto y temor (Génesis 14).

UN PACTO NACIONAL

En el segundo versículo del pacto de Dios con Abraham (12.2), Él dijo: «Haré de ti una nación grande». La grandeza suprema de la nación de Israel está a la espera del Milenio, pero según todos los estándares comunes de evaluación, Israel es una gran nación en la actualidad. El profesor Amnon Rubinstein nos da un resumen impresionante de los logros nacionales de Israel:

> Insignificante en tamaño, no mucho mayor que una lonja de la costa mediterránea, ha soportado continuas arremetidas árabes, guerras, boicots y terrorismo; se ha convertido a sí mismo de un país pobre y rural en un centro neurálgico industrial y posindustrial… Ha reducido las brechas social, educativa y de salud… entre árabes y judíos. Algunos de sus logros no tienen precedente: los árabes israelíes tienen una esperanza de vida más elevada que los europeos de raza blanca.
>
> Dentro de Israel funciona una democracia adecuada incluso en momentos de gran emergencia nacional… ha mantenido la libertad de prensa en tiempos de guerra; destaca como una isla singular

democrática del Primer Mundo en un mar árabe musulmán de pobreza y atraso.[11]

UN PACTO TERRITORIAL

El pacto abrahámico incluía la promesa de Dios de darle a Abraham «una tierra» (12.1). Abraham dejó su casa en Harán y siguió la dirección de Dios hasta la zona más oriental del mar Mediterráneo. En aquel tiempo la tierra se llamaba Canaán. Cuando Abraham se estableció en esa nueva tierra, leemos que el Señor hizo un pacto con él, diciendo: «A tu descendencia daré esta tierra, desde el río de Egipto hasta el río grande, el río Eufrates» (15.18).

Dios no solo prometió a Abraham la tierra, sino que también se la prometió al hijo de Abraham, Isaac (26.2–5); al hijo de Isaac, Jacob (28.13; 35.12); y a los doce hijos de Jacob y sus descendientes (Éxodo 33.1–3).

La tierra prometida a Abraham y sus descendientes fue descrita en términos definidos y con claros límites geográficos. Ocupa toda la tierra desde el mar Mediterráneo como límite occidental hasta el río Éufrates como límite oriental. El profeta Ezequiel fijó el límite al norte en Hamat, a 160 kilómetros al norte de Damasco (Ezequiel 48.1), y el límite al sur en Cades, a 160 kilómetros al sur de Jerusalén (v. 28). Si los israelitas estuvieran ocupando actualmente toda la tierra que Dios les dio, controlarían todos los lugares de Israel en la actualidad, Líbano y Cisjordania, además de grandes zonas de Siria, Irak y Arabia Saudita.

Lo extraño es que Israel nunca, en su larga historia, se ha acercado ni siquiera a ocupar tanto terreno, ni siquiera en el punto álgido de su gloria bajo David y Salomón. Este hecho ha causado que muchos eruditos bíblicos espiritualicen el significado del término *tierra* y lo equiparen al cielo. Otros afirman que estas promesas eran condicionales y fueron perdidas por la desobediencia de Israel. Como refutación de estas interpretaciones, el doctor John F. Walvoord escribió:

> El término *tierra*... utilizado en la Biblia, significa exactamente lo que dice. No habla sobre el cielo; habla sobre una zona de terreno en el Medio Oriente. Después de todo, si lo único que Dios le estuviera prometiendo a Abraham fuera el cielo, él podría haberse quedado en Ur de los caldeos. ¿Por qué hacer el largo viaje? ¿Por qué ser un peregrino y un nómada? No, Dios quería decir *tierra*.[12]

Cualquier lectura normal de las Escrituras reconoce Canaán como un lugar real, una zona de terreno, una expansión que pertenecerá a los descendientes de Abraham para siempre.

La tierra de Israel ha sido descrita como «"la extensión más importante de bienes raíces en la tierra"... "la plataforma geográfica sobre la cual está organizada la historia de la Biblia"... "el centro de los tratos divinos con las naciones", "el ombligo espiritual del mundo"... "la zona cero de los últimos tiempos"... "la única ciudad en la tierra que no es apta para negociaciones con nadie en ningún momento ni por ningún motivo"».[13]

El hecho de que Israel haya sido despojada de la tierra en tres periodos de su historia no es un argumento contra su posesión definitiva. Ocupación no es lo mismo que posesión. Tras cada desposesión Dios ha llevado otra vez a Israel a su tierra originalmente prometida. Independientemente de cuántas veces la nación pierde su fe y autodestruye, Dios ha cumplido consistentemente su promesa a Abraham; y eso nos da una seguridad absoluta de que la cumplirá en el futuro.

Los escritos de los profetas del Antiguo Testamento, tanto mayores como menores, están llenos de promesas de que Israel regresará a esta tierra que Dios prometió a Abraham. A continuación tenemos una muestra de estas profecías. (En cada caso, se ha añadido el énfasis a la palabra *tierra*).

He aquí que yo los reuniré de todas las tierras a las cuales los eché con mi furor, y con mi enojo e indignación grande; y los haré volver a este lugar, y los haré habitar seguramente... Y me alegraré con ellos haciéndoles bien, y los plantaré en esta *tierra* en verdad, de todo mi corazón y de toda mi alma. (Jeremías 32.37, 41)

Así ha dicho Jehová el Señor: Yo os recogeré de los pueblos, y os congregaré de las tierras en las cuales estáis esparcidos, y os daré la *tierra* de Israel. (Ezequiel 11.17)

Y sabréis que yo soy Jehová, cuando os haya traído a la tierra de Israel, la *tierra* por la cual alcé mi mano jurando que la daría a vuestros padres. (20.42)

«Y yo las sacaré de los pueblos, y las juntaré de las tierras; las traeré a su propia *tierra*, y las apacentaré en los montes de Israel, por las riberas, y en todos los lugares habitados del país». (34.13)

Así ha dicho Jehová el Señor: He aquí, yo tomo a los hijos de Israel de entre las naciones a las cuales fueron, y los recogeré de todas partes, y los traeré a su *tierra*... Habitarán en la *tierra* que di a mi siervo Jacob, en la cual habitaron vuestros padres; en ella habitarán ellos, sus hijos y los hijos de sus hijos para siempre. (37.21, 25)

Y sabrán que yo soy Jehová su Dios, cuando después de haberlos llevado al cautiverio entre las naciones, los reúna sobre su *tierra*, sin dejar allí a ninguno de ellos. (39.28)

Y traeré del cautiverio a mi pueblo Israel, y edificarán ellos las ciudades asoladas, y las habitarán; plantarán viñas, y beberán el vino de ellas, y harán huertos, y comerán el fruto de ellos. Pues los plantaré sobre su *tierra*, y nunca más serán arrancados de su *tierra* que yo les di, ha dicho Jehová Dios tuyo. (Amós 9.14–15)

¿Qué significa tomar estas profecías en sentido literal? Volvamos a leer la última frase en la profecía de Amós: «Y nunca más serán arrancados de su tierra que yo les di». Esto no podría aplicarse a ninguna de las reposesiones judías de su tierra en la historia antigua. No podría aplicarse a la reposesión de Josué de la tierra después de que los cananeos se hubieran establecido en ella después de la migración de Jacob a Egipto, porque los judíos fueron «arrancados de la tierra» en las conquistas asiria y babilonia. Y debemos recordar que todas las muchas profecías de la restauración de Israel fueron hechas mucho después de que Josué y su generación se hubieran ido. Tampoco se aplica la restauración al regreso de los judíos a su tierra natal después de la cautividad en Babilonia, porque tras aquel regreso en particular fueron otra vez «arrancados de la tierra» y dispersados por los romanos en el año 70 A.D.

Desde la época en que los romanos los despojaron, los judíos que estaban dispersos no tuvieron ninguna tierra natal hasta que fue establecido el moderno Estado de Israel en 1948. Incluso entonces, las Naciones Unidas dividieron una larga zona de lo que había sido la antigua Israel, Judea y Samaria, ahora llamado Cisjordania, y se la entregaron a los palestinos islámicos en la zona. En la famosa Guerra de los Seis Días en 1967, Israel recuperó el territorio de Cisjordania.

Aunque el resultado de esa guerra hizo maravillas para la moral de Israel y su prestigio internacional, también creó la controversia que ha conducido al aislamiento cada vez mayor de Israel. Esta tierra pertenece legítimamente a los israelíes según cualquier estándar de justicia. Ellos la ganaron mientras se defendían contra ataques hostiles, y están decididos a mantenerla para mejorar su defensa contra el terrorismo que ha salido a raudales de esa zona. Pero más importante, este terreno disputado pertenece legítimamente a Israel mediante el pacto histórico de Dios con Abraham.

Cada uno de los profetas del Antiguo Testamento, con excepción de Malaquías, repitió la promesa de la tierra, un hecho que, como observó el doctor Walvoord, hace que sea aún más asombroso que el derecho de Israel a poseer la tierra no sea más ampliamente reconocido:

> Solamente mediante la espiritualización indiscriminada de todos los términos y las promesas relacionadas con la tierra pueden anularse estas profecías. El hecho de que sean afirmadas y reafirmadas tantas veces en períodos tan distintos de la historia de Israel, incluso en tiempos de apostasía y de alejamiento de Dios como en los tiempos de Jeremías y Ezequiel, y por muchos de los profetas menores, deja claro que Dios quiso que fueran tomadas de manera literal.[14]

Actualmente, la cláusula de la tierra en el pacto abrahámico es totalmente ignorada por parte de nuestro mundo secularizado. Aliados y enemigos por igual instan con fuerza a Israel a ceder la parte de Cisjordania de su tierra ordenada por Dios en el interés de «la paz» en el Medio Oriente. El debate de entregarla a un estado palestino está en las noticias casi todos los días. Esta agitación por el derecho de Israel a poseer su tierra no cesará hasta el final, porque como observamos anteriormente, la provisión de tierra del pacto abrahámico está en el centro del odio que tienen las naciones del Medio Oriente hacia Israel en la actualidad.

Pero pasar por alto el cuidado y la protección de Dios hacia Israel nos sitúa en una posición muy peligrosa. La tierra de Israel es tan importante para Dios que, según Deuteronomio 11.12, es «tierra de la cual Jehová tu Dios cuida; siempre están sobre ella los ojos de Jehová tu Dios, desde el principio del año hasta el fin».

Si se pregunta por qué mi exposición de la cláusula de la tierra del pacto abrahámico está tan desproporcionada con respecto al trato que hago del resto del pacto, ahora hemos llegado al punto donde puedo explicarlo. He escrito sobre la importancia de la tierra de Israel en otros libros anteriores, pero hasta que estudié todos los pasajes donde se menciona esa cláusula de la tierra, no entendí con cuánto cuidado el Espíritu de Dios ha protegido la verdad que estamos a punto de revelar.

El significado de la emergencia moderna de Israel como nación en su tierra natal antigua es que eso tuvo que ocurrir a fin de preparar el escenario para el cumplimiento final de las profecías bíblicas acerca del futuro. Sin la existencia de la nación de Israel, no podríamos decir con certeza que estamos en los últimos tiempos. El regreso en 1948 de los judíos a su tierra natal es la señal más destacada de que estamos viviendo en los momentos finales antes de la venida de Jesús.

La restauración de Israel a su tierra se ha descrito como «el reloj de tiempo de Dios», «el barómetro de Dios», «el reloj profético de Dios», «el barril de pólvora para el conflicto mundial final», «la piedra de toque de la política mundial», y «la evidencia de que Dios es el Dios de la historia».[15]

UN PACTO RECÍPROCO

Dios también prometió protección para la nación que descendería de Abraham: «Bendeciré a los que te bendijeren, y a los que te maldijeren maldeciré» (Génesis 12.3).

Líderes y naciones que se alíen con Israel para preservarla, protegerla y defenderla serán igualmente preservados, protegidos y defendidos. Por otra parte, quienes se interpongan en el camino del bienestar de Israel se encontrarán situados en contra de Dios, lo cual significa que no permanecerán mucho tiempo.

El profeta Zacarías reiteró la advertencia en este pacto varias veces en su profecía. Declaró que Dios saquearía las naciones que saquearon a Israel: «La nación que toca a mi pueblo [Israel], me toca la niña de los ojos» (Zacarías 2.8, NVI). Poco después Zacarías enumeró varios pueblos que caerían bajo el juicio de Dios por haber levantado la mano contra su nación escogida: Hadrac, Damasco, Hamat, Tiro, Sidón, Ascalón, Gaza, Ecrón, y Asdod (9.1–7). Entonces, en el siguiente versículo, registró la advertencia de Dios contra quienes hicieran daño a Israel en el futuro: «Montaré guardia junto a mi casa para que nadie entre ni salga. ¡Nunca más un opresor invadirá a mi pueblo, porque ahora me mantengo vigilante!» (v. 8, NBD). Finalmente, en el capítulo 12 de su profecía, Zacarías dijo: «He aquí yo pongo a Jerusalén por copa que hará temblar a todos los pueblos de alrededor contra Judá, en el sitio contra Jerusalén. Y en aquel día yo pondré a Jerusalén por piedra pesada a todos los pueblos; todos los que se la cargaren serán despedazados, bien que todas las naciones de la tierra se juntarán contra ella» (vv. 2–3).

La historia relata la trágica historia de lo que les ha sucedido a naciones y líderes que se atrevieron a oprimir a Israel. Egipto, la primera nación en esclavizar a Israel, fue puesta de rodillas mediante diez plagas devastadoras (Éxodo 7–11). Los amorreos, que se resistieron a que Israel marchara hacia su tierra prometida, sufrieron una gran derrota (Números 21.21–30).

Uno de los ejemplos más notables de la venganza de Dios contra un enemigo de Israel fue la aniquilación de los madianitas, que se aliaron con Moab para intentar detener a Israel. Tras su fracaso en querer sobornar al profeta Balaam para que pronunciara una maldición sobre Israel, acudieron al plan B de Balaam. Utilizaron a mujeres madianitas para seducir a los hombres de Israel a la inmoralidad y la idolatría. Moisés preparó a Israel para hacer guerra «para pelear la guerra de venganza del SEÑOR contra Madián» (31.3, NTV). La batalla fue rápida y decisiva. Cuando se disipó el polvo, los cinco reyes madianitas habían resultado muertos, junto con todos los varones y mujeres casadas madianitas. Todas las ciudades madianitas fueron quemadas y reducidas a polvo, y los israelitas tomaron como botín inmensas cantidades de oro, plata, bronce, estaño, plomo y madera, junto con 808.000 cabezas de ganado, ovejas y burros (Números 31; Apocalipsis 2.14).

Babilonia, el imperio que destruyó Jerusalén y el templo y deportó a los judíos de su tierra natal, sufrió una gran derrota setenta años después por los persas. Uno de los peores perseguidores de los judíos en la historia, el gobernador griego-seleúcida Antíoco IV, sufrió una muerte horrible poco después de escuchar que su ejército había sido derrotado en la rebelión judía macabea. Respirando odio contra los judíos, se apresuró a ir a Israel para aplacar la rebelión, pero de camino fue repentinamente afligido por dolorosos trastornos intestinales tan graves que se cayó de su carro. Gusanos internos comenzaron a carcomer su cuerpo, se le despegaba la carne, y despedía un mal olor tan fuerte que sus hombres no podían permanecer en su presencia. Días después murió en una horrible agonía.[16]

En tiempos modernos, Rusia encerró a judíos en guetos y los acosó con pogromos bajo el gobierno de los zares, quienes posteriormente fueron derrocados en la rebelión comunista de 1917. Les fue incluso peor bajo el comunismo. Se les prohibió practicar sus ritos religiosos, y muchos fueron arrestados, deportados o ejecutados. El comunismo se desintegró en 1989. La Alemania de Hitler, que destruyó a unos seis millones de judíos, fue aplastada en la Segunda Guerra Mundial.

Antes mencioné la Guerra de los Seis Días de Israel en 1967. Hasta la fecha permanece como el ejemplo moderno más espectacular del castigo de Dios sobre aquellos que maldicen a Israel. Aunque Israel se convirtió en una nación independiente en 1948, los estados palestinos islámicos que la rodean nunca reconocieron su estado y juraron su exterminio. En 1967, la República Árabe Unida, (UAR por sus siglas en inglés) aliada con Jordania, Siria y guerrillas palestinas, se combinaron para atacar a Israel desde el norte, el sur y el este. Israel se vio superada sin esperanza. Los ejércitos árabes estaban formados por más de 500.000 hombres, e Israel tenía solamente 75.000. Los árabes desplegaron 5.000 tanques y 900 aviones de combate, mientras que el total israelí era solamente de 1.000 tanques y 175 aviones. Sin embargo, cuando el humo se disipó seis días después, la UAR había perdido casi toda su fuerza aérea, unas 20.000 vidas, e Israel se había apoderado de bastantes territorios controlados por los árabes, incluidos la península del Sinaí, los Altos del Golán, la Franja de Gaza y Cisjordania.[17]

A continuación leemos cómo resume la guerra la *Enciclopedia Británica*: «Las pérdidas de los países árabes en el conflicto fueron desastrosas. Las bajas de Egipto superaron las 11.000, con 6.000 para Jordania y 1.000 para Siria, comparado con solamente 700 para Israel. Los ejércitos árabes también sufrieron graves pérdidas de armamento y equipos. Lo desequilibrado de la derrota desmoralizó al público árabe y también a la élite política».[18]

En un potente discurso a la Asamblea General de las Naciones Unidas el día 1 de octubre de 2015, el primer ministro israelí Benjamin Netanyahu resumió la larga lucha de Israel por la existencia, describió la preservación milagrosa del pueblo judío, y detalló el castigo que cayó sobre quienes se opusieron a ellos:

En cada generación, hubo quienes se levantaron para destruir a nuestro pueblo. En la antigüedad nos enfrentamos a la destrucción por parte de los imperios antiguos de Babilonia y Roma. En la Edad Media nos enfrentamos a la inquisición y a la expulsión; y en tiempos modernos nos enfrentamos a pogromos y al Holocausto. Sin embargo, el pueblo judío perseveró.

Y ahora se ha levantado otro régimen, jurando destruir a Israel. Ese régimen sería sabio en considerar lo siguiente: yo estoy aquí en este día representando a Israel, un país establecido hace solo 67 años, pero la nación-estado de un pueblo que tiene casi 4.000 años de antigüedad. Sin embargo, los imperios de Babilonia y Roma no están representados en esta asamblea de naciones, tampoco lo está el Reich de los Mil Años. Aquellos imperios aparentemente invencibles hace mucho tiempo que desaparecieron, pero Israel vive. El pueblo de Israel vive.[19]

No olvidemos la otra mitad del pacto recíproco. Dios también promete que quienes bendigan a Israel serán bendecidos. Estados Unidos fue el primer país en reconocer al Estado moderno de Israel y, hasta ahora, ha sido su aliado más fuerte. Nadie puede negar que en los años siguientes al acontecimiento de 1948, nuestro país ha sido bendecido sin medida con una gran prosperidad, poder y prestigio. Debemos orar para que la actual tensión en las relaciones entre Estados Unidos e Israel sea resuelta antes de que nosotros nos unamos también al Salón de la Vergüenza de naciones que han intentado interponerse en el camino de las bendiciones de Dios sobre Israel. La historia registra que Israel está de pie ante los sepulcros de todos sus enemigos.

UN PACTO UNIVERSAL

Aquí llegamos a la razón general para todas las promesas que hemos estudiado en el pacto de Dios con Abraham: «Serán benditas en ti todas las familias de la tierra» (Génesis 12.3).

Esta es la raíz de la promesa de Dios a Abraham y su propósito para crear un nuevo pueblo para sí mismo. No fue para excluir al resto de la humanidad de su favor; de hecho, fue precisamente lo contrario: los descendientes de Abraham habían de convertirse en el depósito de la gloria de Dios, su sabiduría, amor y gracia redentora.

Esta gracia salvadora debía rebosar desde los judíos hasta el resto de los pueblos del mundo. Dios dio al mundo su Palabra escrita por medio de Abraham:

> Los autores humanos de la Biblia fueron casi exclusivamente personas judías. Desde Moisés, el autor de Génesis, hasta el apóstol Juan, el autor de Apocalipsis, los libros de la Biblia son el resultado de escritores judíos que fueron guiados por el Espíritu Santo para producir las palabras que dirigen nuestra fe cristiana en la actualidad. Con la posible excepción de Lucas, que escribió el Evangelio de Lucas y Hechos, cada libro de la Biblia tuvo como autor a un escritor judío.[20]

Y por medio de Abraham, Dios dio a su Hijo al mundo, bendiciendo a toda la humanidad con el medio de escapar a la tenaza del pecado y de la muerte «para que en Cristo Jesús la bendición de Abraham alcanzase a los gentiles, a fin de que por la fe recibiésemos la promesa del Espíritu» (Gálatas 3.14).

Todas las demás promesas en el pacto de Dios con Abraham están ahí como apoyo de esta promesa universal que afecta a cada persona que haya vivido jamás en la tierra.

Recordemos también que la ciudad de Jerusalén nos llegó por medio de Abraham. Mientras estaba escribiendo este capítulo, tomé tiempo para llevar a un grupo de 650 personas a Israel. Una de mis experiencias favoritas cuando llego a esa bendita tierra es la oportunidad de predicar a nuestra congregación turística desde los escalones en el sudeste de la Ciudad Santa, la ciudad donde murió el Hijo de Dios por los pecados del mundo. Cuando estoy de pie en esos escalones para dar mi mensaje, puedo mirar a mi derecha y ver el lugar desde el cual nuestro Señor ascendió al cielo después de haber completado su obra terrenal de redención. Y recuerdo que ese será precisamente el mismo lugar donde algún día Él regresará para establecer su reino en esta tierra. Las bendiciones de Abraham, tal como Dios prometió, están siendo continuamente derramadas sobre nuestro mundo.

UN PACTO ETERNO

La promesa de Dios a Abraham llegó en tres etapas. Se inició en Génesis 12.1–3, se formalizó en Génesis 15.1–21, y después se amplió en Génesis 17.1–18.[21] En Génesis 17, Abraham se acercaba a su cumpleaños número cien, su fe era frágil, ya habían pasado casi veinticinco años desde que tuvo su primer encuentro con el Señor, y las dudas comenzaban a nublar su mente. Entonces Dios se le apareció, recordando a Abraham que su promesa seguía estando firme. Era una promesa para siempre, una promesa eterna «entre mí y ti, y tu descendencia después de ti en sus generaciones, por pacto *perpetuo*, para ser tu Dios, y el de tu descendencia después de ti. Y te daré a ti, y a tu descendencia después de ti, la tierra en que moras, toda la tierra de Canaán en heredad *perpetua*; y seré el Dios de ellos» (vv. 7–8).

La promesa a Abraham es una promesa eterna porque es un pacto incondicional basado en la gracia y la soberanía del Dios Todopoderoso. Puede que haya retrasos, postergaciones y castigos, pero un pacto eterno no puede ser abrogado por un Dios que no puede negarse a sí mismo.

Así ha dicho Jehová, que da el sol para luz del día, las leyes de la luna y de las estrellas para luz de la noche, que parte el mar, y braman sus ondas; Jehová de los ejércitos es su nombre:

Si faltaren estas leyes delante de mí, dice Jehová, también la descendencia de Israel faltará para no ser nación delante de mí eternamente.

Así ha dicho Jehová: Si los cielos arriba se pueden medir, y explorarse abajo los fundamentos de la tierra, también yo desecharé toda la descendencia de Israel por todo lo que hicieron, dice Jehová. (Jeremías 31.35–37)

Se acordó para siempre de su pacto; de la palabra que mandó para
    mil generaciones,
La cual concertó con Abraham, y de su juramento a Isaac.
    (Salmos 105.8–9)

Cuando yo era pequeño, me encantaba oír a coros universitarios que nos visitaban cantar un viejo coro espiritual que tenía la siguiente letra en su coro:

Esos huesos, esos huesos, esos huesos secos.
Esos huesos, esos huesos, esos huesos secos.
Esos huesos, esos huesos se levantarán.
Esos huesos, esos huesos se levantarán.
Oigan ahora la palabra del Señor.

Era uno de mis coros espirituales favoritos. Me encantaba el ritmo que tenía, que hacía mover las puntas de los pies y aplaudir; pero con una edad tan joven, nunca se me ocurrió que el canto pudiera tener algún significado en particular. ¡Cuán equivocado estaba! Estaba basado en una visión asombrosa y sobrecogedora del profeta Ezequiel, quien se encontró repentinamente de pie en un valle lúgubre completamente cubierto de huesos humanos, todos ellos secos, desmembrados y dispersos:

La mano de Jehová vino sobre mí, y me llevó en el Espíritu de Jehová, y me puso en medio de un valle que estaba lleno de huesos. Y me hizo pasar cerca de ellos por todo en derredor; y he aquí que eran

muchísimos sobre la faz del campo, y por cierto secos en gran
manera. Y me dijo: Hijo de hombre, ¿vivirán estos huesos? Y dije:
Señor Jehová, tú lo sabes. Me dijo entonces: Profetiza sobre estos
huesos, y diles: Huesos secos, oíd palabra de Jehová. Así ha dicho
Jehová el Señor a estos huesos: He aquí, yo hago entrar espíritu en
vosotros, y viviréis. Y pondré tendones sobre vosotros, y haré subir
sobre vosotros carne, y os cubriré de piel, y pondré en vosotros espíritu, y viviréis; y sabréis que yo soy Jehová. Profeticé, pues, como me
fue mandado; y hubo un ruido mientras yo profetizaba, y he aquí un
temblor; y los huesos se juntaron cada hueso con su hueso. Y miré, y
he aquí tendones sobre ellos, y la carne subió, y la piel cubrió por
encima de ellos; pero no había en ellos espíritu. (Ezequiel 37.1–8)

Tan solo podemos preguntarnos cómo reaccionó Ezequiel cuando
Dios permitió que aquellos huesos oyeran su mensaje y cobraran vida,
pero no tenemos que preguntarnos sobre el significado del fenómeno.
Como muchos otros pasajes proféticos en la Biblia, este se interpreta a sí
mismo. Ezequiel 37.11–14 nos dice expresamente lo que significa la visión:

Todos estos huesos son la casa de Israel. He aquí, ellos dicen: Nuestros huesos se secaron, y pereció nuestra esperanza, y somos del
todo destruidos. Por tanto, profetiza, y diles: Así ha dicho Jehová el
Señor: He aquí yo abro vuestros sepulcros, pueblo mío, y os haré
subir de vuestras sepulturas, y os traeré a la tierra de Israel. Y sabréis
que yo soy Jehová, cuando abra vuestros sepulcros, y os saque de
vuestras sepulturas, pueblo mío. Y pondré mi Espíritu en vosotros,
y viviréis, y os haré reposar sobre vuestra tierra.

Dios mostró claramente a Ezequiel que los huesos secos en esta
visión representaban a la dispersa nación de Israel, enterrada en los
sepulcros de naciones gentiles por todo el mundo. Pero como dijo

Ezequiel: «no había en ellos espíritu » (37.8). Eran meramente cadáveres reciclados.

Detengámonos por un momento y veamos lo que nos dice la visión de Ezequiel. Al igual que aquellos huesos secos y dispersos volvieron a juntarse en sus formas humanas originales, los judíos que habían sido dispersados por todo el mundo volverían a ser reunidos en su tierra original. Sin embargo, la nación reunida no tendría espíritu; no tendría vida espiritual.

Eso es exactamente lo que hemos visto suceder. Israel está finalmente de regreso en su tierra original, pero en un giro de ironía, la nación que fue fundada y escogida por Dios está en la actualidad entre las más alejadas de su Hijo Jesucristo.

Según un sondeo WIN/Gallup en 2015, el 65% de la población israelí «dijo no ser ni religiosos ni ateos convencidos, comparado con solamente el 30% que dice ser religioso».[22] De ese 30% religioso, solamente el 2,1% practica el cristianismo en alguna forma, y aproximadamente el 80% de ellos son árabes cristianos.[23] Por lo tanto, la cifra real de etnia israelí que son cristianos es de la mitad del 1% de toda la población de Israel.

Los judíos han regresado a su tierra, tal como predijeron Ezequiel y muchos otros profetas bíblicos. En términos de Ezequiel, los huesos se han reunido y formado un cuerpo; pero espiritualmente hablando, es un cuerpo muerto.

Durante mis años como pastor, muchas veces me han preguntado si creo que el regreso de Israel a su tierra cumple todas las profecías bíblicas con respecto a su futuro. Lo que en realidad preguntan es lo siguiente: ahora que Israel ha vuelto a su tierra, ¿es este el fin?

Ezequiel 37 me permite responder a esa pregunta, y la respuesta es no. Israel está en su tierra: los huesos secos y desmembrados han sido reconectados, cumpliendo la parte de la profecía de Ezequiel que hemos considerado hasta aquí. Pero Ezequiel registró una profecía más que aún ha de cumplirse.

Lo que hemos leído en Ezequiel describe a Israel en su actual estado. Los huesos se han vuelto a reunir, pero «no había en ellos espíritu» (37:8). La palabra en el Antiguo Testamento para *espíritu* es la palabra hebrea *ruach*[24], que también puede significar «viento» o «aliento». Su equivalente griego en el Nuevo Testamento es *pneuma*, que con frecuencia denota la presencia del Espíritu Santo de Dios.[25] Sabemos que desde la muerte y resurrección de Jesucristo, el Espíritu Santo ha sido impartido a la humanidad mediante creer en Él, y la presencia del Espíritu Santo en la vida de la persona es el sello de la redención, la marca del pueblo de Dios (Efesios 1.13–14; 4.30; 2 Corintios 1.21–22). La nación de Israel no conoce a Cristo; por lo tanto, no tiene «espíritu». Su pueblo no tiene al Espíritu Santo de Dios. Israel está presente en su tierra, pero está tan espiritualmente muerta como los cadáveres reconstituidos de Ezequiel.

Pero tal como Dios mostró a Ezequiel en estos versículos siguientes, este no será el estado permanente de Israel:

> Profetiza al espíritu, profetiza, hijo de hombre, y di al espíritu: Así ha dicho Jehová el Señor: Espíritu, ven de los cuatro vientos, y sopla sobre estos muertos, y vivirán. Y profeticé como me había mandado, y entró espíritu en ellos, y vivieron, y estuvieron sobre sus pies; un ejército grande en extremo. (Ezequiel 37.9–10)

Aquí, Ezequiel nos dijo que Dios a su tiempo pondrá espíritu en el cadáver reunido de Israel. Obviamente, eso no ha sucedido aún, pero podemos estar seguros de que sucederá, tal como Dios prometió en muchas otras profecías además de las de Ezequiel:

> Y derramaré sobre la casa de David, y sobre los moradores de Jerusalén, espíritu de gracia y de oración; y mirarán a mí, a quien traspasaron. (Zacarías 12.10)

Y luego todo Israel será salvo, como está escrito:

Vendrá de Sion el Libertador,

Que apartará de Jacob la impiedad.

Y este será mi pacto con ellos,

Cuando yo quite sus pecados. (Romanos 11:26–27)

Hemos aprendido que hay dos profecías cruciales con respecto a Israel que aún no han sido cumplidas: Israel no ha ocupado todavía toda la tierra que originalmente se le prometió, y su gente no se ha vuelto todavía a Cristo. Las numerosas profecías del regreso de Israel a su tierra natal se cumplieron explícitamente en 1948 cuando Israel fue restaurada a su tierra. Esto nos da una seguridad total de que la restauración plena está en el horizonte, y de que las profecías con respecto al regreso de Israel a Dios también serán cumplidas explícitamente.

Mientras esperamos el cumplimiento de estas profecías, Israel sigue creciendo como nación. Contra todo pronóstico, el pueblo de Israel lidera al Medio Oriente en productividad, riqueza, orden, libertad y potencia militar. Sin embargo, a medida que aumentan estos bienes, la nación está cada vez más aislada, amenazada con la extinción y aterrorizada continuamente por la hostilidad asesina de sus naciones vecinas.

Cuando comencé por primera vez a aprender sobre esta nación, Israel era para el mundo un ejemplo de valentía y resistencia en tiempos de gran sufrimiento y persecución. Los judíos habían soportado el Holocausto, e historias de personas como Corrie ten Boom y su valiente familia nos recordaban lo mejor en las personas. La película *La lista de Schindler* de Steven Spielberg en 1993 relató de modo brillante la historia de un empresario próspero que puso en riesgo su vida y fue a la bancarrota para salvar a más de mil judíos de la muerte en campos de concentración nazis al darles empleo en su fábrica.

Estas historias y muchas otras elevaron nuestro nivel de amor y respeto por el pueblo judío y por los muchos europeos y estadounidenses que acudieron en su ayuda durante uno de los tiempos más oscuros de la historia humana. Pero tristemente, en la actualidad, la marea de la opinión pública se ha vuelto en contra de la nación judía. Matti Friedman, el exreportero de Associated Press, escribió una seria descripción de cómo se trata a Israel por parte de la prensa europea y estadounidense:

> No es necesario ser profesor de historia o psiquiatra para entender lo que está sucediendo. Habiéndose rehabilitado a sí mismos contra todo pronóstico en un rincón diminuto de la tierra, los descendientes de personas sin poder que fueron expulsadas de Europa y del Medio Oriente islámico se han convertido en lo que eran sus abuelos: el charco en el cual escupe el mundo. Los judíos de Israel son una pantalla sobre la que se ha vuelto socialmente aceptable proyectar las cosas que uno aborrece de sí mismo y de su propio país. La herramienta mediante la cual se ejecuta esta proyección psicológica es la prensa internacional.[26]

En la actualidad, Israel anhela la paz, y parece que incluso desesperadamente a veces; pero su paz no llegará hasta que venga su Mesías y establezca su reino en la tierra. Los últimos capítulos del libro de Ezequiel (40–48) hablan de ese reino. Entonces y solamente entonces se cumplirá la segunda parte de la profecía de Ezequiel. Cuando oramos por la paz de Israel, estamos pidiendo a Dios mucho más de lo que con frecuencia entendemos.

Yo tenía siete años cuando la nación de Israel fue establecida en 1948. Ahora creo que el regreso del pueblo judío a su tierra es la señal profética más importante que ha ocurrido en toda mi vida. Más que cualquier otra cosa de la que estemos escribiendo en este libro, el futuro profético de la nación de Israel responde a la pregunta: «¿Es este el fin?».

El regreso del pueblo judío a su tierra natal es considerado por muchos el milagro profético más grande de todos los tiempos. Pero un cumplimiento profético aún mayor espera en un día futuro desconocido: ¡el regreso del Mesías judío al pueblo judío!

CAPÍTULO 7

LA INSURGENCIA DEL ISIS

No era una reunión grande. Solamente unas decenas de adoradores se reunían en el patio de la iglesia Virgen María en el pueblo de al-Our, a 240 kilómetros al sur de El Cairo, Egipto. Un predicador se puso de pie y habló con tonos sombríos al grupo igualmente sombrío: «La vida que vivimos no es otra cosa que días contados que rápidamente pasarán, dice la Biblia».[1]

Él no estaba comenzando un sermón sobre la administración del tiempo o la mayordomía; estaba hablando de la razón por la cual la congregación había disminuido. Tan solo unos días antes, en febrero de 2015, la organización conocida como el Estado Islámico de Irak y Siria (ISIS) había decapitado a trece de sus miembros en una playa en Libia.

Aquellos hombres cristianos coptos estaban entre los veinte a los que el ISIS asesinó ese día. Los veinte eran naturales de comunidades agrícolas egipcias y habían viajado hasta Libia en busca de trabajo; pero habían sido secuestrados a finales de diciembre y principios de enero, y habían sido retenidos en la ciudad costera libia de Sirte.

Un mes después, los hombres condenados fueron conducidos en fila india hasta una playa, donde fueron obligados a ponerse de rodillas con un soldado del ISIS vestido de negro, cada uno con un cuchillo en su mano, detrás de cada hombre. Los cristianos iban vestidos con overoles color naranja en señal de burla maliciosa de los trajes naranjas que llevaban los musulmanes radicales encarcelados en la cárcel estadounidense de la Bahía de Guantánamo en Cuba. Se dio la oportunidad a los prisioneros de retractarse de su fe, pero cada uno de ellos se negó. En el video de la ejecución emitido por el ISIS puede verse a los hombres cristianos, de rodillas, pronunciando oraciones y alabanza a su Señor.

Cuando aquellos hombres cristianos fueron secuestrados, fue como si se hubieran desvanecido de la faz de la tierra. La iglesia en al-Our perdió todo contacto con ellos y no sabía lo que podría haber sucedido, pero no perdieron la esperanza. El sacerdote copto local, el padre Makar Issa, dijo:

> En el mes y medio en que las personas estuvieron secuestradas, toda la congregación acudía a la iglesia para orar por su regreso, pero en sus oraciones más adelante decían que si ellos morían, morían por su fe... La congregación realmente está creciendo psicológicamente y espiritualmente.[2]

Ese crecimiento espiritual fue evidente en la notable madurez demostrada por familiares de los fallecidos. Bashir Kamel, cuyos dos hermanos y primo estaban entre los asesinados, dijo: «Siento paz sabiendo que murieron como mártires en nombre de Cristo».[3]

El obispo Feloubes Fawzy, que perdió a un sobrino y cuatro primos en la matanza, dijo: «Estoy contento por mis familiares. Ellos tenían fe en Dios, tenían fe en Jesucristo, y eso es lo que importa. Murieron por su fe; murieron por el cristianismo».[4]

La madre de uno los mártires, un trabajador de veinticinco años llamado Malak Ibrahim, les dijo a los reporteros: «Estoy orgullosa de mi hijo. Él no cambió su fe [ni siquiera] en el último momento de la muerte. Le doy gracias a Dios. Malak está con su padre ahora. Jesús... está cuidando de él».[5]

A pesar de su tristeza, la madre de Samuel Abraham expresó el significado y el triunfo supremo que brillaban como rayos de gloria de la muerte de su hijo y sus compañeros: «Ahora hay más personas que creen en el cristianismo a causa de ellos. El ISIS mostró lo que es el cristianismo. Damos gracias a Dios porque nuestros parientes están en el cielo. Él los escogió».[6]

En sus muertes heroicas, esos hombres ciertamente mostraron al mundo y al ISIS el poder de la fe sobre el temor. Demostraron con su último aliento la realidad suprema de Dios y un amor que es más poderoso que la muerte.

Esos veinte creyentes cristianos representan solamente a unos pocos que han caído bajo los cuchillos del ISIS. Muchos más, tanto hombres como mujeres, han sido asesinados, torturados, violados, obligados a casarse dentro del ISIS, vendidos como esclavos sexuales, y expulsados de sus aldeas para convertirse en refugiados. El ISIS se ha establecido firmemente en Irak y Siria, pero sus tentáculos alcanzan ahora a otras naciones de Asia, el Medio Oriente y África, donde sus franquicias cometen las mismas atrocidades. Desde el 11 de septiembre de 2001, nosotros en Occidente hemos aprendido que los militantes islamistas ya no limitan su terrorismo al Medio Oriente. Estados Unidos y Europa, notablemente en Nueva York, Londres, París y Bruselas, también han sufrido ataques del ISIS y su precursor, al-Qaeda. El campo de batalla del grupo es ahora el mundo.

Pero seamos claros: el uso de términos como *militantes islamistas* y *terrorismo islamista* no debería considerarse una acusación a todos los musulmanes del mundo. Esos términos simplemente reconocen lo que es obvio: la mayoría del terrorismo infligido en el mundo en la actualidad está motivado por la ideología militante islámica.

En una columna de opinión en 2014 para el *Washington Post*, el periodista estadounidense nacido en India, Fareed Zakaria, escribió:

Seamos sinceros. El islam tiene hoy un problema. Los lugares que tienen problemas para acomodarse al mundo moderno son desproporcionadamente musulmanes.

En 2013, de los 10 grupos principales que perpetraron ataques terroristas, 7 eran musulmanes. De los 10 principales países donde tuvieron lugar los ataques terroristas, 7 eran de mayoría musulmana. El Pew Research Center clasifica los países según el nivel de restricciones que los gobiernos imponen al libre ejercicio de la religión. De los 24 países más restrictivos, 19 son de mayoría musulmana. De los 21 países que tienen leyes contra la apostasía, todos ellos tienen mayorías musulmanas.

Hay un cáncer de extremismo dentro del islam actualmente. Una pequeña minoría de musulmanes celebra la violencia y la intolerancia y alberga actitudes profundamente reaccionarias hacia las mujeres y las minorías. Aunque algunos confrontan a esos extremistas, no es suficiente, y las protestas no son lo suficientemente elevadas. ¿Cuántas convocatorias en masa se han realizado contra el Estado Islámico (también conocido como ISIS) en el mundo árabe actualmente?[7]

En el extensamente citado sermón en Rosh Hashanah de 2014, el destacado rabino de Atlanta, Shalom Lewis, dijo:

Hay mil millones de musulmanes en el mundo, y las autoridades están de acuerdo en que el 5% son islamistas comprometidos que aceptan el terrorismo y desean ver, mediante cualquier medio posible, la bandera musulmana ondeando en toda capital, en todo continente. Sentí alivio cuando escuché que era solamente el 5%. Gracias a Dios que es tan solo el 5%. Ahora podría dormir en paz; pero un momento… el 5% de mil millones es 50 millones de asesinos musulmanes que ondean la bandera del Corán y gritan Allah

Akbar y están ahí planeando cortar nuestras gargantas, hacernos volar por los aires o convertirnos a la fuerza.[8]

Quienes conocen entre nosotros la profecía bíblica no pueden sino ver una sombra del futuro en las acciones bárbaras de islamistas radicales y el ISIS. El apóstol Juan vio en su revelación: «la mujer ebria de la sangre de los santos, y de la sangre de los mártires de Jesús» (Apocalipsis 17.6). Actualmente tenemos una probada de lo que vio Juan: el fanatismo religioso que un día cubrirá la tierra mediante el gobierno del anticristo y su falso profeta. Al igual que los veintiún mártires en la playa de Libia, muchos más cristianos entregarán sus vidas por Jesús en los días futuros.

Miembros del ISIS han jurado públicamente llevar sus planes a Estados Unidos. En un documental de video de cinco partes sobre el surgimiento del ISIS producido por Vice News, un oficial de prensa del ISIS lee esta declaración formal: «Le digo a Estados Unidos que el Califato Islámico ha sido establecido… No sean cobardes que nos ataquen con drones; en cambio, envíen a sus soldados, a los que nosotros humillamos en Irak. Los humillaremos en todas partes, Dios mediante, y levantaremos la bandera de Alá en la Casa Blanca».[9] Si el ISIS no lleva su guerra impía a Estados Unidos, no será por debilidad, o deseo, o por no haberlo intentado.

¿Quién y qué es el ISIS, y cómo deberíamos nosotros, como cristianos, responder a su amenaza?

EL DESARROLLO DEL ISIS

En los pocos años de su existencia, la organización que ahora conocemos como ISIS ha tenido diferentes nombres. Trazar la evolución cronológica de esos nombres nos dará una indicación del carácter en desarrollo de la organización.

- **AQI (AL-QAEDA EN IRAK).** En 2003, una coalición de naciones dirigida por Estados Unidos invadió Irak como respuesta al 11 de septiembre. Como venganza, Osama bin Laden comenzó a patrocinar una rama de al-Qaeda en Irak. Se hacía referencia a esta rama como AQI. AQI sirvió como la cuna del ISIS.
- **ISIS (ESTADO ISLÁMICO DE IRAK Y SIRIA).** Desde principios de 2014, el ISIS ha obtenido el control de grandes partes del norte de Irak y Siria. Se ha apoderado de producción de petróleo; bancos en Mosul, Irak, y reservas de *hardware* militar estadounidense que el ejército iraquí dejó atrás en su huida. Adoptó el nombre de ISIS porque operaba principalmente en Irak y Siria. Es el nombre bajo el cual la organización obtuvo un reconocimiento mundial.
- **ISIL (ESTADO ISLÁMICO DE IRAK Y EL LEVANTE).** A medida que el ISIS amplió sus operaciones a lo largo de 2014 y 2015, su nombre cambió para reflejar su rango de influencia más amplio. El Levante es una designación antigua para el territorio ocupado por Siria, Jordania, Líbano, Israel, Irak, Turquía, Egipto, Palestina y Chipre, un término paraguas para «Medio Oriente». El ISIL se ha convertido en un término familiar para los estadounidenses porque es el nombre utilizado ahora por el presidente Obama y la Casa Blanca.
- **DAESH (O DA'ISH).** Los nombres definidos anteriormente son acrónimos en inglés; DAESH es un acrónimo árabe que significa lo mismo que ISIL. El ISIS detesta el nombre DAESH porque suena muy parecido a las palabras árabes *daes* («el que aplasta bajo el pie») y *dahes* («uno que siembra discordia»). Los musulmanes que se oponen al ISIS se refieren a la organización como DAESH para expresar su burla o mofa. Muchos oficiales del gobierno por todo el mundo, incluido el secretario de Estado estadounidense John Kerry, utilizan DAESH como una

manera de eliminar la connotación de que la organización sea un Estado Islámico, tal como dan a entender los términos ISIS o ISIL. Y puede que deriven un poco de agrado malicioso al saber que el término molesta a los líderes del ISIS. ¡Y sí que les molesta! Oficiales del ISIS supuestamente amenazaron con cortar la lengua de cualquiera que se refiera públicamente al ISIS como DAESH.[10]

- **EI (ESTADO ISLÁMICO).** El Estado Islámico es el nombre actual de la organización. Es el nombre que sus propios líderes prefieren por dos razones. En primer lugar, incluye «islam» y «estado», lo cual resume su meta de unificar la religión musulmana en una única y poderosa entidad política. En segundo lugar, el nombre elimina referencias geográficas, lo cual sugeriría que la organización no es nada menos que un movimiento mundial.

Puede parecer que el ISIS simplemente surgió en las últimas dos o tres décadas como catalizador para el enojo y las ambiciones de musulmanes militantes; pero en realidad, su historia es antigua y compleja. Tiene sus raíces geopolíticas en la invasión soviética de Afganistán en la década de 1980, sus raíces teológicas en la fundación del islam, y sus raíces étnicas en la familia de Abraham. Pongamos en orden esta historia para obtener una imagen precisa de cómo se ha desarrollado el ISIS.

La historia antigua del ISIS

La mayoría de los estudiosos de la Biblia conocen la historia de Abraham y sus dos hijos: Ismael e Isaac (Génesis 16, 21). Dios había prometido hacer de Abraham el padre de una gran nación (12.1–3), y eso significaba, desde luego, que tendría que tener un hijo. Abraham no tenía hijos en ese momento, sino que dependía de la promesa de Dios de que llegaría uno (15.4). Pero cuando Abraham tenía ochenta y cinco años de edad y su esposa, Sara, tenía setenta y cinco, el heredero prometido no había llegado aún. Sara, por lo tanto, recurrió a los códigos de las leyes de Mesopotamia y sugirió que Abraham siguiera la antigua costumbre permitida en su tierra natal. Cuando una esposa no podía concebir, su sirvienta podía intervenir como madre de alquiler y dar a luz un hijo para la pareja. De modo que la sirvienta de Sara, Agar, dio un hijo a Abraham, a quien pusieron el nombre de Ismael.

Pero Ismael no era el hijo que Dios había prometido; ese hijo llegaría por medio de Abraham y Sara; sin embargo, Dios tuvo en cuenta a Ismael y le dio un lugar en la historia. Un ángel del Señor le habló a Agar, diciendo: «Y él será hombre fiero; su mano será contra todos, y la mano de todos contra él» (16.12). Dios también prometió que Israel sería el padre de multitudes (17.20).

Catorce años después del nacimiento de Ismael, cuando Abraham tenía cien años y Sara tenía noventa, tuvieron un hijo a quien pusieron el nombre de Isaac: el hijo de la promesa del pacto. Isaac se convirtió en el patriarca mediante el cual llegaría la gran nación prometida a Abraham. Abraham amaba a Ismael (v. 18), pero solamente podía haber un hijo de la promesa, y ese era Isaac.

Las cosas no fueron bien entre las dos madres de los hijos de Abraham. Tensiones y celos envenenaron la atmósfera en la casa. El día en que Isaac fue destetado, su madre, Sara, «vio que Ismael —el hijo de Abraham y de su sierva egipcia Agar— se burlaba de su hijo Isaac» (21.9, NTV). En un arrebato de furia, hizo que Ismael y su madre fueran expulsados de la casa. La animosidad que surgió en el hogar de Abraham fue un presagio de las cosas que llegarían.

Ismael tuvo doce hijos que llegaron a ser los progenitores de los pueblos árabes modernos. Casi todos los árabes, incluido Mahoma, el fundador del islam, ven a Ismael como su padre al igual que los judíos ven a Jacob (Israel), el hijo de Isaac, como su padre.

Avancemos unos miles de años desde los nacimientos de los hijos de Abraham, y vemos la manifestación moderna de aquella antigua animosidad en el conflicto árabe-israelí. Se fue cociendo a lo largo de los siglos, pero finalmente se convirtió en un tremendo incendio en 1948, cuando Israel recuperó su carácter de nación.

Para entender cómo se relaciona el ISIS con esa cadena histórica, debemos mirar los dos factores principales que alimentan la hostilidad continuada entre árabes y judíos: raza y religión. Es en primer lugar un conflicto racial/étnico y en segundo lugar un conflicto religioso. La lucha racial se desarrolló a partir de la enemistad entre Ismael e Isaac, que comenzó en torno al año 1900 A.C. El conflicto religioso surgió en los años 600 A.D. con el establecimiento del islam.

El síndrome del ISIS contra todo el mundo que inunda el mundo en la actualidad no tiene prácticamente nada que ver con la división entre Ismael e Isaac. La pelea radical del islam no es solamente con el judaísmo; es con *todas* las otras religiones, incluidos incluso los musulmanes moderados que no se suscriben a la ideología extremista del ISIS. Por lo tanto, cuando el ISIS apunta a los judíos, lo hace por razones raciales (tensiones del conflicto Ismael-Isaac) y también religiosas (porque los judíos no son musulmanes).

En el ISIS, la religión, y no la etnia, es siempre la fuente principal de conflicto. De hecho, la mayoría de musulmanes no son árabes. Hay grandes poblaciones de musulmanes que no son árabes en Turquía, Irán e Indonesia; y no todos los árabes son musulmanes, hay árabes cristianos y también árabes de otras religiones. Ni siquiera todos los miembros del ISIS son árabes (aunque sí lo es la mayoría), pero sin duda alguna todos son musulmanes. No se puede ser un miembro del ISIS sin adherirse a la teología y la ideología radical islámica.

En resumen, el ISIS apunta a cualquiera cuya religión difiera del islam o que ocupe tierra que los musulmanes conquistaron antes en nombre de Alá, lo cual incluye la tierra de Israel, ocupada ahora por los judíos.

La historia moderna del ISIS

La historia relatada anteriormente describe el terreno antiguo en el que está arraigado el ISIS. La organización en sí, aunque solamente tiene unas décadas de antigüedad, está moldeada por todos esos siglos de conflicto religioso y tensión racial. No fue creada en ningún sentido metódico de la palabra, sino más o menos fue autogenerada como respuesta a una crisis, y después evolucionó como si fuera un cáncer mutante a lo largo de etapas cada vez más radicales. (Estoy en deuda con la obra de Charles Dyer y Mark Tobey por el siguiente bosquejo de cinco partes).[11]

Etapa 1: Los muyahidines

Los árabes musulmanes llevaron el islam a Afganistán a mitad de la década de los años 600, y desde entonces ha sido una nación musulmana. El alboroto político en la década de 1970 condujo a un golpe de estado que derrocó al rey gobernante, Mohammed Zahir Shah, y situó a la nación bajo la inclinación comunista de Mohammed Daoud Khan. Cuando el pueblo de Afganistán se levantó contra Khan, él apeló a Moscú en busca de ayuda; y en 1979, fuerzas del ejército ruso invadieron Afganistán para aplastar a las facciones tribales islámicas.

Los musulmanes conservadores que hicieron una guerra de guerrillas (jihad) contra los infieles impíos de Rusia se conocían como *muyahidines*, que significa «guerreros santos». Muyahidines islámicos provenientes de todo el Medio Oriente llegaron a Afganistán para ayudar en la lucha, incluido el hijo de un multimillonario saudí: Osama bin Laden. En 1989 los rusos se retiraron, dejando Afganistán en medio del caos.

Etapa 2: los talibanes

La retirada de los rusos dejó un vacío de liderazgo en Afganistán. Mullah Mohammed Omar era un comandante muyahidín y un héroe de guerra en la guerra civil que expulsó a los rusos. Al ser un zelote religioso, Omar comenzó un movimiento con cincuenta seguidores que llegó a conocerse como los talibanes («los estudiantes»). El movimiento talibán creció rápidamente, aumentando la influencia de Omar hasta el punto que a finales de la década de 1990 él obtuvo el control del gobierno. Su meta era hacer de Afganistán un estado islámico perfecto operando bajo la ley sharia. Bin Laden juró lealtad a Omar y a los talibanes.

Etapa 3: Al-Qaeda

Dos años después de que los rusos salieran de Afganistán, una coalición dirigida por Estados Unidos invadió Kuwait para derrocar al ejército iraquí de Saddam Hussein (la Primera Guerra del Golfo). Musulmanes como bin Laden consideraron la acción estadounidense como otra invasión más de tierras islámicas. Bin Laden fundó al-Qaeda («la base») para enfocarse en expulsar a occidentales del Medio Oriente atacando objetivos de Occidente. El ataque de más alto perfil entre ellos se produjo el 11 de septiembre de 2001, derribando las torres gemelas del World Trade Center en la ciudad de Nueva York. Al-Qaeda se convirtió en la organización terrorista de más alto perfil en todo el mundo, y su líder, bin Laden, en el hombre más buscado del mundo.

Etapa 4: Al-Qaeda en Irak

Cuando Estados Unidos invadió Afganistán en busca de bin Laden y sus tenientes, al-Qaeda se descentralizó. Sus líderes se escondieron, y se establecieron operaciones de franquicias en muchas naciones diferentes, más notablemente Irak, seguido del derrocamiento de Saddam Hussein en 2003 por fuerzas estadounidenses y de coalición.

Al-Qaeda en Irak, bajo Abu Musab al-Zarqawi, fue la más despiadada de todas las franquicias. Atacó a fuerzas estadounidenses y otros musulmanes por igual; sus miembros popularizaron los ataques suicidas, utilizaron artefactos explosivos improvisados (IED, por sus siglas en inglés), e introdujeron las decapitaciones para infundir temor en sus enemigos.

Estadounidenses mataron a al-Zarqawi en 2006 y a bin Laden en 2011. Con ambos hombres fuera de escena, el presidente Obama anunció el 1 de noviembre de 2012 que al-Qaeda había sido destruida y que la guerra en Irak había terminado, y casi también en Afganistán. Pero su declaración de victoria fue prematura.

Etapa 5: ISIS

Dentro de la religión islámica hay un cisma entre dos sectas: los chiíes y los suníes, que intervienen en lo que sucedió después. Ambos grupos reclaman su origen en el profeta Mahoma, ambos confían en el Corán, y ambos tienen rituales parecidos.

Cuando Estados Unidos salió de Irak, musulmanes chiíes regresaron al poder, lo cual reanimó a los insurgentes suníes (al-Qaeda) contra ellos. Un nuevo líder de al-Qaeda, Abu Bakr al-Baghdadi, se aprovechó del vacío de liderazgo en la organización y rápidamente ascendió a lo más alto. Este hombre era más cruel que ninguno de sus predecesores. Al-Qaeda en Irak llegó a conocerse como el ISI: el Estado Islámico en Irak. Cuando las revueltas de la Primavera Árabe llegaron a Siria, surgió una guerra civil, y al-Baghdadi lo vio como una oportunidad de obtener más poder. Trasladó sus fuerzas suníes a Siria para luchar contra las fuerzas gubernamentales chiíes del presidente Bashar al-Assad, y llevó con él sus crueles tácticas: decapitaciones, violaciones, vender a mujeres como esclavas sexuales y en matrimonios no deseados, lanzamiento de homosexuales desde edificios, y mutilación a quienes quebrantaban la ley. La gente huyó ante ese arrebato de barbarismo, y los ejércitos de al-Baghdadi se apoderaron del territorio vacío, situando amplios terrenos bajo su control.

Al-Baghdadi salió de al-Qaeda en 2013 para anunciar la formación del ISIS: un nuevo Estado Islámico (califato) con él mismo como líder (califa). Ser un musulmán suní situó a al-Baghdadi en un curso de colisión con el 10% al 15% de musulmanes que son chiíes y con otros suníes más moderados que no apoyan su extremismo. Pero en el momento de escribir estas líneas, no hay nadie en el mundo islámico que esté desafiando su papel de liderazgo. Y por lo tanto, su agenda radical, implementada por cientos de miles de seguidores militantes, sigue adelante.

LA DESCRIPCIÓN DEL ISIS

Un breve perfil del Estado Islámico nos ayudará a aclarar sus creencias y aprender lo que los destaca de la mayoría de los musulmanes del mundo.

Enseñanzas del ISIS

Dentro del marco del islam, la misión del ISIS es llevar a los musulmanes «de regreso al Corán» y restaurar la pureza de las enseñanzas religiosas que Mahoma recibió supuestamente de Alá y dejó registradas para los fieles.

En segundo lugar después del Corán como su principal fuente de enseñanza para los musulmanes está el Hadith, el registro de las enseñanzas y actividades de Mahoma durante su periodo como califa del islam. El Hadith es una colección basada en tradiciones orales reunida a lo largo de los dos siglos siguientes a la muerte de Mahoma, y sirve para iluminar las doctrinas presentadas en el Corán. Hay varias versiones del Hadith, ninguna de las cuales tiene aprobación oficial. El resultado es que cada uno de los muchos grupos de musulmanes adopta su propia versión preferida.[12]

Todos los musulmanes aceptan el Corán y el Hadith, pero de diversas maneras. Muchos musulmanes modernos quitan énfasis a las enseñanzas que prescriben la jihad contra los infieles, el odio a judíos y cristianos, la subyugación de las mujeres, y regulaciones sobre el estilo de vida demasiado estrictas. Pero no el ISIS. Ellos aceptan cada detalle de lo que escribió Mahoma, lo que dijo e hizo con respecto a la conquista de tierras y de pueblos por causa de Alá.

Tradiciones del ISIS

El 10 de septiembre de 2014, el presidente Obama dijo: «El ISIL no es "islámico". Ninguna religión apoya la matanza de inocentes, y la inmensa mayoría de las víctimas del ISIL han sido musulmanas… el ISIL es una organización terrorista, claro y simple».[13]

El presidente recibió fuerte resistencia sobre su afirmación de que «El ISIL no es islámico», especialmente porque el ISIS se denomina a sí mismo «Estado Islámico». Independientemente de si el presidente Obama o cualquier otra persona está de acuerdo, el ISIS piensa que es islámico.

En su artículo «Lo que quiere realmente el ISIS», el redactor adjunto de *The Atlantic,* Graeme Wood, abordó el asunto de si el ISIS es islámico:

La realidad es que el Estado Islámico es islámico. *Muy* islámico. Sí, ha atraído a psicópatas y buscadores de aventuras, en gran parte entre poblaciones desafectas del Medio Oriente y Europa. Pero la religión que predican sus seguidores más ardientes se deriva de interpretaciones coherentes e incluso aprendidas del islam. Prácticamente todas las decisiones y leyes importantes promulgadas por el Estado Islámico se adhieren a lo que afirma, en su prensa y sus pronunciamientos, y en sus carteles, placas de licencia, materiales y monedas, «la metodología profética», lo cual significa seguir la profecía y el ejemplo de Mahoma, con puntilloso detalle.[14]

Aunque la inmensa mayoría de musulmanes modernos no apoyan al ISIS, Wood nos está diciendo que es realmente la más religiosa de cualquier entidad islámica. El ISIS ha retrocedido en el tiempo hasta los fundamentos de la religión en el siglo VII, los cuales está decidido a seguir en su forma exacta. Al seguir el ejemplo de Mahoma a rajatabla, el ISIS es, en esencia, la forma más pura de la expresión original del islam. El ISIS deja claro que su misión es religiosa, islámica, ya que entiende la intención original de Mahoma de llevar a cabo la jihad contra los infieles.

Si hay una tradición del islam como una «religión de paz», no se encuentra en la enseñanza del Corán o en las acciones de Mahoma. En su libro *Understanding Jihad* [Entender la Jihad], David Cook observó que en los últimos nueve años de la vida de Mahoma, él participó en ochenta y seis batallas, más de nueve al año como promedio.[15] Y la afirmación de que «islam» significa paz está igualmente mal fundada. La palabra significa «rendición», lo cual era demandado de los enemigos del islam e impuesto por la fuerza militar. «En su significado original, un musulmán era alguien que se rendía en la guerra».[16] La única paz que podría ser atribuida al islam es la que se produce después de que sus enemigos depongan sus armas ante la violenta jihad.

El exmusulmán Nabeel Qureshi, que es ahora un erudito cristiano, ha resumido la historia de la guerra del islam:

Dos siglos después de la llegada del islam, las conquistas musulmanas ampliaron el territorio islámico desde las costas del Atlántico hasta bien entrados los valles de India. Al final de esa era, las personas más influyentes que reunían el hadith se hicieron con libros completos que documentaban la conducta y las órdenes de Mahoma durante tiempos de guerra. Poco después de entonces, los grandes juristas islámicos codificaron sistemáticamente la *sharia*, la ley islámica, dedicando ramas enteras de jurisprudencia a la práctica adecuada de la guerra.

Por esas razones, nadie puede afirmar que «el islam es una religión de paz» en el sentido de que la religión haya estado históricamente desprovista de violencia, ni en sus orígenes ni en la historia de la comunidad musulmana global. Aparte de los primeros trece años de historia islámica, cuando no había suficientes musulmanes para luchar, el islam siempre ha tenido una elaborada práctica o doctrina de la guerra.[17]

El ISIS meramente ha renovado su tradición histórica islámica de la guerra, que ahora está dirigiendo hacia judíos, cristianos, musulmanes moderados y los no religiosos. A la hora de enfrentarse al ISIS, las opciones son convertirse, pagar un impuesto anual imposiblemente gravoso, salir del propio país, o morir.

Entrenamiento del ISIS

El ISIS no tiene una marina o una fuerza aérea, pero sí tiene un ejército de decenas de miles de soldados. En una guerra abierta contra el ejército de cualquier nación desarrollada, no durarían mucho tiempo; pero contra civiles armados vistiendo sandalias, y aldeanos desarmados que huyen con sus hijos y los bienes de su casa a cuestas, son formidables.

El entrenamiento militar del ejército del ISIS es magnífico, pero el adoctrinamiento que lo precede es lo que hace que el ISIS sea tal amenaza para el mundo civilizado en la actualidad.

EL ENTRENAMIENTO DE ADULTOS. No hay ninguna comunidad islámica sin sus mezquitas y centros comunitarios, pero donde el ISIS está dirigiendo las cosas, como en su ciudad central de Raqqa,

Siria, esas instituciones se convierten en viveros de adoctrinamiento, radicalización y reclutamiento. El ISIS enseña su rama de teología suní radical a adultos y niños por igual. Fuera de estos centros, «ejecutores» del ISIS caminan por las calles blandiendo armas automáticas para imponer una estricta adherencia a la ley sharia. Todo, desde la dieta, la vestimenta y hasta los tratos comerciales y la música, está sujeto a inspección y corrección. La vida bajo el ISIS es un sistema cerrado y controlado donde cada aspecto es parte del entrenamiento.

EL ENTRENAMIENTO DE LOS NIÑOS VARONES. La educación del ISIS a los niños se centra en su cercana adherencia a las enseñanzas originales del Corán. Los varones preadolescentes son reclutados en «clubes de califato» para comenzar su entrenamiento para el ejército futuro del ISIS. El ISIS realmente paga a los padres de los varones que se alistan entre 250 y 350 dólares al mes por varón. Atraen a los muchachos con videos de hazañas del ISIS y videojuegos en los cuales el ISIS siempre gana.

Los muchachos son enviados primero a «campamentos sharia» para ser adoctrinados en la sharia y la ideología del ISIS, después de los cuales juran lealtad a al-Baghdadi como califa. Cuando están preparados, los muchachos se trasladan a barracas militares para comenzar su formación física y militar. Además de infundirles destreza en el arte de la guerra, el entrenamiento incluye decapitar las cabezas de muñecos y, más atroz aún, llevar de un lado a otro las cabezas realmente decapitadas de víctimas del ISIS, todo ello en un intento por desensibilizarlos ante lo que serán llamados a hacer como soldados del ISIS.

Los varones que destacan en las destrezas física y militar son enviados al combate o se les asignan misiones suicidas. Los otros son devueltos a la comunidad como espías e informadores contra su propio pueblo. Se vuelven operativos en una versión de una policía estatal parecida a la de Irak de Hussein o la de Siria de al-Assad, informando de cualquiera que hable o actúe contra el ISIS o quebrante la ley sharia. Los padres viven con miedo de sus propios hijos, cuya lealtad al ISIS sobrepasa los lazos familiares.

Los niños soldado son una violación de la ley internacional, pero eso no detiene al ISIS. El Observatorio Sirio de Derechos Humanos informó que entre enero y agosto de 2015, el ISIS reclutó a 1.100 niños sirios menores de dieciséis años. El ISIS juega según sus propias reglas.[18]

Tácticas del ISIS

Las tácticas básicas empleadas para lograr las metas del ISIS son las originadas por Mahoma y sus sucesores en los dos primeros siglos del islam: conquistar, saquear, suprimir (por conversión, impuestos, muerte o emigración) y gobernar. El ISIS tiene muy claro cuál es su meta: un califato islámico mundial basado en la ley sharia. No contentos con atacar meramente a caravanas de camellos de mercaderes, el ISIS ha saqueado reservas de petróleo en el norte de Irak y Siria, se ha apropiado de equipamiento militar iraquí (proporcionado por Estados Unidos), y ha robado dinero de bancos iraquíes y sirios.

Actualmente, el ISIS emplea tácticas modernas que no estaban disponibles para los musulmanes originales. Ha disparado una maquinaria publicitaria muy eficaz vía Internet. El ISIS produce videos que difunden su mensaje por todas las plataformas de redes sociales contemporáneas. Su revista en línea, *Dabiq*, es tan impecable como cualquier cosa que se publica en Nueva York. Estas herramientas se utilizan primordialmente con propósitos de reclutamiento, y están funcionando.

Estas herramientas tienen un efecto secundario, que ayuda al ISIS aunque no den como resultado el reclutamiento público, como ha aprendido Estados Unidos de maneras trágicas. El día 2 de diciembre de 2015, un matrimonio inspirado por el ISIS entró en un edificio en San Bernardino, California, y mató a tiros a catorce personas.[19] Seis meses después, la mañana del 12 de junio de 2016, Omar Mateen entró en un club nocturno gay en Orlando, Florida, y abrió fuego con un rifle de asalto y una pistola. Antes de terminar, cuarenta y nueve personas resultaron muertas y otras cincuenta y tres fueron heridas: el peor ataque terrorista en Estados Unidos desde la destrucción de las torres gemelas del World Trade Center en Nueva York en 2001. Aunque Mateen no era un miembro del ISIS, había jurado lealtad a la organización terrorista y apoyaba sus objetivos.[20]

Unas palabras de advertencia para Occidente: debido a que la herramienta principal del ISIS es la violencia y estos ataques inspirados por el ISIS han sido aleatorios y esporádicos, es fácil para quienes están fuera del Medio Oriente no tomarse en serio la amenaza de un califato islámico mundial. Las fuerzas militares combinadas de Europa y Estados Unidos podrían derrotar fácilmente al ISIS en batalla. Muchos gobiernos occidentales parecen estar dilatando su tiempo hasta que sus voluntades colectivas se unan en torno al objetivo de aplastar al ISIS. En ese punto plantearán un escenario de guerra contra el ISIS en su territorio en Irak y Siria. Entonces, creen ellos, la amenaza de un califato islámico mundial habrá terminado.

Nada podría estar más lejos de la verdad. El ISIS no es la única rama del islam que busca el dominio mundial. Las otras trabajan primordialmente mediante métodos no violentos, aunque recurrirán a la jihad si fuera necesario.

Por ejemplo, los Hermanos Musulmanes, que tienen un siglo de antigüedad, es «una organización panislámica suní con base en El Cairo, Egipto, cuyo objetivo supremo es el restablecimiento del califato islámico global».[21] Según Elliot Friedland, compañero de investigación en Clarion Project: «Tienen ramas aproximadamente en ochenta países en todo el mundo y han sido la principal fuente de inspiración detrás de otras organizaciones islamistas, incluidas Al Qaeda y el Estado Islámico».[22]

En años recientes, han salido a la luz documentos de los Hermanos Musulmanes detallando un plan de gradualismo en seis fases pensado para derribar culturas occidentales: infiltrándose lentamente, persuadiendo, haciendo proselitismo y transformando sociedades en culturas islámicas basadas en la sharia sin que se haga ni un solo disparo.[23]

En 2007, el líder espiritual de los Hermanos, Sheikh Yusuf al-Qaradawi, explicó públicamente el gradualismo islámico cuando dijo: «La conquista de Roma, la conquista de Italia y de Europa significa que el islam regresará a Europa una vez más. ¿Debe ser esta conquista necesariamente mediante la guerra? No, no es necesario. Existe una conquista pacífica; la conquista pacífica tiene fundamentos en esta religión, así que imagino que el islam conquistará Europa sin utilizar la violencia; lo hará mediante predicación e ideología».[24] En una entrevista en 2012 reveló algo de este concepto de gradualismo cuando dijo que no debería «cortarse ninguna mano durante los primeros cinco años».[25]

El general Georges Sada se graduó de la Academia Aérea de Irak en 1959 y fue entrenado como piloto de combate y líder militar en Inglaterra, Estados Unidos y Rusia. Fue el mejor piloto de combate en la fuerza aérea de Irak y llegó a ser el vicemariscal de la fuerza aérea de Saddam Hussein. Habría ascendido incluso más en el gabinete de Hussein de no haber sido por el hecho de que no era árabe musulmán, sino persa cristiano. Fue el único ministro del gabinete que no era miembro del Partido Ba'ath. Sada ascendió hasta donde lo hizo solamente porque era el único líder militar en quien Hussein confiaba para que le dijera la verdad en lugar de aprobar, por miedo, cualquier cosa que el dictador quisiera hacer.

Tres años después de la captura de Hussein en 2003, el general Sada escribió sus memorias detallando su vida como cristiano que trabajaba en el gobierno islámico suní militante de Hussein. Su libro incluía una aleccionadora advertencia a Occidente con respecto al gradualismo por lo general no violento que vemos que se está produciendo en varias naciones actualmente:

En algunos casos significa mover a miles de familias musulmanas a una tierra extranjera, construyendo mezquitas y cambiando la cultura desde dentro hacia fuera, y negándose a asimilar o adoptar las creencias o los valores de esa nación, para conquistar la tierra para el islam.

Una invasión militar no tendrá éxito [en muchos lugares], pero en países como Inglaterra actualmente, podemos ser testigos de una nación moderna en proceso de ser conquistada por la forma militante de Fatah en un dominio lento, sistemático e implacable de la cultura británica.

El modo de vida en Gran Bretaña ha sido transformado por seguidores del islam. Eso es cierto también en países como Francia, Alemania y Holanda, al igual que en los países escandinavos.

Lo que estamos viendo en muchos lugares es una «revolución demográfica». Algunos expertos han proyectado que para el año 2040, un 80% de la población de Francia será musulmana. En ese punto, la mayoría musulmana controlará el comercio, la industria, la educación y la religión en ese país. Desde luego, también controlarán el gobierno y ocuparán todas las posiciones clave en el Parlamento francés. Y un musulmán será presidente.[26]

Estas son ideas desafiantes. Es más fácil responder a un ejército del ISIS decidido a conquistar mediante la violencia declarada que al incrementalismo, como la rana que se cuece en la tetera, de la conquista gradual.

Traición del ISIS

No necesitamos desarrollar mucho la traición del ISIS, pues está bien documentada en los medios de comunicación. Mientras escribo estas palabras, fuerzas sirias acaban de retomar la ciudad de Palmira, que había estado en poder del ISIS durante diez meses. Poco después, los sirios descubrieron una fosa común que contenía los cuerpos de cuarenta y dos civiles y soldados, incluidos tres niños. El ISIS había disparado a algunas de las víctimas y había decapitado al resto.[27] Muchos más descubrimientos como este son inevitables a medida que se va recuperando el territorio actualmente ocupado por el ISIS.

Asesinato a quemarropa, decapitación pública, tortura, amputaciones, violación, forzar a las mujeres al matrimonio y a ser esclavas sexuales, lanzar desde edificios a quienes quebrantan la ley para que mueran, utilizar a niños como soldados y suicidas… no hay límite en la barbarie del ISIS; y ellos lo justifican todo en nombre de la religión: su estricta adherencia del Corán y al Hadith.

El ISIS es conocido por traición, matanza y barbarie, todas ellas tácticas pensadas para infundir miedo que conduzca a la conversión al islam, a pagar impuestos desorbitados, a huir o a la muerte.

Sabemos que el ISIS perpetúa tal violencia para lograr su objetivo, que es la imposición del islam a todo el mundo. Pero tenemos que preguntarnos: ¿por qué es esto tan importante para sus miembros? Todo está basado en su escatología: su perspectiva del futuro al final de los tiempos. Veamos lo que esto significa.

LOS DESEOS DEL ISIS

Jesús enseñó a sus discípulos a orar por dos resultados escatológicos: «Venga tu reino. Hágase tu voluntad, como en el cielo, así también en la tierra» (Mateo 6.10). Esos dos resultados convergerán en la segunda venida de Jesucristo y el establecimiento de su reino milenario de justicia en la tierra. Sorprendentemente, la escatología del islam sigue un patrón parecido: el regreso de su Mahdi («mesías») y su gobierno sobre un califato mundial (reino) basado en la ley sharia. La teología cristiana parece proporcionar un paradigma para la escatología islámica.

Dadas estas similitudes, a veces oímos a personas poco informadas decir: «Mira, tanto cristianos como musulmanes quieren lo mismo. Rey y reino, ¿cuál es la diferencia?». Créame: la diferencia es enorme. Aparte de los hechos obvios de que los musulmanes *no* adoran a Jesucristo como Señor, *no* lo consideran el único Salvador de la humanidad, y *no* esperan que Él sea su mesías que regresará, la meta suprema del islam difiere radicalmente de la del cristianismo. Su objetivo es el establecimiento de un califato teocrático (un reino gobernado por Alá) mediado por el duodécimo gobernador (imán o Mahdi) desde Mahoma. El ISIS cree que la escalada continuada de guerra y violencia conducirá a un apocalipsis final, la aparición del Mahdi, y el establecimiento del califato mundial.

Avivamiento del Califato

Como preparación para este apocalipsis final, el ISIS quiere retomar todas las tierras que pertenecieron al último y gran califato islámico: el Imperio Otomano. Ese imperio fue dividido después de la Primera Guerra Mundial por Bretaña y Francia, creando los actuales países del Medio Oriente (a excepción de Israel, que fue dividido en 1948). El ISIS tiene intención de volver a capturar esa tierra y hacer que sea la sede del futuro califato mundial.

El actual califa autoproclamado del ISIS es al-Baghdadi, quien cree que otros cuatro califas lo seguirán antes de que regrese el duodécimo califa, el Mahdi, y gobierne el califato mundial. Tanto ahora como en el futuro, el califato islámico será gobernado por la ley sharia. Esta no es una ley escrita como los Diez Mandamientos, sino que incluye las enseñanzas colectivas del Corán, el Hadith, y autoridades aceptadas a lo largo de los siglos, aplicada caso por caso contextual por los tribunales de la sharia.

Actualmente, Irán es el ejemplo más claro de una teocracia islámica. Tiene un gobierno electo, pero el verdadero poder lo retienen los clérigos religiosos del Consejo Guardián y el líder supremo, que puede invalidar a los oficiales electos a su voluntad. Un pasaje de la constitución de Irán resume cómo funciona una teocracia islámica:

> Toda ley civil, penal, financiera, económica, administrativa, cultural, militar, política, y otras leyes y regulaciones deben estar basadas en el criterio islámico. Este principio se aplica de manera absoluta y general a todos los artículos de la Constitución y también a todas las otras leyes y regulaciones, y las [personas sabias] del Consejo Guardián son jueces en esta materia.[28]

La sede del ISIS está en Raqqa, Siria. El modo en que se dirige esta ciudad nos da una indicación de cómo sería un califato mundial, tal como lo imagina el ISIS. Hay escuelas y centros islámicos donde la doctrina islámica se inculca a niños y adultos. Los sistemas de beneficencia y salud están sujetos a una estricta regulación social ejecutada por jueces y tribunales islámicos. «Policía religiosa» con túnicas recorren las calles, con armas automáticas colgando de sus hombros, señalando a ciudadanos cuya vestimenta, vida religiosa, prácticas comerciales, actividades recreativas o conducta social no esté a la altura de las normas de la sharia.

En un califato mundial al estilo ISIS, se permitiría vivir a cristianos, judíos y no creyentes, pero estarían sujetos a fuertes impuestos y serían forzados a someterse a la ley sharia. Todos los lugares de adoración pertenecientes a religiones no islámicas serían destruidos, como lo son actualmente en Raqqa. Si el ISIS se saliera con la suya, esto es una vista previa del próximo califato mundial.

El regreso del Mesías

Musulmanes tanto suníes como chiíes esperan el regreso del mesías islámico, o Muhammad al-Mahdi. Ambas sectas están de acuerdo en que él es el duodécimo sucesor de Mahoma, pero difieren en cuanto a quién es él y cómo regresará.

Los suníes creen que el Mahdi llegará en algún punto en el futuro, ya que la línea de doce califas no ha sido completada aún. Los musulmanes chiíes creen que el duodécimo califa ya ha llegado; nació en el año 869 A.D. y ha estado escondido (oculto) desde 874, esperando el momento adecuado para ser revelado.[29]

El calendario escatológico islámico no es preciso, pero todos los musulmanes están de acuerdo en que sucederán los siguientes acontecimientos principales:

- Una conflagración apocalíptica final entre los ejércitos del islam y los ejércitos de los infieles en Dabiq, Siria, donde los infieles serán derrotados.
- El surgimiento de una figura de un mesías falso en los últimos tiempos que debe ser derrotado.
- El regreso de Jesús (o Isa, un profeta islámico que nunca murió pero fue llevado al cielo), para derrotar al falso mesías, acompañado del regreso o la aparición del duodécimo imán: el Mahdi.
- El juicio final de todos los que sean hallados faltos según las normas islámicas.
- El establecimiento del califato mundial.

Debido a que la batalla apocalíptica final entre el islam y el mundo hace que aparezca el Mahdi, todos los musulmanes militantes consideran la violencia y la lucha como una manera de apresurar ese día. Los soldados del ISIS son motivados a luchar al poner delante de ellos una opción en la que todos salen ganando: si ellos mueren en batalla, obtienen el paraíso. Si viven para ver el apocalipsis, pueden recibir al Mahdi.

LA DERROTA DEL ISIS

La expansión islámica plantea un dilema para los cristianos en todo el mundo. Ya sea que nos enfrentemos a la violencia declarada del ISIS como los cristianos tienen que hacerlo en el Medio Oriente o al gradualismo no violento que está carcomiendo Occidente, ¿cómo hemos de responder?

No podemos evitar preguntarnos si nuestros vecinos o compañeros de trabajo islámicos apoyan al ISIS. ¿O apoyan la expansión no violenta del islam, la imposición de la ley sharia, y la represión de todas las religiones no islámicas? ¿O son meramente musulmanes culturales que quieren coexistir en paz en una sociedad plural que dice: vive y deja vivir?

El motivo de estas preguntas no es acusar, sino enfrentarnos cara a cara con la realidad. El islam es la segunda religión más grande pero de más rápido crecimiento en el mundo. Los cristianos en todo lugar deben entender que su respuesta a este fenómeno religioso mundial puede tener implicaciones de vida o muerte. La locura del islam radical es ahora parte de nuestras vidas porque el ciclo de noticias continuas ha encogido el mundo al tamaño de la pantalla de nuestro teléfono inteligente. No podemos escapar al hecho de que el islam radical plantea una amenaza existencial a todos nosotros, pero especialmente a nuestras hermanas y hermanos cristianos en muchas partes del mundo que soportan una grave persecución a manos del ISIS y sus organizaciones hermanas.

Entonces, ¿qué hacemos?

Recordar

El principio de Hebreos 13.3 se aplica aquí: «Acordaos de los presos, como si estuvierais presos juntamente con ellos; y de los maltratados, como que también vosotros mismos estáis en el cuerpo». Los cristianos en todo el mundo son un cuerpo en Cristo. Debemos orar por la iglesia perseguida que está sufriendo bajo el ISIS; debemos permanecer con ellos en unidad (Efesios 4.4–6) y empatía: «Gozaos con los que se gozan; llorad con los que lloran» (Romanos 12.15).

Acercamiento

Debido a que la mayor de todas las virtudes es el amor (1 Corintios 13.13), tenemos una responsabilidad automática de amar no solo a nuestros hermanos y hermanas perseguidos, sino también a quienes los persiguen (Mateo 5.44). Debemos demostrar el amor de Cristo a fin de revelar a la persona de Cristo. Amar a nuestros amigos y vecinos islámicos les mostrará que pertenecemos a Jesús (Juan 13.35). Los musulmanes honran a Jesús como un gran profeta; tenemos la oportunidad de manifestarlo como un gran Salvador, Señor y Amigo.

Entender

Las Escrituras nos dicen en varios lugares que la batalla principal del cristiano no es contra ejércitos nacionales, sino contra potestades espirituales invisibles que están bajo la influencia del diablo (2 Corintios 10.3–4; Efesios 6.12; 1 Juan 5.19). A veces, sin embargo, las batallas espirituales sobrepasan las murallas del cielo y asolan la tierra. Dios ha ordenado los gobiernos humanos en la tierra para proteger al bien del ataque del mal (Romanos 13.1–4). A veces, esos gobiernos deben llamar a los ciudadanos a la guerra en defensa de una sociedad en orden, y eso ha creado un dilema en las mentes de muchos cristianos bien intencionados y amadores de la paz que creen que el servicio militar es contrario a los principios cristianos. Pero la tradición cristiana principal se ha apoyado por mucho tiempo en los preceptos de San Agustín y Tomás de Aquino, quienes apoyaban la idea de «guerras santas» para los cristianos.[30]

La guerra puede ser terrible, pero a veces es mejor que permitir que el mal corra a sus anchas. Hace años durante la Guerra de

Vietnam, un piloto de helicóptero GI resultó muerto, y en su lápida en New Hampshire, sus padres hicieron inscribir estas palabras del siglo XIX de John Stuart Mill:

> La guerra es fea, pero no es lo más feo. El estado de decadencia y degradación del sentimiento moral y patriótico, que cree que nada justifica una guerra, es peor. Un hombre al que nada le importa más que su propia seguridad personal es una criatura miserable, y no tiene posibilidad de ser libre a menos que sea hecho y mantenido libre por los esfuerzos de hombres mejores que él mismo.[31]

Después de luchar primero de rodillas, puede que también seamos llamados a luchar de pie. La realidad en un mundo caído puede ser desafiante y conflictiva, pero quienes se mantienen centrados en Cristo encontrarán el camino hacia las conclusiones correctas.

Radicalizar

No dejemos que los terroristas islamistas se apropien de la palabra *radical*. Como el doctor David Platt recordó a la iglesia en su libro *Radical: Taking Back Your Faith from the American Dream* [Radical: Recupera tu fe del sueño americano], seguir auténticamente a Jesús al reino de Dios es un acto radical:

> Tú y yo podemos decidir seguir con lo habitual en la vida cristiana y en la iglesia en general, disfrutando del éxito basado en las normas definidas por la cultura que nos rodea; o podemos mirar con sinceridad al Jesús de la Biblia y atrevernos a preguntar cuáles podrían ser las consecuencias si realmente lo creemos a Él y lo obedecemos... Puede que descubramos que la satisfacción en nuestras vidas y el éxito en la iglesia no se encuentran en lo que nuestra cultura considera más importante, sino en un abandono radical a Jesús.[32]

Si le sorprende la disposición del los guerreros del ISIS a morir por aquello en lo que creen, hágase esta pregunta: ¿quién fue el primero en llamar a ese tipo de compromiso? La respuesta se encuentra en Lucas 14.27: «Y el que no lleva su cruz y viene en pos de mí, no puede ser mi discípulo». Jesús, no Mahoma, es la figura más radical de la historia, y Él nos llama a darlo todo porque Él lo dio todo. Él aborrece la tibieza (Apocalipsis 3.16). Como sus seguidores, debemos mostrar al mundo y a nuestros amigos musulmanes lo que puede parecerles radical: amor, sacrificio, valentía y compromiso a extender las buenas nuevas del evangelio en el mundo (Mateo 28.19–20).

Confiar

No hemos de tener miedo a que el ISIS destruirá la iglesia, pues es invencible. Como Jesús le dijo a Pedro: «Y las puertas del Hades no prevalecerán contra ella» (Mateo 16.18). El ISIS puede ahuyentar a cristianos, incluso decapitarlos y destruir sus iglesias, pero nunca prevalecerá sobre la iglesia de Jesucristo. Debemos confiar en esa verdad.

En la historia de comienzo de este capítulo le dije que el ISIS había decapitado a veinte cristianos en esa playa de Libia; pero el número real de decapitados fue veintiuno. Retuve el nombre del último para poder terminar este capítulo con su historia llena de inspiración. Cuando el ISIS publicó el video de la decapitación en masa, había un rostro entre los egipcios que nadie pudo identificar. Después se supo que era un africano de Chad, Mathew Ayairga, que había migrado a Libia para encontrar trabajo. Él no era cristiano, pero por razones que no están claras, había sido tomado junto con los veinte cristianos coptos egipcios y llevado hasta la playa para morir.

Ayairga se arrodilló con su overol color naranja al final de la fila mientras los ejecutores del ISIS pedían a cada uno de los cristianos que rechazaran a Cristo y después los decapitaban cuando se negaban. Finalmente, los carniceros llegaron a Ayairga. Aunque él no era cristiano, ellos demandaron que rechazara al Dios cristiano. «¿Rechazas a Cristo?», le preguntaron.

Al haber observado la fe y la valentía de los cristianos egipcios en toda la horrible situación, Ayairga fue profundamente movido por el inflexible poder de su creencia. En ese momento supo que quería lo que ellos tenían más que la vida misma. Calmadamente confesó a sus captores: «El Dios de ellos es mi Dios».

Momentos después, como el ladrón arrepentido en la cruz que confesó su fe en Cristo (Lucas 23.39–43), creo que Ayairga entró en el paraíso junto con sus compañeros mártires. Al intentar encoger el tamaño de la iglesia triunfante, el ISIS en realidad ha causado que crezca en una persona. El cielo un día revelará cuántos otros, como Ayairga, habrán entrado en el paraíso después de ser testigos de la fe y el martirio de aquellos veinte cristianos egipcios.

No sabemos lo que habrá en el futuro en el Medio Oriente o en Occidente, pero sí sabemos quién tiene en sus manos el futuro. Mientras esperamos el día en que las espadas se volverán en rejas de arado y las lanzas en hoces (Isaías 2.4), representemos fielmente a Cristo ante todo aquel que no lo conoce aún, incluso ante quienes son los enemigos de su iglesia.

CAPÍTULO 8

LA RESURRECCIÓN DE RUSIA

El presidente ruso Vladimir Putin, vestido con ropa normal y casual, se bajó de la dársena hasta la oscilante cubierta de un submarino en miniatura. Se metió dentro de la cápsula, la burbuja de cristal se cerró tras él, y el aparato descendió a las profundidades del mar Negro. El propósito de la excursión de Putin, como se le dijo a la gente, era ver los restos de un barco antiguo que había en el fondo marino; pero mientras las cámaras submarinas seguían el descenso a unos veintisiete metros, se hizo obvio que la arqueología era lo último que Putin tenía en mente. El aparato se niveló y se movió hacia la ciudad costera de Sevastopol, Crimea. Salió a la superficie cerca de un yate que le esperaba, que llevó rápidamente al presidente ruso al puerto marítimo y lo dejó en terreno de Crimea.

La fecha era mitad de agosto de 2015, menos de dieciocho meses después de que Rusia se apoderara de la Península de Crimea arrebatándosela a su vecina Ucrania, una adquisición aprobada por los votantes de Crimea semanas después. En el momento de la toma del poder, Ucrania había estado haciendo propuestas a Occidente con la posibilidad de adherirse a la Unión Europea. Para evitar tal movimiento, que sería un obstáculo para las ambiciones de Putin de un bloque soviético reunificado, no solo se anexó Crimea, sino que también se infiltró en el este de Ucrania con soldados rusos con uniformes no identificados. Su propósito era agitar esa nación, que aún se tambaleaba por la confusión política, para llevarla al caos total. Confrontaciones entre rusos y nacionalistas ucranianos ya habían costado unas seis mil vidas. Era inevitable que el gobierno ucraniano se enfureciera por la visita de Putin a Crimea, condenándola como una arrogante muestra de poder con la intención de aumentar las tensiones, que ya echaban chispas, entre los dos países.

De hecho, ese parecía ser el propósito principal de la visita de Putin; era su manera de decir: «Crimea es territorio ruso. No necesito invitación, ni necesito pasar por las formalidades. No necesito informar a nadie de mi llegada, y puedo venir aquí cuando quiera y de la manera que quiera».

Momentos después de que Putin aterrizara en Sevastopol, un reportero de la BBC cuestionó la legitimidad de la toma de poder, citando el hecho de que la administración ucraniana lo consideraba una toma de poder ilegítima. Putin respondió: «El futuro de Crimea fue decidido por las personas que viven en esta tierra. Ellos votaron estar unidos a Rusia. Eso es todo».[1] La cara y la voz del presidente eran tan firmes e inflexibles como sus palabras. Estaba claro que él no tenía intención alguna de considerar la posibilidad de que Crimea pudiera ser devuelta a Ucrania.

Dado el historial de Putin, esta toma de poder agresiva y su dura actitud no son sorprendentes. Él comenzó su carrera como oficial de la KGB ruso en 1975 cuando Rusia, la nación gobernante de la USSR (Unión de Repúblicas Socialistas Soviéticas) era una importante potencia mundial, segunda tras Estados Unidos. Rusia era temida en todo el planeta por su masivo armamento nuclear y sus amenazas de toma de poder comunista. Putin se retiró de la KGB en 1991 y entró inmediatamente en la política, ascendiendo al poder bajo la administración de Boris Yeltsin. Cuando Yeltsin dimitió en diciembre de 1999 por razones políticas y de salud, Putin se convirtió en presidente temporal. Fue elegido oficialmente en marzo de 2000 y posteriormente ocupó los puestos de presidente (2000–2008) y primer ministro (1999, 2008–2012), antes de volver a ser elegido presidente en 2012.

En el punto medio del ascenso al poder de Putin, las políticas del presidente Ronald Reagan derribaron la amenaza ruso-soviética sin disparar ni un solo tiro. La caída del comunismo y la desintegración de la USSR debieron de ser un golpe amargo para el joven y ambicioso político. Muchos creen que desde aquel momento en adelante, Putin fue impulsado por su determinación a devolver a Rusia su anterior gloria. «Putin siempre ha tenido un objetivo principal en la política exterior: la creación de una "Unión Euroasiática" para actuar como contrapeso de la Unión Europea».[2] La apropiación de Crimea fue solamente el primer paso en esa dirección; pero pronto fue seguido por otros pasos.

A mitad de agosto de 2015, Putin hizo un acuerdo con Irán para proporcionar un sofisticado sistema de misiles de defensa aérea a esa nación beligerante y hostil. Esos nuevos armamentos harán que las cosas sean mucho más difíciles en caso de que Estados Unidos o Israel decidan aumentar los ataques aéreos contra las instalaciones de fabricación nuclear de Irán. Según un artículo en *USA Today*, «Rusia e Irán están cooperando cada vez más en múltiples arenas, notablemente en sus esfuerzos conjuntos para preservar el régimen del presidente de Siria, Bashar Assad, en su guerra civil proporcionando apoyo militar y presión diplomática en su nombre».[3]

El apoyo de Putin al régimen de Assad llegó poco tiempo después de su acuerdo con Irán. En el otoño de 2015 envió fuerzas terrestres y aviones a Siria bajo el pretexto de ayudar en la guerra contra el ISIS, el autodenominado Estado Islámico. Pero pronto se hizo obvio que el interés de Rusia en Siria no era el ISIS cuando comenzó a atacar a las fuerzas rebeldes sirias que intentaban echar del poder al déspota Assad.

Aunque la intervención rusa en Siria ha asegurado la lealtad de Assad, también ha producido miseria al pueblo de Siria, donde más de 470.000 personas han resultado muertas hasta ahora y la mitad de la población se ha visto obligada a huir de sus hogares, creando una importante crisis de refugiados. También ha aumentado el desequilibrio y el caos en la diplomacia del Medio Oriente.

EL DESPERTAR RUSO

Dos terceras partes de la población estadounidense tienen la edad suficiente para recordar la Guerra Fría entre Rusia y Estados Unidos que duró desde 1947 hasta 1991. La amenaza soviética mantuvo a naciones con temor a la invasión rusa. La posibilidad de guerra nuclear se cernía sobre el mundo como una nube negra; pero ese temor fue moderado por la fuerza militar estadounidense, fuertes alianzas occidentales, y líderes con la voluntad de moverse con valentía. Pero ahora, en ausencia de la voluntad estadounidense y el colapso del orden en el Medio Oriente, ¿qué evitará que el viejo archienemigo del mundo, Rusia, vuelva a resurgir?

Parece que Putin entiende que este es su momento de oportunidad y lo está aprovechando. Como escribe un periodista: «Desde que regresó a la presidencia en 2012, el señor Putin ha trabajado para devolver parte del estatus de súper potencia que Rusia perdió con la desintegración de la Unión Soviética, en particular cultivando relaciones con países hostiles con Estados Unidos, como Venezuela y, hasta cierto grado, China».[4] Otro periodista afirma: «El hombre fuerte de Rusia ha devuelto el estatus de importante actor internacional a su país».[5]

Putin obviamente quiere ser reconocido como un líder mundial de una potencia mundial. ¿Dónde conducirá su ambición? ¿Saldrá el viejo Oso ruso de su hibernación durante un cuarto de siglo y volverá a dar otra vez un rugido que sacudirá al mundo? Por mucho que nos gustaría pensar que las manipulaciones de Putin y sus apropiaciones de poder reflejan solamente las excentricidades de un soñador que se extralimita, tenemos buenas razones para creer que la amenaza rusa es real. De hecho, tenemos evidencia de que, en algún momento, Rusia desatará una guerra mundial crucial como nunca nadie haya visto o imaginado. Según el profeta Ezequiel, esto es seguro. Los movimientos agresivos de Rusia actualmente dejan una profunda huella en un futuro que se describe de modo explícito en la profecía de Ezequiel.

LA AGRESIÓN RUSA

Hace aproximadamente dos mil quinientos años, Ezequiel predijo el regreso al poder de Rusia en los últimos tiempos. En los capítulos 38 y 39 de su profecía describió la invasión de la tierra de Israel por Rusia y una coalición de naciones principalmente islámicas. En estos dos capítulos, Dios dio a Ezequiel la profecía más detallada con respecto a la guerra de toda la Biblia.

La profecía comienza con una lista de diez nombres propios, uno de un hombre (Gog) y el resto de naciones que están en alianza y preparándose para una guerra enorme (38.1–6):

1. Gog (v. 2)
2. Magog (v. 2)
3. Ros (v. 2)
4. Mesec (v. 2)
5. Tubal (v. 2)
6. Persia (v. 5)
7. Etiopía (v. 5)
8. Libia (v. 5)

9. Gomer (v. 6)
10. Togarma (v. 6)

LA SUPOSICIÓN RUSA

No encontraremos el nombre *Rusia* en estos dos capítulos proféticos o en ningún otro lugar en la Biblia, pero la nación que conocemos como Rusia figura de modo muy destacado en estas escrituras. En la lista de Ezequiel de diez nombres propios, el tercer nombre, Ros, es el más importante, pues identifica la nación gobernada por el líder de la coalición que atacará a Israel. Tenemos al menos dos fuertes razones para creer que Ros y Rusia son una y la misma.

El argumento del idioma

El término *Ros* se encuentra tres veces en la profecía de Ezequiel: 38.2, 38.3 y 39.1. No es difícil ver la similitud fonética entre las palabras *Ros* y *Rusia*. El doctor John F. Walvoord nos dice que «en el estudio de cómo llegaron al idioma moderno las palabras antiguas, es bastante común que las consonantes permanezcan igual y las vocales cambien. En la palabra "Ros", si cambiamos la vocal "o" por "u", se convierte en la raíz de la palabra moderna Rusia».[6]

Wilhelm Gesenius, el famoso lexicógrafo del siglo XIX, aumenta la certeza de esa suposición cuando nos asegura que *Ros* en Ezequiel 38 y 39 es «sin duda, los rusos, que son mencionados por los escritores bizantinos del siglo X con el nombre de *Ros*».[7]

El argumento de la ubicación

Es significativo que la Biblia se refiera a la ubicación de Israel como en «el medio» de la tierra: «Así ha dicho Jehová el Señor: Esta es Jerusalén; la puse en medio de las naciones y de las tierras alrededor de ella» (5.5). La palabra hebrea traducida como *en medio* en este versículo se traduce más literalmente como «ombligo».[8] Los rabinos judíos veían a Jerusalén como el centro de la brújula del mundo:

> Al igual que el ombligo está situado en el centro del cuerpo humano, así la tierra de Israel es el ombligo del mundo... situada en el centro del mundo, y Jerusalén en el centro de la tierra de Israel, y el santuario en el centro de Jerusalén, y el lugar santo en el centro del santuario, y el arca en el centro del lugar santo, y la primera piedra delante del lugar santo, porque de ella fue fundado el mundo.[9]

Los profetas asumían que Israel es el núcleo del mundo. Esto significa que dondequiera que encontremos puntos de la brújula o direcciones geográficas en la profecía, se dan en relación con la posición de Israel. Norte significa el norte de Israel; sur significa el sur de Israel, y así sucesivamente.

El profeta Daniel utilizó el término «rey del norte» para describir al gobernador que se presenta en la profecía de Ezequiel y que dirigirá un ataque contra Israel en los últimos tiempos (Daniel 11.5–35). La profecía de Ezequiel engrana perfectamente con la de Daniel al decir que los ejércitos invasores llegarán a Israel «desde el *lejano* norte» (Ezequiel 38.6, 15, NVI). En la traducción del hebreo en la Reina-Valera 1960, la frase se traduce como «de los confines del norte»; es decir, «el norte extremo».

El doctor Walvoord aclaró la importancia de esta especificación geográfica:

> Si tomamos cualquier mapa del mundo y trazamos una línea al norte de la tierra de Israel, inevitablemente llegamos a la nación de Rusia. En cuanto la línea se traza hasta el lejano norte más allá de Asia Menor y el mar Negro, está en Rusia y sigue estando en Rusia

durante muchos cientos de kilómetros hasta el Círculo Ártico...
Sobre la base de la geografía solamente, parece bastante claro que la
única nación a la que posiblemente podría hacerse referencia como
proveniente del lejano norte sería la nación de Rusia.[10]

Solamente un país ocupa una posición geográfica «en los confines
del norte» con respecto a Israel. Esa nación es Rusia, cuya masa terres-
tre se extiende desde el Báltico hasta los mares de Bering.

LA ALIANZA RUSA

Ahora que hemos identificado la Ros de Ezequiel como la Rusia del
presente, regresaremos a los otros nombres enumerados al comienzo
de su profecía, nombres que identifican al líder y las naciones que for-
man la alianza que atacará a Israel.

El comandante de la alianza

Los dos primeros versículos de Ezequiel 38 dicen: «Vino a mí
palabra de Jehová, diciendo: Hijo de hombre, pon tu rostro contra
Gog en tierra de Magog, príncipe soberano de Mesec y Tubal». La
palabra *Gog* se encuentra doce veces en Ezequiel 38 y 39, y significa
«alto», «supremo», «una cumbre» o «un monte alto».[11] Contrariamente a los otros nombres en esta profecía, Gog se refiere no a una nación
sino a una persona. Varias veces en estos capítulos Dios habla a Gog
como alguien que habla a un individuo.

Algunos eruditos creen que Gog no es un nombre personal sino
un título, parecido a «presidente», «César» o «faraón». Gog es de la
tierra de Magog y de algún modo ha llegado a ser el príncipe de
otras tres tierras: Ros, Mesec y Tubal (38.3). Él ha amasado el poder
para llegar a ser el líder de los ejércitos que invadirán Israel. Dios

ordena a Gog que sea un guarda para estas naciones: «Prepárate y apercíbete, tú y toda tu multitud que se ha reunido a ti, y sé tú su guarda» (38.7).

Matthew Henry explicó el uso del término *guarda* en este versículo: «Como comandante en jefe, que se ocupe de cuidar de ellos y de su seguridad; que dé su palabra para su seguridad, y los acoja bajo su protección particular».[12] En otras palabras, Dios ordena a Gog que sea un comandante eficaz de esta alianza masiva.

Los países en la alianza

Magog

Ezequiel nos dijo que Gog, el comandante de la alianza, vendrá de la tierra de Magog. Según Génesis 10.2, Magog era el segundo hijo de Jafet y el nieto de Noé. Su nombre también se menciona en 1 Crónicas 1.5; Ezequiel 38.2; Ezequiel 39.6 y Apocalipsis 20.8.

La mayoría de eruditos identifican la antigua tierra que Magog fundó como el anterior dominio de los escíticos, que vivían en las montañas que rodeaban los mares Negro y Caspio. En *The Jeremiah Study Bible* [Biblia de estudio Jeremiah], identifico esta zona como la tierra natal de los países que terminan en «-stán», todos ellos estados del anterior Imperio Soviético: Kazajistán, Kirguistán, Uzbekistán, Turkmenistán, Tayikistán, y quizá Afganistán.[13] Según Mark Hitchcock: «Todas estas naciones tienen una cosa en común: el *islam*. Y dentro de sus fronteras tienen una población de sesenta millones».[14]

Mesec y Tubal

Mesec y Tubal eran los hijos quinto y sexto de Jafet y, por lo tanto, nietos de Noé (Génesis 10.2). Los descendientes de estos dos hombres establecieron ciudades o territorios con sus nombres. C. I. Scofield identifica Mesec como «Moscú» y Tubal como «Tobolsk».[15]

Pero muchos otros eruditos y expertos los identifican como territorios en la moderna Turquía.

Persia

Las palabras *Persia*, *persa* o *persas* aparecen treinta y seis veces en el Antiguo Testamento. Según Ezequiel 38.5, Persia también participará en la invasión rusa de Israel. Persa cambió su nombre al de Irán en marzo de 1935 y después, en 1979, volvió a cambiarlo a República Islámica de Irán. Irán y Rusia serán las fuerzas dirigentes en este intento final de borrar del mapa a Israel. Actualmente, con sus setenta y siete millones de personas, Irán está ejerciendo su malévola influencia no solo en el Medio Oriente, sino también en Occidente.

Bajo el liderazgo del presidente Obama, Estados Unidos ha entrado en un acuerdo con Irán que deja perplejos a aliados y enemigos por igual. Implica permitir que ese país desarrolle armas nucleares y tenga acceso a unos cien mil millones de dólares.[16] ¡Más de un experto ha argumentado que Estados Unidos es ahora el principal financiador del terrorismo en el mundo!

Por qué ha decidido la administración Obama confiar en Irán es un gran misterio, pues es una de las naciones más beligerantes del mundo en la actualidad. Pese al hecho de que el acuerdo nuclear estadounidense ha ayudado a Irán en su búsqueda de poder, ese país no ha disminuido su odio hacia los estadounidenses o los israelíes. Los líderes iraníes llaman a Estados Unidos «el Gran Satán», y siguen jurando abiertamente borrar a Israel de la faz de la tierra. Su odio es intenso e implacable.

Cada año los musulmanes celebran Quds Day el último viernes del ramadán, que en 2015 fue el 10 de julio. Quds Day ha sido históricamente un tiempo para llamar a la violencia contra el estado judío. Poco después del Quds Day de 2015, «el presidente iraní Hassan

Rouhani instó a todo el país a "gritar su odio por los sionistas" y respaldar los esfuerzos palestinos por ocupar territorio de Israel».[17]

Lo que molesta a las naciones occidentales al igual que a la mayoría del Medio Oriente es el hecho de que el acuerdo con Irán da a Irán los medios para actuar en base a ese odio. Según el *Washington Post*:

> Ninguna de las instalaciones nucleares de Irán... será clausurada. Ninguna de las 19.000 centrifugadoras del país será desmantelada... En efecto, la infraestructura nuclear de Irán seguirá intacta... Cuando el tratado expire, la república islámica se convertirá al instante en el umbral de un estado nuclear... El tratado propuesto proporcionará a Irán un inmenso impulso económico que le permitirá librar más agresivamente las guerras que ya está luchando o financiando en la región.[18]

Lo que puede ser peor, los términos de inspección imprecisos e imposibles de aplicar delineados en el tratado juegan en manos de los crecientes vínculos de Rusia con Irán. «El acuerdo sería vulnerable a la avaricia de otros actores internacionales, particularmente Vladimir Putin. Si los rusos, entre otros, engañaron cuando se trató de supervisar las actividades de Saddam Hussein, podemos estar seguros de que harán lo mismo con Irán».[19]

Está claro que los nuevos y crecientes acuerdos entre Rusia e Irán revelan una trayectoria que señala hacia el cumplimiento final de la profecía de Ezequiel.

Etiopía

Esta es la primera de dos naciones norteafricanas mencionadas como parte de esta coalición. Etiopía fue fundada por Cus, el nieto de Noé mediante su segundo hijo, Cam (Génesis 10.6). Cuando Ezequiel hizo esta profecía, Etiopía era el nombre de la tierra al sur de Egipto.

Actualmente, esa región es el moderno país de Sudán. Junto con Irán, Sudán es uno de los enemigos más feroces de Israel.

Libia

Libia es la tierra al oeste de Egipto, el único país en la lista de Ezequiel que retiene su nombre antiguo en la actualidad. Como Etiopía, también fue fundada por un hijo de Cam: Put (Génesis 10.6). La actual Libia, junto con Irán y Siria, es otro de los amigos de Rusia entre los estados islámicos.

La moderna Libia estuvo gobernada durante cuarenta y un años por el infame dictador Muammar Gaddafi. Él resultó muerto en la estela de las revueltas de la Primavera Árabe de 2011, en la cual rebeldes en varios países árabes intentaron derrocar a gobiernos dictatoriales. Incluso ahora el legado de Gaddafi aún persigue a Libia, que sigue estando destrozada por la guerra civil y la violencia en las calles (incluyendo el ataque al recinto estadounidense en Bengasi el 11 de septiembre de 2012) mientras islamistas militantes se disputan el control. El actual gobierno libio está renovando sus vínculos con Rusia con la esperanza de comprar armamento militar.[20]

Gomer

Gomer fue el primer hijo de Jafet y el nieto de Noé (10.2-3). Debido a la similitud entre las palabras, muchos han pensado que Gomer fue el fundador de la nación que es ahora Alemania. Creyendo que Gomer representa a la moderna Alemania, John Phillips escribió de la muerte y el caos que esa nación ha infligido en el pasado, especialmente contra los judíos:

> Sin ayuda, una Alemania unida y más grande («Gomer, y todos sus grupos») había estado a punto de ganar la Segunda Guerra Mundial. El intento de los nazis de lograr el poder global había costado

35 millones de vidas. En los campos de batalla, 1 de cada 22 rusos había resultado muerto, 1 de cada 25 alemanes, y 1 de cada 150 británicos. Además, 2 de cada 3 judíos europeos habían sido sistemáticamente exterminados. Había sido necesaria toda la fuerza combinada del Imperio Británico, la Unión Soviética y Estados Unidos para luchar y detener a Alemania. ¿Y si una Alemania unida y antisemita quisiera buscar sus fortunas futuras aliada con una Rusia antisemita?[21]

Togarma

Togarma era el tercer hijo de Gomer, hijo de Jafet (10.3) y, así, el bisnieto de Noé. Ezequiel situó esta nación específicamente para nosotros: «Togarma, desde el lejano norte, con todas sus tropas« (Ezequiel 38:6, NVI). Algunos comentaristas identifican Togarma con Turquía, notando una posible conexión etimológica entre el nombre Togarma y los nombres Turquía y Turquistán.[22]

Estas son las naciones que finalmente formarán una coalición y marcharán contra la nación de Israel, preparando el escenario para esta guerra mundial gigantesca que tiene la Tierra Santa como su punto focal. El mapa siguiente muestra que estas naciones rodean literalmente a Israel. Aunque los ejércitos del norte de Rusia y Turquía dirigirán la coalición, se les unirá Irán desde el este, Sudán y Libia desde el sur, y (posiblemente) Alemania desde el oeste en forma de una coalición reestructurada de naciones europeas. Para oscurecer la imagen para Israel, recordemos que Ezequiel enumera solamente a los aliados *principales* de Rusia en la invasión, pero añadió que tendrá «muchos pueblos» de su lado (38.9). Cuando Rusia esté preparada para moverse contra Israel, tendrá como sus aliados al menos a los estados árabes del Medio Oriente y probablemente a las naciones del anterior bloque soviético.

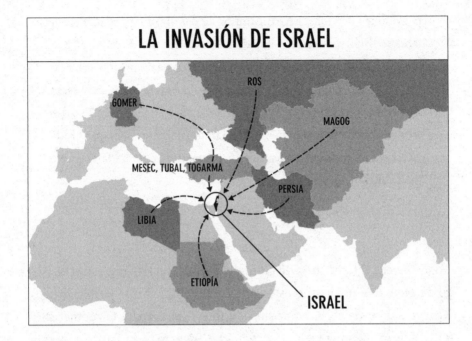

LA INVASIÓN DE ISRAEL

EL ATAQUE RUSO

Tras enumerar al grupo de aliados rusos, Ezequiel pasó a describir la invasión de Israel (38.7–17). Al leer esta parte de las Escrituras, recuerde que es una profecía *contra* Rusia y las naciones invasoras. «Así ha dicho Jehová el Señor: He aquí, yo estoy *contra* ti» (38.3). El término *ti* se refiere a Rusia, y los términos *ellos* y *de ellos* se refieren a Israel en esta parte.

No hay duda de que en este punto se estará preguntando: ¿por qué insta Dios a las naciones contra las que se opone a que ataquen a su pueblo escogido? Aprenderemos la respuesta a esa pregunta en breve.

¿Por qué atacarán Rusia y sus aliados a Israel?

¿Cuál es el propósito de esta invasión? Ezequiel nos dio tres respuestas que surgen de los corazones malvados de los atacantes de Israel. (En realidad hay una cuarta respuesta más profunda que surge del corazón de Dios mismo. Eso será revelado más adelante en el capítulo).

En primer lugar, los rusos saldrán para *apoderarse* de la tierra de Israel: «Subiré contra una tierra indefensa... todas ellas habitan sin muros... para poner tus manos sobre las tierras desiertas ya pobladas» (38.11–12).

En segundo lugar, el propósito será *robar* la riqueza de Israel: «para arrebatar despojos y para tomar botín... para quitar plata y oro, para tomar ganados y posesiones, para tomar grandes despojos» (38.12–13). Exploraremos el alcance de la riqueza de Israel más adelante en este capítulo.

En tercer lugar, el gran ejército del Norte buscará *masacrar* al pueblo de Israel: «Subiré contra una tierra indefensa, iré contra gentes tranquilas que habitan confiadamente; todas ellas habitan sin muros, y no tienen cerrojos ni puertas... para poner tus manos... sobre el pueblo recogido de entre las naciones... y subirás contra mi pueblo Israel como nublado para cubrir la tierra» (38.11–12, 16). Ya hemos observado el odio islámico hacia Israel, un odio que ha existido desde que Abraham exilió a Ismael de la presencia de Isaac (Génesis 21.8–19). Ese odio solamente puede ser satisfecho por la aniquilación de la nación judía.

¿Dónde ocurrirá la invasión rusa?

Ezequiel identificó el país a ser invadido como «la tierra salvada de la espada, recogida de muchos pueblos, a los montes de Israel» (Ezequiel 38.8).

Al menos cinco veces en el capítulo 38, Ezequiel afirmó que Israel será el objetivo de la coalición rusa. Solamente este hecho hace que la profecía de Ezequiel sea sorprendente, porque Israel es una de las naciones más pequeñas de la tierra. Tiene una decimonovena parte del tamaño de California y apenas alcanza el tamaño de Nueva Jersey. Rusia es 785 veces mayor que Israel. Israel mide aproximadamente 467 kilómetros en su lado más largo, 137 kilómetros en su lado más ancho, y 14 kilómetros en su lado más estrecho.[23] Sin embargo, aquí la nación está en el centro de una de las guerras globales finales del mundo, el objetivo de una coalición masiva dirigida por una súper potencia mundial.

¿Cuándo se producirá la invasión?

Ezequiel profetizó que deben tener lugar tres acontecimientos antes de que Rusia invada Israel. Dos de esos acontecimientos ya son historia; el tercero aún ha de cumplirse.

Israel debe estar presente en su tierra

Ezequiel nos dijo seis veces en los capítulos 38 y 39 que el disperso pueblo de Israel será reunido en su tierra natal original (dos veces en 38.8; también en 38.12 y 39.25, 27, 28). También registró esta promesa de Dios en un capítulo anterior: «Y yo os tomaré de las naciones, y os recogeré de todas las tierras, y os traeré a vuestro país» (36.24).

En la época de Ezequiel, las únicas tribus de Israel que quedaban, Judá y Benjamín, habían sido deportadas de su tierra natal por los babilonios. Cuando Ciro el Persa conquistó Babilonia, él y sucesivos gobernadores persas permitieron que los judíos regresaran a su tierra; pero unos seiscientos años después, en el año 70 A.D., el general romano Tito conquistó Jerusalén, destruyendo por completo la ciudad y masacrando a cientos de miles de judíos. Soldados romanos recorrieron posteriormente toda la tierra destruyendo todo edificio, talando o desarraigando árboles, y haciendo todo lo posible por dejar la tierra inhabitable. Israel estuvo en ruinas durante varias generaciones después, y los judíos fueron dispersados sobre la faz de la tierra: la gran diáspora judía.

Como resultado de los realineamientos del Medio Oriente tras la Segunda Guerra Mundial, Palestina (la zona del Israel original) se convirtió en protectorado británico. Al final de la Segunda Guerra Mundial, la horrible persecución alemana al pueblo judío generó presión para permitirlos regresar a su tierra natal antigua. Comenzaron a llegar judíos a Palestina en grandes números. En mayo de 1948, la Israel recién establecida fue reconocida por Estados Unidos como una nación-estado. En unos años, por primera vez en casi veinte siglos, más de quinientos mil judíos habían regresado a su tierra original. Fue el mayor regreso de judíos a su tierra desde los días del éxodo.

De los 14 millones de judíos que hay en el mundo en la actualidad, 6,3 millones viven en Israel.[24] Esto supone casi el mismo número de judíos que fueron asesinados en el Holocausto. La población total de Israel es aproximadamente 8,5 millones, con 1,7 millones de árabes que constituyen la mayor diferencia.[25]

Obviamente, la profecía de Ezequiel no podría haberse cumplido antes de 1948, ya que el pueblo judío aún no había sido reunido en su tierra antigua.

Ezequiel añadió un punto más con respecto a la ocupación de Israel de su tierra antes de la invasión rusa. Nos dijo que Gog, el líder de la coalición, vendrá «a la tierra salvada de la espada, recogida de muchos pueblos, a los montes de Israel, que siempre fueron una desolación» (38.8). Los judíos no solo regresarán a su tierra, sino que también ocuparán «los montes de Israel». Mark Hitchcock explica el significado de esta profecía y cómo se ha cumplido ya: «La famosa Guerra de los Seis Días en Israel en 1967 ayudó a preparar el escenario para que esta profecía se cumpliera. Antes de la Guerra de los Seis Días, los montes de Israel estaban en manos de los árabes jordanos, con la excepción de una pequeña franja de Jerusalén occidental. Los montes *de* Israel han estado *en* Israel solamente desde esa guerra».[26]

Ezequiel 36–37, los dos capítulos anteriores a la descripción de la invasión rusa, predicen la reunión de la nación de Israel. Esa reunión marca el renacimiento *nacional* de Israel, y como hemos mostrado anteriormente, eso ya ha ocurrido. Ezequiel 40–48, los capítulos que siguen a la descripción que hace Ezequiel de la invasión, hablan del

Milenio, que será el tiempo del renacimiento *espiritual* de Israel. La invasión de Gog y Magog tendrá lugar entre los renacimientos *nacional* y *espiritual* de Israel.

Israel debe ser próspera en su tierra

Ezequiel profetizó también que cuando el pueblo judío haya regresado a su tierra, Dios los bendecirá por encima de lo que ellos conocieron anteriormente: «Multiplicaré sobre vosotros hombres y ganado, y serán multiplicados y crecerán; y os haré morar como solíais antiguamente, y os haré mayor bien que en vuestros principios; y sabréis que yo soy Jehová» (36.11).

Ya hemos observado que una de las razones de la invasión rusa de Israel será apoderarse de la gran riqueza de la nación (38.12). Ezequiel anunció que después de que la nación de Israel sea restablecida, se volverá muy rica y será la envidia de las naciones hostiles que la rodean.

Los israelíes cuentan un chiste sobre un judío que comienza a leer solamente periódicos árabes. Un amigo perplejo le pregunta por qué. «Cuando leo los periódicos israelíes», responde, «lo único que encuentro son malas noticias sobre nosotros: que somos vulnerables al terrorismo y el ataque, problemas con los asentamientos palestinos, conmoción política y cada vez más aislamiento; pero los periódicos árabes no dicen otra cosa que buenas noticias sobre nosotros: constantemente afirman que somos ricos, exitosos, y que gobernamos el mundo».[27]

Esos periódicos árabes puede que vean la riqueza de Israel como corrupción material, pero son muy precisos con respecto a su realidad. Aquí tenemos varios ejemplos:

- «La Bolsa de Valores de Tel Aviv enumera a 616 empresas, queriendo decir que Israel tiene una empresa pública por cada 12.500 ciudadanos. En comparación, Estados Unidos tiene una empresa pública por cada 47.000 ciudadanos».[28]

- Israel «tiene la mayor cantidad de empresas no estadouniden-ses en el Nasdaq en el mundo, más que China, India, Corea, Japón, Canadá o todo el continente europeo».[29]

- La economía de Israel ha sido clasificada como la tercera más innovadora del mundo, detrás de Finlandia y Suiza, y por de-lante de Japón y Estados Unidos.[30]

- Para ser una nación de solo ocho millones de personas, Israel genera unas quinientas nuevas empresas cada año, más que cualquier otro país excepto Estados Unidos. Por comparación, todo el continente de Europa, con una población de unos sete-cientos millones de personas, produce solamente de seiscientas a setecientas nuevas empresas cada año.[31]

- Israel es el hogar de diecisiete multimillonarios y más de ochen-ta y ocho mil millonarios.[32]

- De las quinientas personas más ricas del mundo, nueve son israelíes. Y de los cincuenta principales multimillonarios, diez son judíos.[33]

La prosperidad de Israel hoy día está por encima de toda duda. Dios ha bendecido a esa nación de maneras jamás conocidas, ni siquie-ra en tiempos del rey Salomón. Esto significa la segunda de las tres condiciones que existirán antes de que tenga lugar la invasión rusa.

Israel debe estar en paz en su tierra

La tercera condición de Israel que estará en su lugar antes de la inva-sión rusa es la paz. Ezequiel nos dijo que la coalición del norte descen-derá sobre un pueblo cuya paz es tan segura que no se molestarán en mantener armas o tomar medidas defensivas. El arrogante Gog presu-me: «Subiré contra una tierra indefensa, iré contra gentes tranquilas que habitan confiadamente; todas ellas habitan sin muros, y no tienen cerrojos ni puertas» (38.11; ver también 38.8, 14).

En tiempos antiguos, siempre que una ciudad prosperaba y se destacaba, se construía un muro a su alrededor. Cuando mi esposa y yo hemos viajado en Europa y el Medio Oriente, con frecuencia hemos visto partes de esos muros antiguos que aún permanecen en pie; pero el profeta Ezequiel, guiado por Dios, describió un tiempo en el futuro de Israel en que no habrá muros, un tiempo cuando Israel vivirá en paz y seguridad sin preocuparse por tener medidas defensivas.

Esta es claramente una condición que aún no se ha producido. Nunca ha habido un tiempo en la existencia de Israel, antigua o moderna, en que no haya estado preocupada por la defensa. Israel siempre ha estado rodeada de enemigos. Incluso en la actualidad, Israel es amenazada constantemente por todos lados por vecinos extremadamente hostiles que duplican varias veces su tamaño. Ya ha peleado tres grandes guerras en su breve historia moderna, y el vecino cercano de Israel, Irán, está rabiosamente deseoso de aniquilarla.

No hay ningún país en la tierra tan masivamente armado para su tamaño y tan constantemente vigilante como Israel. Se requiere a todo hombre joven israelí que realice tres años de entrenamiento militar, y a cada mujer que se entrene durante dos años. Si visita Israel en la actualidad, verá su preparación para la guerra que se muestra por todas partes. Hay soldados armados estacionados en cada ubicación estratégica, y la seguridad es la mayor prioridad. No se puede entrar en una tienda o restaurante sin pasar por un detector de metales. No, Israel no está en paz, y ni se acerca a estarlo. Eso significa que la invasión rusa no es inminente.

Sin embargo, llegará un tiempo en que Israel estará en paz en su tierra. El profeta Daniel nos dijo cómo se producirá esa paz: «Y por otra semana [el anticristo] confirmará el pacto con muchos» (Daniel 9.27).

Daniel nos dijo que cuando aparezca el anticristo, uno de sus primeros proyectos será zanjar la perpetua disputa árabe-israelí. En nombre de la coalición europea de naciones, hará un pacto con los judíos para garantizar su seguridad; este pacto, que será para un periodo de siete años (9.27), hará que Israel baje la guardia y dirija su atención hacia la prosperidad. Israel será, por primera vez, una nación de pueblos «sin muros» y, por lo tanto, un objetivo preparado para la agresión rusa.

La Biblia nos dice que esta invasión tendrá lugar «al cabo de años» (Ezequiel 38.8) y «al cabo de los días» (38:16). Según J. Dwight Pentecost, los términos *al cabo de años* y *al cabo de los días* hacen «referencia específica a los últimos años y días del trato de Dios con la nación de Israel que, ya que es antes de la era milenial (Ezequiel 40), debe tener lugar durante el trato de Dios con Israel en la semana diecisiete de la profecía de Daniel», el periodo de siete años de Tribulación.[34]

Así, tenemos precisado el tiempo de la invasión rusa de Israel. Para resumir, llegará después de que Israel regrese a su tierra, después de que se haya vuelto muy próspera, y después de la implementación del tratado de paz de siete años con el anticristo.

LA ANIQUILACIÓN RUSA

Cualquiera que observe el avance de esta horda de ejércitos ya habrá pronunciado el destino de Israel. Israel siempre ha estado sobrepasado en número en sus guerras, pero en esta ocasión habrá un desequilibrio tan inmenso que no habrá forma humana de que la nación sobreviva. Aquí tenemos la descripción que hace Ezequiel del avance de la coalición: «Vendrás de tu lugar, de las regiones del norte, tú y muchos pueblos contigo... gran multitud y poderoso ejército, y subirás contra mi pueblo Israel como nublado para cubrir la tierra» (38.15–16).

Algunos han sugerido que la referencia a un nublado significa ataques aéreos masivos; pero es más probable que el profeta utilizó esta metáfora para describir la naturaleza colosal de la invasión. Al igual que un nublado cubre la tierra con su sombra, así los ejércitos de la alianza rusa cubrirán la tierra de Israel.

Lo que sucede después en esta asombrosa narrativa desafía a la imaginación. Cuando todos esperan que la supervivencia de Israel desaparezca, Dios interviene: «En aquel tiempo, cuando venga Gog contra la tierra de Israel, dijo Jehová el Señor, subirá mi ira y mi enojo. Porque he hablado en mi celo, y en el fuego de mi ira» (38.18–19).

Recordemos que cuando estuvimos bosquejando las tres razones para el ataque ruso sobre Israel, aludí a una cuarta razón que supera a todas las demás, una razón de la que no sabrá absolutamente nada la coalición invasora. Esa razón es preparar el escenario para el castigo de Dios a Rusia y sus aliados por su historial de rebelión contra Él. Aquí tenemos la explicación de Ezequiel:

> Y haré notorio mi santo nombre en medio de mi pueblo Israel, y nunca más dejaré profanar mi santo nombre; y sabrán las naciones que yo soy Jehová, el Santo en Israel. He aquí viene, y se cumplirá, dice Jehová el Señor; este es el día del cual he hablado. (39.7–8)

Dios usará las tendencias malvadas de esas naciones aliadas, su avaricia, odio y sed de sangre, para incitarlos a atacar a Israel de modo que Él pueda ejecutar su juicio contra ellos por su largo historial de opresión humana. Este juicio descenderá en una serie de desastres incluso más espectaculares y catastróficos que las plagas que Dios infligió sobre el antiguo Egipto. Ezequiel describió cuatro calamidades clave que descenderán sobre los ejércitos invasores cuando Dios intervenga para proteger a su pueblo.

Convulsiones monumentales

La primera calamidad que Ezequiel profetizó fue un terremoto:

Que en aquel tiempo habrá gran temblor sobre la tierra de Israel;
que los peces del mar, las aves del cielo, las bestias del campo y toda
serpiente que se arrastra sobre la tierra, y todos los hombres que
están sobre la faz de la tierra, temblarán ante mi presencia; y se
desmoronarán los montes, y los vallados caerán, y todo muro caerá
a tierra. (Ezequiel 38.19–20)

Este terremoto será como ninguno jamás visto en la tierra. Superará con creces la escala de Richter. Rascacielos e incluso montañas se derrumbarán. Aunque Israel será el epicentro, toda criatura viviente en la tierra sentirá los efectos de este colosal terremoto.

Confusión militar

El movimiento, el desastre, y las nubes de polvo y humo que salen del terremoto generarán una confusión en masa entre los ejércitos invasores (v. 21). Aquí tenemos la descripción que hace del caos el doctor Walvoord:

En el pandemonio, la comunicación entre los ejércitos invasores se
interrumpirá y comenzarán a atacarse los unos a los otros. La espada
de cada hombre estará contra su hermano. Temor y pánico recorrerán
los ejércitos de modo que cada ejército disparará indiscriminadamente a los demás.[35]

John Phillips nos proporciona una dimensión añadida de la autodestrucción de los atacantes:

Los líderes rusos subestimarán el odio albergado por muchos grupos étnicos contra los rusos mismos. También los aliados de Rusia, aunque motivados por un odio común a Israel, probablemente estarán ya hartos de la arrogancia y el dominio ruso. En cualquiera de los casos, surgirá una revuelta que se ha cocido a fuego lento, y los invasores se volverán unos contra otros.[36]

Este acontecimiento será una repetición de otro similar en la historia de Israel, pero a una escala exponencialmente más grande. En los tiempos del rey Josafat, los enemigos de Israel se destruyeron a ellos mismos volviéndose unos contra otros (2 Crónicas 20.22–25). Dios protegerá a su pueblo en el futuro como ha hecho en el pasado.

Contagio generalizado

La tercera arma de Dios contra la coalición rusa será una epidemia de enfermedad: «Y yo litigaré contra él con pestilencia y con sangre» (Ezequiel 38.22). Por todas partes habrá cadáveres sin enterrar, causando que una plaga maligna infecte la tierra. Otros miles de invasores morirán.

Calamidades múltiples

Una avalancha de fuego y azufre caerá sobre Rusia y sus aliados al igual que Dios hizo llover fuego y azufre sobre Sodoma y Gomorra (v. 22).

Si los problemas de la coalición en el campo de batalla no fueran suficientes, estas calamidades infligidas por Dios se extenderán también hasta las tierras de Magog. «Y enviaré fuego sobre Magog, y sobre los que moran con seguridad en las costas; y sabrán que yo soy Jehová» (Ezequiel 39.6). Quienes permanezcan en casa en Magog no escaparán al castigo. Recordemos que *Magog* es el término que cubre las naciones del Medio Oriente que fueron anteriormente parte de la Unión Soviética: Kazajistán, Kirguistán, Uzbekistán, Turkmenistán, Tayikistán, y quizá Afganistán.

LA REPERCUSIÓN RUSA

La intervención sobrenatural de Dios para proteger a Israel y llevar juicio sobre los rusos dejará los campos de Israel, sus montes, llanuras, barrancos y lagos llenos de inmensas masas apiladas de los cuerpos de los invasores. Será un espeluznante testimonio del final innoble de aquellos que desafían a Dios hasta el final. La eliminación final de esos cadáveres puede resumirse en las siguientes palabras: las aves y los animales, los enterramientos y la quema. Estas tres operaciones se describen en Ezequiel 39. Al igual que Ezequiel 38 detalla la *destrucción* de los ejércitos del norte, el capítulo 39 describe su *eliminación*.

Las aves y los animales

Ezequiel registró la invitación de Dios a todas las aves del mundo y los animales del campo a acudir a Israel y devorar los varios miles de cuerpos que estarán dispersos por la tierra. Dios lo llama un «sacrificio grande» para los carroñeros que llevarán a cabo su orden y limpiarán la tierra para su pueblo:

> Juntaos, y venid; reuníos de todas partes a mi víctima que sacrifico para vosotros, un sacrificio grande sobre los montes de Israel; y comeréis carne y beberéis sangre. Comeréis carne de fuertes, y beberéis sangre de príncipes de la tierra... Comeréis grosura hasta saciaros, y beberéis hasta embriagaros de sangre de las víctimas que para vosotros sacrifiqué. Y os saciaréis sobre mi mesa, de caballos y de jinetes fuertes y de todos los hombres de guerra, dice Jehová el Señor. (39.17–20)

La quema

No solo dejará masas de cuerpos la fallida invasión rusa, sino que también dejará por todas partes todo el equipamiento militar de la coalición en el paisaje. ¿Cómo serán eliminadas esas armas ahora inútiles?

> Y los moradores de las ciudades de Israel saldrán, y encenderán y quemarán armas, escudos, paveses, arcos y saetas, dardos de mano y lanzas; y los quemarán en el fuego por siete años. No traerán leña del campo, ni cortarán de los bosques, sino quemarán las armas en el fuego; y despojarán a sus despojadores, y robarán a los que les robaron, dice Jehová el Señor. (39.9–10)

Se necesitarán varios años para quemar el enorme número de armas que los aliados rusos dejarán en Israel. En un libro anterior hablé de una pregunta que la gente hace con frecuencia sobre esas armas. Ezequiel las describió como artefactos antiguos: escudos, paveses, arcos y saetas, dardos de mano y lanzas. Sabemos que esta batalla futura seguramente se luchará con armamento moderno sofisticado: rifles, artillería, tanques, aviones, bombas, misiles, y posiblemente incluso armas nucleares. ¿No nos presenta Ezequiel una discrepancia anacrónica aquí?

Como respuesta, escribí que «debemos permitir que prevalezca el sentido común en nuestra lectura de Ezequiel. Él hizo lo que han hecho todos los profetas: habló del futuro utilizando términos y descripciones que él y la gente de su tiempo entenderían. Si hubiera escrito sobre tanques, misiles y bombas, quienes vivían en su época habrían quedado totalmente desconcertados, y su mensaje no habría tenido significado alguno para ellos».[37]

Las sepulturas

Los buitres y los animales carroñeros que Dios invitará a devorar los cuerpos de los invasores caídos dejarán un residuo de huesos y otras partes incomibles. Será necesario que los israelíes entierren lo que hayan dejado los animales carroñeros. En el siguiente pasaje, Dios especifica el lugar de la sepultura:

> En aquel tiempo yo daré a Gog lugar para sepultura allí en Israel, el valle de los que pasan al oriente del mar; y obstruirá el paso a los transeúntes, pues allí enterrarán a Gog y a toda su multitud; y lo llamarán el Valle de Hamón-gog. Y la casa de Israel los estará enterrando por siete meses, para limpiar la tierra. (39.11–12)

El hecho de que serán necesarios siete meses para enterrar a los muertos nos da una indicación del tamaño gigantesco del ejército invasor. Antes de declarar completo el proceso de sepultar, Israel designará grupos de búsqueda para examinar toda la tierra en busca de cuerpos o partes corporales que hayan quedado y que pudieran haberse pasado por alto (39.13–16). Solamente cuando estén completas las sepulturas, la tierra podrá ser declarada ceremonialmente limpia otra vez (Números 19.11–22).

LA DILIGENCIA RUSA

En Ezequiel 38–39 encontramos una convincente profecía acerca de la destrucción final de Rusia, una nación que por mucho tiempo ha sido antagonista hacia Dios y perturbadora del orden del mundo. En los acontecimientos mundiales actuales podemos ver el carácter histórico de esa nación afirmándose una vez más mientras pretende ampliar su poder y su influencia perturbadora, especialmente en el Medio Oriente. Es solamente cuestión de tiempo que Rusia extienda sus malignas garras hacia la nación libre y rica de Israel.

En estos mismos capítulos, Ezequiel también contó la historia de otra nación, una mera franja de terreno rodeada por enemigos, cada vez más aislada por los aliados, y que batalla para mantener su existencia. Esta nación, por supuesto, es Israel: la nación escogida de Dios que con frecuencia, a lo largo de su atormentada historia, no ha escogido a Dios. Pero Dios ha prometido a Israel un futuro glorioso, y como muestran estos dos capítulos proféticos, Él cumplirá esa promesa de una manera que termina con un giro espectacular y satisfactorio. Ron Rhodes lo desarrolla:

> Qué gran giro de los acontecimientos será. Las tropas invasoras llegarán con la intención de matar, pero ellas mismas resultarán muertas. Ellos creen que su poder es abrumador, pero terminan siendo abrumados por el poder más grande de Dios. Ellos llegan para apoderarse de una nueva tierra (Israel) pero en cambio terminan siendo enterrados en la tierra. ¡El mundo entero seguramente se maravillará ante este giro de los acontecimientos![38]

Sí, el mundo entero ciertamente se maravillará por cómo logró Dios dos objetivos mediante un solo acto. Él derribará a un enemigo virulento y poderoso a la vez que preserva la existencia de su pueblo. Cuando esto suceda, el mundo no podrá evitar quedar asombrado ante el nombre y el poder de Dios: «Y seré engrandecido y santificado, y seré conocido ante los ojos de muchas naciones; y sabrán que yo soy Jehová» (Ezequiel 38.23).

Cinco veces en Ezequiel 38–39 Dios repite este deseo de dar a conocer su nombre entre las naciones (38.16, 23; 39.6, 7). He escuchado a algunos caracterizar este deseo de Dios con frecuencia repetido de ser conocido y glorificado como orgullo, arrogancia o megalomanía. Es una acusación hueca que indica un mal entendimiento de la gloria de Dios. Dios quiere que lo reconozcamos y lo adoremos no porque Él tenga ninguna necesidad de afirmación y reconocimiento, sino porque nosotros no tenemos ninguna otra vida sino en

Él. Como dijo Pablo: «Porque en él vivimos, y nos movemos, y somos» (Hechos 17.28). Conocer y adorar a Dios es para nuestro beneficio, no para el de Él. Él sabe quién es Él, y no necesita nuestro reconocimiento o alabanza para afirmarlo. Sin embargo, necesitamos reconocerlo y adorarlo; necesitamos saber a quién pertenecemos y expresar nuestra adoración y alabanza por su amor y cuidado por nosotros.

Puedo entender por qué las personas tiemblan ante los titulares actuales. Las noticias diarias muestran una alarmante desintegración del orden y la seguridad mundial: el odio y la inestabilidad en el Medio Oriente, los estruendos cada vez mayores de Rusia, y la incapacidad de Estados Unidos para ejercer su poder tradicional para mantener en equilibrio esas tensiones. Vemos un creciente desorden ahora y caos por delante, y nos preguntamos si Dios ha alejado su rostro de nosotros.

Hace algunos años, el difunto pastor y autor Ray Stedman tenía programado hablar en una conferencia teológica en Inglaterra. Las reuniones se realizaban en una capilla metodista en algún lugar entre Cambridge y Londres. Cada sesión de la conferencia comenzaba con un tiempo de cantos, y la capilla entera de cristianos que cantaban con todo su corazón levantaba hasta el techo del edificio. Una noche, el líder dirigió a los adoradores en el popular coro de «Nuestro Dios reina». Stedman conocía el canto lo bastante bien como para no tener necesidad de mirar la letra, pero en alguna parte en mitad del canto, bajó su mirada hacia la hoja que había sido preparada por el personal de la iglesia. Lo que vio hizo que dejara de cantar y sonriera. Alguna secretaria aparentemente apresurada, queriendo escribir el título «Nuestro Dios reina», realmente había escrito «Nuestro Dios renuncia».[39]

Permita que le asegure que nuestro Dios nunca renunciará. Quienes confían en Él no tienen razón alguna para temer. Cuando he leído Ezequiel 38–39 una y otra vez, lo que destaca es la soberanía de Dios. Él tiene el control; Él orquesta todo este escenario a fin de demostrar al pueblo de Israel que Él es su Dios y es digno de su confianza. Israel no tiene ninguna esperanza sin Dios, y Dios gana la batalla para la nación. La impía Rusia no es adversario para el Rey de reyes.

El Dios de Israel es también nuestro Dios, lo cual significa que cualquier cosa que temamos tampoco es rival para el Rey de reyes. Cuando parece que no hay ninguna esperanza, la esperanza está a la espera del momento adecuado para mostrarse. Podemos confiar en Dios: ese es el mensaje de este capítulo.

Por lo tanto, cuando los ominosos titulares de la actualidad se lancen hacia usted, recuerde que su Dios es el Dios de justicia, y el mal no prevalecerá. Él es el Dios de amor, y protegerá a todo su pueblo como hace con Israel. Él es el Dios de verdad, y cumple sus promesas a pesar de todo. Finalmente, Él es el Dios del futuro. Él ya está allí, y conoce el mañana mejor que usted y yo conocemos el ayer. Aunque pueda parecer que las cosas están fuera de control, Dios no nos ha abandonado. Puede parecer, al igual que le habrá parecido a Israel, que las fuerzas que vienen hacia nosotros son formidables e irresistibles, y no tenemos ninguna esperanza. No es así. El Señor está de nuestro lado; no debemos tener temor.

Incontables icebergs van a la deriva en las heladas aguas de Groenlandia, algunos diminutos y otros gigantescos. Si los observamos con atención, veremos que a veces esos pequeños cuerpos se mueven en una dirección mientras que sus homólogos inmensos discurren hacia otra. La explicación es sencilla. Los vientos de la superficie empujan a los pequeños, mientras que las inmensas masas de hielo son movidas de un lado a otro por corrientes profundas del océano.

Cuando nos enfrentamos a pruebas y tragedias, es útil ver nuestras vidas estando sujetas a dos fuerzas: vientos de superficie y corrientes del océano. Los vientos representan todo lo cambiante, impredecible e inquietante. Pero operando simultáneamente con estos vendavales hay otra fuerza incluso más potente. Es el movimiento seguro de los propósitos sabios y soberanos de Dios, el profundo discurrir de su amor inmutable.

CAPÍTULO 9

EL RAPTO DE LOS REDIMIDOS

En 1970, Hal Lindsey fue coautor del libro *La agonía del gran planeta Tierra*. Este libro llevó el mensaje de la profecía bíblica a las conversaciones cotidianas de la gente, y «se convirtió en el libro *best seller* de la década de 1970. El libro ha vendido más de quince millones de ejemplares… y ha sido traducido a más de cincuenta idiomas». Algunos expertos han calculado que, en conjunto, el libro de Lindsey ha vendido más de treinta y cinco millones de ejemplares.[1]

Lindsey se graduó del Seminario Teológico de Dallas, el seminario del que yo me gradué en 1967. Ambos tuvimos el privilegio de aprender bajo algunos de los maestros más grandes de la profecía bíblica en la era moderna: J. Dwight Pentecost, John F. Walvoord y Charles Ryrie, por nombrar solamente unos pocos. En su libro, Lindsey tomó las verdades teológicas de las escrituras proféticas que había aprendido en el seminario y de su propio estudio personal, y las relacionó con los acontecimientos del presente y el futuro.

La coautora del libro de Lindsey fue una mujer dotada y piadosa llamada Carole C. Carlson. A principios de la década de 1980 conocí a Carole y a su esposo, Ward, en la conferencia Forest Home Bible Conference en California, donde yo era uno de los oradores.

En algún momento durante esa semana tomamos un café juntos, y ella sugirió que podría ayudarme para publicar algunos de mis sermones proféticos. De esa conversación resultaron dos libros. El primero, *The Handwriting on the Wall* [La escritura en la pared] se publicó en 1992, y captaba el mensaje del libro de Daniel en el Antiguo Testamento.

El segundo libro, *Escape the Coming Night* [Escapar a la noche que viene], un comentario contemporáneo sobre el libro de Apocalipsis en el Nuevo Testamento, se publicó el primer día de la Guerra del Golfo, y se convirtió en mi libro de mayor venta de todos los tiempos.

Recuerdo con gran agrado las horas que Carole y yo pasamos juntos hablando de profecía y dialogando sobre cómo hacer que cobrara vida para nuestros lectores. Tanto Carole como Ward ya están en la presencia del Señor. Actualmente viven no solo en el cielo, sino también en los libros que ayudaron a crear a dos autores.

A finales de la década de 1970 y principios de la de 1980, desarrollé una relación con un pastor de California llamado Tim LaHaye. Poco después, fui llamado a ser su sucesor en la que entonces se denominaba Iglesia Scott Memorial Baptist en San Diego, California. En la actualidad, esa iglesia es Shadow Mountain Community Church, y yo sigo siendo, después de treinta y cinco años, su pastor. Casi todos los domingos, hasta su muerte en julio de 2016, el doctor LaHaye y su esposa, Beverly, estuvieron entre los asistentes en uno de nuestros servicios de la mañana. Consecutivamente, los dos hemos pastoreado la misma iglesia durante casi sesenta años.

El doctor LaHaye estaba en un vuelo de regreso a su casa después de dar una conferencia a principios de la década de 1990 cuando Dios puso una carga en su corazón. Su estudio de las Escrituras le había conducido a una firme convicción de que todos los cristianos creyentes serían quitados del mundo antes de la tribulación por medio de un acontecimiento conocido como el rapto. Mientras viajaba a su casa aquel día, no pudo evitar observar que uno de los pilotos del avión coqueteaba con una asistente de vuelo. También observó que el piloto llevaba un anillo de casado. Tim pensó: *¿Y si fuera este el momento que Dios eligiera para quitar a los fieles de la tierra, dejando atrás solamente sus ropas y a un montón de incrédulos perplejos?*[2]

Fue en ese momento cuando decidió escribir un relato ficticio de lo que sucedería cuando el Señor regresara y se llevara repentinamente a todos los cristianos al cielo. El doctor «LaHaye formó equipo con... un experimentado escritor fantasma», Jerry Jenkins, y su primer libro, *Dejados atrás*, fue publicado en 1995. En el primer capítulo... una asistente de vuelo frenética» interrumpe a un piloto de la aerolínea en mitad del vuelo para informar que docenas de sus pasajeros han desaparecido repentinamente. «Ropa, zapatos y empastes de oro es lo único que queda donde estaban sentados antes esos pasajeros».[3]

El libro fue un *best seller* arrollador, al igual que lo fueron muchas de las secuelas que siguieron, llegando a lo más alto en las listas del *New York Times*, *USA Today*, *Wall Street Journal* y *Publisher's Weekly*, y para la Asociación de Libreros Cristianos. El noveno volumen, *El sacrilegio*, llegó a las librerías poco después de los ataques terroristas del 11 de septiembre de 2001, y vendió los ejemplares suficientes tan solo en tres meses para llegar a ser la novela *best seller* ese año. Al escribir estas palabras, el volumen dieciséis de la serie Dejados atrás ha vendido más de sesenta y cinco millones de ejemplares.[4]

Tuve el honor de recorrer algunos de los emocionantes días de esta serie de libros proféticos con mi amigo el doctor LaHaye. En varias ocasiones él me invitó a almorzar para presentarme un ejemplar firmado de la publicación más reciente. Tengo una gran deuda con el doctor LaHaye y los muchos otros que me han ayudado a entender la importancia de enseñar las escrituras proféticas, las cuales, a propósito, constituyen más del 28% de la Biblia.

Creo que una de las razones por las que Dios bendijo los libros de la serie Dejados atrás es el hecho de que el rapto es el acontecimiento central en toda la serie. Como escribió un teólogo: «El rapto de la iglesia es una de las profecías prácticas más importantes en las Escrituras para los creyentes en la actualidad. Es una parte esencial de las muchas otras profecías en las Escrituras».[5]

¿QUÉ ES EL RAPTO?

El rapto es el acontecimiento en el cual todos aquellos que hayan puesto su confianza en Jesucristo serán repentinamente tomados de la tierra y llevados al cielo por Él. Sucederá en un momento no especificado en el futuro.

La palabra *rapto* es una traducción de la palabra griega *harpazo*. Aparece catorce veces en el Nuevo Testamento, y se le asignan al menos cuatro significados. Cada uno de esos significados nos ayuda a entender la naturaleza del acontecimiento que es el tema de este capítulo.

El primer significado de *harpazo* es «llevarse por la fuerza». Satanás y sus cohortes demoniacas harán todo lo que esté en su capacidad para mantener aquí en la tierra a los santos, pero las fuerzas angélicas de Cristo los vencerán y tomarán a los creyentes por fuerza, llevándolos al cielo mediante el poder omnipotente a la orden de Él. El diablo es poderoso; el Señor es todopoderoso.

El segundo significado es «reclamar para uno mismo ansiosamente». Al final de esta era presente de gracia, nuestro bendito Salvador vendrá a reclamarnos como suyos. Él nos ha redimido por su sangre preciosa y nos ha comprado para sí mismo, y ciertamente vendrá para tomarnos para que estemos con Él.

El tercer significado es «arrebatar rápidamente». Esta definición hace hincapié en la naturaleza repentina del rapto. En un abrir y cerrar de ojos, el Señor llamará a todos los creyentes a Él mismo para compartir su gloria; ninguno será dejado atrás.

El cuarto significado es «rescatar del peligro de destrucción». Este significado proporciona un fuerte apoyo para la creencia en que la iglesia será guardada del peligro y la destrucción de la tribulación.[6]

Mi estudio de las Escrituras me convence de que los dos acontecimientos más importantes en la historia mundial son la primera y la segunda venida del Señor Jesucristo. Damos una gran atención a su primera venida, y así debe ser, pero su segunda venida no merece menos. De hecho, yo podría construir un caso convincente para dar un énfasis aún mayor a la segunda venida que a la primera. Por cada profecía en la Biblia sobre el nacimiento de Cristo, su primera venida, hay ocho sobre su segunda venida. Los 260 capítulos del Nuevo Testamento contienen 318 referencias a la segunda venida de Cristo.[7]

Creo que habrá dos etapas en la segunda venida de Cristo. Primero, Él vendrá de repente en el aire para arrebatar a los suyos. Esto es el rapto, el «arrebatamiento» de la iglesia que se producirá al principio de la tribulación que vendrá sobre la tierra.

La tribulación será un periodo extenso de horror, agonía y devastación como ninguna otra cosa que se haya visto o imaginado jamás. El rapto es la provisión de Dios para que sus santos escapen a la tribulación. Jesús regresará inmediatamente antes de este tiempo de juicio del mundo para apartar por completo a todos aquellos que hayan puesto su confianza en Él. Como le dijo a la iglesia de Filadelfia: «Por cuanto has guardado la palabra de mi paciencia, yo también te guardaré de la hora de la prueba que ha de venir sobre el mundo entero» (Apocalipsis 3.10).

La segunda etapa de la segunda venida de Cristo ocurrirá al final de la tribulación. Apocalipsis 19 nos da un cuadro espectacular y detallado de este evento final que señala el fin de la historia de este mundo caído. Muchos otros escritores de la Biblia también lo describieron. Por ejemplo, el profeta Zacarías escribió:

He aquí, el día de Jehová viene...

Después saldrá Jehová y peleará con aquellas naciones, como peleó en el día de la batalla.

Y se afirmarán sus pies en aquel día sobre el monte de los Olivos, que está en frente de Jerusalén al oriente; y el monte de los Olivos se partirá por en medio, hacia el oriente y hacia el occidente... y vendrá Jehová mi Dios, y con él todos los santos. (Zacarías 14.1, 3–4, 5)

Judas, uno de los escritores del Nuevo Testamento, citando una profecía de Enoc, resumió de manera gráfica el propósito de la etapa final de la segunda venida de Cristo:

He aquí, vino el Señor con sus santas decenas de millares, para hacer juicio contra todos, y dejar convictos a todos los impíos de todas sus obras impías que han hecho impíamente, y de todas las cosas duras que los pecadores impíos han hablado contra él. (Judas 14–15)

Los profetas del Antiguo Testamento hablaron casi exclusivamente sobre la segunda etapa de la segunda venida. La razón primordial para eso es obvia: la segunda etapa es el acontecimiento final y climático en la historia del mundo presente, mientras que la primera etapa, el rapto, es esencialmente un acontecimiento preliminar que prepara el escenario para la segunda. Pero hay también otra razón: los profetas simplemente no veían con claridad la primera etapa. Su perspectiva sobre el futuro era incompleta, negándoles la claridad para ver el periodo de siete años de tribulación que separa la primera y la segunda etapa de la aparición final de Cristo.

Si le sorprende saber que los profetas no entendían todo lo que escribían, Pedro explicó que además de la inspiración del Espíritu

Santo, aquellos hombres también aplicaban sus propios intelectos para buscar entendimiento de lo que era revelado específicamente:

> Los profetas que profetizaron de la gracia destinada a vosotros, inquirieron y diligentemente indagaron acerca de esta salvación, escudriñando qué persona y qué tiempo indicaba el Espíritu de Cristo que estaba en ellos, el cual anunciaba de antemano los sufrimientos de Cristo, y las glorias que vendrían tras ellos. (1 Pedro 1.10–11)

Algunos han comparado la visión de los profetas del Antiguo Testamento con la de ver una cadena montañosa desde la distancia. Si alguna vez ha viajado hacia el oeste desde Texas cruzando las llanuras norteñas de Nuevo México hacia las montañas Rocosas de Colorado, sabrá que la distancia nubla el detalle y allana la perspectiva. Puede ver, en la distancia que tiene delante, lo que parece ser una montaña de doble pico. Pero a medida que se acerca, comienza a ver que los picos son realmente las cumbres de dos montañas, una ligeramente por delante de la otra.

Desde su perspectiva de la distancia en el tiempo, los profetas veían los dos picos de la segunda venida como una sola montaña. La identificaron como la segunda venida de Cristo *con* sus santos, pero no vieron que había otra montaña, la segunda venida de Cristo *por* sus santos, separadas desde la montaña más distante por el valle de la tribulación.

Como descubrirá a medida que estudie el esquema siguiente, hay muchas diferencias que distinguen las dos etapas del regreso de nuestro Señor. Algunos han descrito la diferencia entre el rapto y la segunda venida de esta manera: «El rapto es un movimiento de la tierra al cielo. La segunda venida es un movimiento del cielo a la tierra».[8]

EL RAPTO	EL REGRESO (SEGUNDA VENIDA)
Cristo viene en el aire (1 Tesalonicenses 4.16–17)	Cristo viene a la tierra (Zacarías 14.4)
Cristo viene a buscar a sus santos (1 Tesalonicenses 4.16–17)	Cristo viene con sus santos (1 Tesalonicenses 3.13; Judas 1.14)
Los creyentes se van de la tierra (1 Tesalonicenses 4.16–17)	Los incrédulos son llevados (Mateo 24.37–41)
Cristo reclama a su novia	Cristo viene con su novia
Cristo reúne a los suyos (1 Tesalonicenses 4.16–17)	Los ángeles reúnen a los elegidos (Mateo 24.31)
Cristo viene a recompensar (1 Tesalonicenses 4.16–17)	Cristo viene a juzgar (Mateo 25.31–46)
No en el Antiguo Testamento (1 Corintios 15.51)	Anunciado con frecuencia en el Antiguo Testamento
No hay señales. Es inminente.	Presagiado por muchas señales (Matco 24.4–29)
Es un tiempo de bendición y comodidad (1 Tesalonicenses 4.17–18)	Es un tiempo de destrucción y juicio (2 Tesalonicenses 2.8–12)
Implica solo a los creyentes (Juan 14.1–3; 1 Corintios 15.51–55; 1 Tesalonicenses 4.13–18)	Implica a Israel y las naciones gentiles (Mateo 24.1–25.46)
Ocurrirá en un momento, en un abrir y cerrar de ojos. Solo los suyos lo verán (1 Corintios 15.51–52).	Será visible a todo el mundo (Mateo 24.27; Apocalipsis 1.7)
Comienza la tribulación	Comienza el milenio
Cristo viene como la estrella de la mañana (Apocalipsis 22.16)	Cristo viene como el Sol de justicia (Malaquías 4.2)

Parte del contenido tomado de *THE END* (El fin), de Mark Hitchcock. © 2012. Usado con permiso de Tyndale House Publishers, Inc. Todos los derechos reservados. www.tyndaledirect.com.

El enfoque de este capítulo está únicamente en la primera etapa de la segunda venida de Cristo: el rapto. Presento este diálogo de la segunda etapa solamente para mostrar que los dos acontecimientos no son el mismo; están separados en el tiempo por los siete años de tribulación.

ENTENDER EL RAPTO

El hecho de que los profetas del Antiguo Testamento no identificaran el rapto de ninguna manera disminuye su importancia. El Nuevo Testamento compensa la omisión, dándonos tres pasajes centrales que registran los detalles de este acontecimiento. Uno de estos pasajes registra las palabras de nuestro Señor a sus discípulos (Juan 14.1–3), y los otros dos registran las palabras de Pablo a los creyentes en Corinto y Tesalónica (1 Corintios 15.50–57; 1 Tesalonicenses 4.13–18).

De estos tres pasajes, la carta de Pablo a los Tesalonicenses es la que presenta la verdad más concisa y lógica sobre el rapto:

> Tampoco queremos, hermanos, que ignoréis acerca de los que duermen, para que no os entristezcáis como los otros que no tienen esperanza. Porque si creemos que Jesús murió y resucitó, así también traerá Dios con Jesús a los que durmieron en él. Por lo cual os decimos esto en palabra del Señor: que nosotros que vivimos, que habremos quedado hasta la venida del Señor, no precederemos a los que durmieron. Porque el Señor mismo con voz de mando, con voz de arcángel, y con trompeta de Dios, descenderá del cielo; y los muertos en Cristo resucitarán primero. Luego nosotros los que vivimos, los que hayamos quedado, seremos arrebatados juntamente con ellos en las nubes para recibir al Señor en el aire, y así estaremos siempre con el Señor. Por tanto, alentaos los unos a los otros con estas palabras. (1 Tesalonicenses 4.13–18)

Antes de que desarrollemos este pasaje, quiero compartir un par de verdades preliminares e importantes.

En primer lugar, el Señor impartió la verdad sobre el rapto al apóstol Pablo como una *revelación especial*. En su carta a los Corintios,

Pablo habló del rapto como «un misterio» (1 Corintios 15.51). No estaba indicando que pertenece al mundo de lo críptico, místico y esotérico, sino más bien que era una verdad que no había sido revelada anteriormente. El rapto era una información completamente nueva para los oyentes de Pablo: un misterio revelado por primera vez.

En el pasaje a los Tesalonicenses, Pablo reveló la fuente de esta revelación especial: «Por lo cual os decimos esto en palabra del Señor» (1 Tesalonicenses 4.15). Aquí, Pablo estaba diciendo que esta información recién revelada no ha de tomarse a la ligera. Es, después de todo, una revelación recibida directamente del Dios todopoderoso.

En segundo lugar, Pablo dio esta revelación especial sobre el rapto como una *respuesta seria* a preguntas planteadas por los miembros de la iglesia en Tesalónica. Pablo y su compañero Silas habían pasado tiempo con esta iglesia anteriormente, y parece que les habían enseñado sobre la segunda venida de Cristo, pero la persecución obligó a Pablo y Silas a huir de Tesalónica solamente unas semanas después, dejando a los nuevos creyentes con preguntas inquietantes sobre varios temas. Una de esas preguntas incluía el destino de los seres queridos que habían muerto antes del regreso del Señor (4.13–18).

Como respuesta a esa pregunta, Pablo escribió su explicación del rapto en 1 Tesalonicenses 4. Examinaremos este importante pasaje en las páginas que siguen, extrayendo información adicional de 1 Corintios 15 y Juan 14 a fin de obtener un entendimiento claro del rapto y su relación con los últimos tiempos.

EL RAPTO ES UN ACONTECIMIENTO «SIN SEÑALES»

Mateo 24–25 nos da muchas señales que indican hacia la segunda venida del Señor. Incluyen todo el engaño, la guerra, la hambruna, las pestilencias y los terremotos de la tribulación; pero es importante entender que ninguna de estas señales indica hacia la primera etapa de su venida. No se dará ninguna señal para prepararnos para la llegada del rapto. Puede ocurrir en cualquier momento, posiblemente antes de que usted termine de leer este capítulo, o posiblemente dentro de varios años.

El «en cualquier momento» del regreso de Cristo se denomina la doctrina de la *inminencia*. En su libro autoritativo sobre el rapto, Renald Showers nos dio un examen en profundidad de la palabra *inminente*:

> La palabra «inminente» viene del verbo latino «immineo, imminere», que significa «sobresalir» o «proyectar». A la luz de esto, la palabra «inminente» significa «por encima de la cabeza de alguien, listo para caer o rebasar; cercano en su incidencia». Así, un acontecimiento inminente es uno que siempre está proyectado por delante, constantemente listo para caer o rebasar a una persona, siempre está cercano en el sentido de que podría suceder en cualquier momento. Otras cosas *pueden* suceder antes del acontecimiento inminente, pero ninguna otra cosa *debe* suceder antes de que se produzca. Si debiera tener lugar otra cosa antes de que pueda ocurrir un acontecimiento, ese acontecimiento no es inminente. La necesidad de que otra cosa suceda primero destruye el concepto de inminencia.
>
> Cuando un acontecimiento es verdaderamente inminente, no sabemos exactamente cuándo sucederá.[9]

El expositor de la Biblia A. T. Pierson escribió: «Inminencia es la combinación de dos condiciones…: certeza e incertidumbre. Por un acontecimiento inminente nos referimos a uno que es seguro que ocurrirá en algún momento, estando inseguros del momento exacto».[10]

Sin ninguna señal, sin ninguna advertencia, Jesucristo regresará para raptar a sus santos y llevarlos al cielo. Pablo entendía las implicaciones de este evento sin señales. Significa que debemos estar listos para el regreso del Señor en cualquier momento y en todo momento. Por lo tanto, instó a su protegido Tito a estar siempre «aguardando la esperanza bienaventurada y la manifestación gloriosa de nuestro gran Dios y Salvador Jesucristo» (Tito 2:13).

EL RAPTO ES UN ACONTECIMIENTO POR SORPRESA

El evangelista radial Harold Camping obtuvo una considerable notoriedad por predecir públicamente que el rapto de la iglesia se produciría el 21 de mayo de 2011. Fue su segunda de tres predicciones parecidas; anteriormente había establecido la fecha en el 6 de septiembre de 1994. Cuando su primera predicción de 2011 falló, volvió a establecer la fecha en el 21 de octubre de 2011, momento en el cual dijo que Dios destruiría el universo.

Ya que está leyendo en el presente estas palabras, sabe que sus predicciones no fueron correctas. El rapto no se ha producido y el mundo no ha terminado. Tristemente, muchas personas pusieron sus esperanzas para el futuro en las erróneas predicciones de este hombre, invirtiendo tiempo y recursos en reorganizar sus asuntos terrenales, todo por nada.

Afortunadamente, antes de su muerte en 2013, Camping se arrepintió de sus errores proféticos y estuvo de acuerdo con sus críticos en que las palabras de Jesús en Mateo 24.36 deberían tomarse literalmente: «Pero del día y la hora nadie sabe, ni aun los ángeles de los cielos, sino sólo mi Padre».

Si usted escucha o lee de alguien que dice que sabe cuándo va a regresar Jesús, ¡debería hacer que su propósito fuera mantenerse alejado de esa persona tanto en pensamiento como en obra! Afirmar tener conocimiento del momento exacto del regreso de nuestro Señor es saber lo que incluso los ángeles no saben, ¡y lo que nuestro Señor no sabía mientras estaba en esta tierra!

La Biblia no nos da información específica sobre la fecha del regreso del Señor por la misma razón que observamos anteriormente: ser conscientes de que Él podría regresar en cualquier momento nos alienta a estar preparados en todo momento. Como dijo San Agustín: «El último día está oculto para que cada día pueda ser considerado».

EL RAPTO ES UN ACONTECIMIENTO REPENTINO

El apóstol Pablo hizo hincapié en lo repentino del rapto cuando dijo que sucederá «en un *momento*, en un abrir y cerrar de ojos» (1 Corintios 15.52). Mark Hitchcock describe lo repentinamente que se producirá este acontecimiento: «La palabra griega para *momento* es *atomos*, de la cual obtenemos la palabra *átomo*. *Atomos* se refiere a algo que es indivisible, que no puede dividirse. Cuando Pablo escribió estas palabras, nadie podía imaginar dividir el *atomos*. En la actualidad lo traduciríamos como "en un instante", "en un abrir y cerrar de ojos" o "en una instantánea"».[11]

La referencia de Pablo a «un abrir y cerrar de ojos» evoca naturalmente la imagen de un ojo que parpadea, que es una metáfora razonablemente buena para expresar lo repentino. Pero el «abrir y cerrar» de Pablo probablemente no significa «abrir y cerrar»; más bien, probablemente hace referencia a la cantidad de tiempo que es necesaria para que la luz, que viaja a una velocidad de 300.000 kilómetros por segundo, se refleje en la retina del ojo. La idea es que este acontecimiento ocurrirá repentinamente, a la velocidad de la luz. En menos de un nanosegundo, el Señor llamará a todos los creyentes a Él mismo para compartir su gloria.

Una noche, Earl Kelly, un pastor en Mississippi, estaba predicando sobre la segunda venida. Acababa de citar Mateo 24.27: «Porque como el relámpago que sale del oriente y se muestra hasta el occidente, así será también la venida del Hijo del Hombre», cuando una bombilla grande de repente cayó del techo y se hizo añicos en el piso delante del púlpito, asustando a los adoradores. Sin perder paso, Kelly dijo: «Su venida será igual repentina, inesperada y devastadora para los sueños de quienes no están centrados en Cristo».[12]

En su libro *El rapto*, el doctor LaHaye imaginó vívidamente cómo será la naturaleza inesperada y repentina del rapto:

Cuando Cristo llame a sus santos vivos a estar con Él, millones de personas se desvanecerán repentinamente de la tierra. Una persona no salva que resulte estar en compañía de un creyente sabrá inmediatamente que su amigo se ha desvanecido. Sin duda, habrá un reconocimiento mundial del hecho, porque cuando más de quinientos millones de personas se vayan repentinamente de esta tierra, dejando atrás sus pertenencias terrenales, el pandemonio y la confusión sin duda reinarán durante un tiempo.

Un millón de conversaciones terminarán en mitad de una frase.

Un millón de teléfonos… quedarán repentinamente en silencio.

Una mujer querrá alcanzar la mano de un hombre en la oscuridad… y no habrá nadie.

Un hombre se dará la vuelta riendo para dar una palmada en la espalda a un colega, y su mano se moverá por el espacio vacío.

Un jugador de baloncesto hará un pase a un compañero de equipo al otro lado de la cancha y descubrirá que no hay nadie allí para recibir el balón.

Una madre retirará las sábanas en una cuna, oliendo el aroma del bebé en un momento pero repentinamente dando un beso a un espacio vacío y mirando a las mantas que están huecas.[13]

EL RAPTO ES UN ACONTECIMIENTO SELECTIVO

Los tres pasajes importantes que enseñan sobre el rapto dejan bien claro que implica solamente a los creyentes.

En Juan 14.1–3 Jesús se dirigió a sus discípulos como creyentes en Dios y en Él, indicando que estaba a punto de decirles lo que era solamente para creyentes. Pasó a decir que Él se iría pronto para prepararles un lugar en la casa de su Padre, un lugar reservado solamente para los miembros de la familia. Entonces dijo: «Vendré otra vez, y os tomaré a mí mismo, para que donde yo estoy, vosotros también estéis» (v. 3). Esa venida es el momento del rapto. Todo el pasaje habla del rapto como un asunto familiar reservado únicamente para aquellos que han puesto su fe en Jesucristo.

Pablo afirmó la naturaleza selectiva del rapto en 1 Corintios 15.23, donde describió a sus participantes como «los que son de Cristo, en su venida». Además, en el primer versículo de ese capítulo, identificó a sus lectores como «hermanos», un término utilizado en el Nuevo Testamento casi exclusivamente para describir a creyentes. Como para quitar intencionadamente toda posibilidad de un mal entendimiento, Pablo concluyó este pasaje sobre el rapto con aliento dirigido específicamente a la iglesia: «Así que, hermanos míos amados, estad firmes y constantes, creciendo en la obra del Señor siempre, sabiendo que vuestro trabajo en el Señor no es en vano» (v. 58).

Finalmente, en 1 Tesalonicenses 4.13–18, el pasaje principal de Pablo sobre el rapto, afirmó su selectividad por triplicado. En primer lugar, comenzó su descripción del acontecimiento refiriéndose a sus lectores como «hermanos». En segundo lugar, los identificó en el versículo 14 como aquellos que «creemos que Jesús murió y resucitó». En tercer lugar, en el versículo 16 describió a los miembros de la familia fallecidos de la iglesia tesalonicense como muertos «en Cristo».

Estos pasajes no dejan ninguna duda con respecto a que el rapto está restringido exclusivamente a los creyentes. Solamente quienes son seguidores de Cristo serán tomados al cielo cuando Él regrese. Por lo tanto, esta es mi pregunta crucial para usted: ¿es usted un seguidor de Cristo?

EL RAPTO ES UN ACONTECIMIENTO ESPECTACULAR

Ninguna escena descrita en la Biblia es más gloriosa, asombrosa y sensacional que la segunda venida de Cristo. Pero es por lo general la segunda etapa de su venida al final de la tribulación la que acapara el foco central; y por un buen motivo. La gráfica descripción que hace el apóstol Juan del acontecimiento no tiene rival en nada de lo que está registrado en la Biblia. Asombra a la imaginación más vívida:

> Entonces vi el cielo abierto; y he aquí un caballo blanco, y el que lo montaba se llamaba Fiel y Verdadero, y con justicia juzga y pelea. Sus ojos eran como llama de fuego, y había en su cabeza muchas diademas; y tenía un nombre escrito que ninguno conocía sino él mismo. Estaba vestido de una ropa teñida en sangre; y su nombre es: EL VERBO DE DIOS. Y los ejércitos celestiales, vestidos de lino finísimo, blanco y limpio, le seguían en caballos blancos. De su boca sale una espada aguda, para herir con ella a las naciones, y él las regirá con vara de hierro; y él pisa el lagar del vino del furor y de la ira del Dios Todopoderoso. Y en su vestidura y en su muslo tiene escrito este nombre: REY DE REYES Y SEÑOR DE SEÑORES. (Apocalipsis 19.11–16)

No es sorprendente que los acontecimientos que rodean al rapto queden en la sombra. No solo es la etapa final de la segunda venida un espectáculo glorioso, es también un acontecimiento mundial que impactará a toda persona que esté viva en el planeta en ese momento. El rapto, por otro lado, es un acontecimiento familiar limitado que afectará solamente a creyentes.

Pero quiero presentarle mi caso de la naturaleza espectacular del rapto. Tome su asiento en el jurado y juzgue si tengo éxito. Llamo como mi testigo principal al gran apóstol Pablo, quien mediante la inspiración del Espíritu Santo registró la descripción destacada del acontecimiento en 1 Tesalonicenses 4. Como prueba documental A, dirijo su atención al versículo 16: «Porque el Señor mismo con voz de mando, con voz de arcángel, y con trompeta de Dios, descenderá del cielo».

Aquí, Pablo testificó que el rapto de la iglesia sería iniciado por el descenso de Cristo mismo. No describió la aparición de Cristo, pero ¿quién puede negar que la escena de Cristo descendiendo desde las nubes del cielo será espectacular? Cuando Cristo aparezca, tres sonidos sensacionales y fuertes harán eco en los cielos como el trueno: un gran grito, la voz de un arcángel, y el sonido de una trompeta.

En mi libro *¿Qué le pasa al mundo?* escribí lo siguiente sobre esos tres sonidos espectaculares: «Algunos han afirmado que el grito es para la iglesia, la voz del arcángel para los judíos, y la trompeta para todos los creyentes gentiles. Pero estas afirmaciones son erróneas. Las tres alusiones a los sonidos no se deben tomar como coordinadas sino más bien como subordinadas. Pablo no estaba describiendo estos tres sonidos separados; solo describía un sonido en tres maneras distintas.».[14]

Aunque este es el punto de vista de muchos y ha sido mi propio punto de vista durante varios años, a medida que he seguido examinando el significado de estos tres acontecimientos no puedo evitar preguntarme si serán tres momentos distintivos que anuncien la venida del Señor para buscar a su pueblo. Supongamos que estos tres acontecimientos han de ser considerados individualmente. ¿Qué podrían significar?

El sonido de la orden del Señor

La palabra griega que se utilizó para describir el grito del Señor es «la de una orden de un líder militar que sale de su tienda de comandante en jefe y da una orden. Un día, el Comandante en Jefe saldrá de su tienda celestial y dará *un grito*, una orden para que se produzcan la resurrección y el traslado».[15]

Cuando el Señor regrese en el rapto, el grito que oirán los creyentes será el de Él. Al igual que Él estaba fuera de la tumba de Lázaro y le ordenó que saliera de entre los muertos (Juan 11.43), ¡así ordenará que salgan a todos los creyentes cuyos cuerpos estén en la tumba! Al sonido de ese grito, Pablo nos dijo: «Los muertos en Cristo resucitarán primero» (1 Tesalonicenses 4.16).

El sonido de la voz de Miguel

Resonando junto con la orden del Señor estará la voz estruendosa del arcángel. Sabemos por las Escrituras quién es exactamente este arcángel. Es Miguel, el único arcángel nombrado en la Biblia y el jefe de todos los ángeles (Daniel 12.1; Judas 9). En toda la Biblia solamente dos ángeles son identificados por su nombre: Gabriel, quien le dijo a María que ella daría a luz a Jesús, es el ángel anunciador de Dios. Miguel es el ángel guerrero de Dios, un papel que hace que el sonido de su voz en el rapto sea significativo.

Los ángeles son utilizados con frecuencia para poner en movimiento el plan de Dios. El arcángel Miguel será utilizado en el caso del rapto. El contexto de lo que dice la voz no se declara, pero si puede aplicarse el procedimiento militar conocido a esta situación, entonces es sencillamente la repetición de la orden del comandante en jefe (*grito*) por parte del subcomandante. Jesús da el *grito* de orden para que comience el programa del rapto, y es tarea de Miguel ponerlo en movimiento, de modo que él repite la orden.[16]

El grito de Miguel en el rapto puede que sea su orden a sus legiones y legiones de ángeles guerreros, llamándolos a defender a los creyentes de las fuerzas de Satanás y acompañarlos seguramente al cielo en el momento en que Cristo los llame a salir del sepulcro.

El sonido de la trompeta

El tercer sonido que se oirá en el rapto será «la trompeta de Dios». Pablo hizo referencia a este sonido como «la final trompeta» (1 Corintios 15.52). El doctor John F. Walvoord explicó el propósito de esta trompeta usando una analogía de la disciplina del antiguo ejército romano:

La trompeta del rapto llamará a todos los cristianos a levantarse de la tierra para reunirse con el Señor en el aire y desde allí irán al cielo, como Cristo prometió en Juan 14.3. La última trompeta para la iglesia puede que sea análoga a la última trompeta utilizada en el ejército romano. Los soldados eran despertados por un primer toque de trompeta temprano en la mañana, que servía como su despertador. Una segunda trompeta los reunía para la instrucción de ese día. A la tercera y última trompeta marchaban hacia sus tareas.

De manera similar, recibir la salvación es como escuchar un toque de trompeta; después, el llamado de Dios al servicio es como oír una segunda trompeta; y en la tercera trompeta final los creyentes se irán al cielo.[17]

En resumen, el primer sonido del rapto, el grito de Cristo, es un llamado a los creyentes a levantarse del sepulcro. La voz del arcángel es un sonido de protección y paso seguro. El toque de la trompeta es un llamado que anuncia la recepción de los creyentes en el cielo.

Toda la evidencia muestra claramente que el rapto de los santos será un espectáculo cósmico como nada que los seres humanos hayan visto ni oído jamás. Aquí termina mi caso.

EL RAPTO ES UN ACONTECIMIENTO SECUENCIAL

En 1 Tesalonicenses 4, Pablo identificó cinco aspectos importantes del rapto en su orden secuencial.

El regreso

«En algún momento en el futuro, Jesús saldrá del cielo de los cielos y descenderá a los cielos atmosféricos».[18] Pablo especificó esto como el acontecimiento inicial del rapto: «Porque el Señor mismo con voz de mando, con voz de arcángel, y con trompeta de Dios, descenderá del cielo» (1 Tesalonicenses 4.16).

En el rapto, es el Señor mismo quien viene. Esto está en consonancia con las palabras de los dos ángeles que hablaron a los discípulos en el momento de la ascensión de Jesús: «Varones galileos, ¿por qué estáis mirando al cielo? Este mismo Jesús, que ha sido tomado de vosotros al cielo, así vendrá como le habéis visto ir al cielo» (Hechos 1.11).

Si Jesús ha de descender de la misma manera en que ascendió, entonces ciertamente podemos esperar que su venida sea personal y física. No es el Espíritu Santo quien viene, ni siquiera uno de los ángeles de Dios; ¡es el Señor Jesús mismo!

Y cuando el Señor regrese, traerá con Él a todas las almas de quienes hayan muerto como creyentes. Esto es lo que Pablo escribió acerca de eso: «Traerá Dios con Jesús a los que durmieron en él» (1 Tesalonicenses 4.14).

La resurrección

Cuando Cristo descienda del cielo con un grito, comenzará convocando hacia Él mismo a «los que durmieron» (v. 15). La terminología de Pablo, «los que durmieron», es el lenguaje del Nuevo Testamento que identifica a los cristianos que han muerto. Los escritores de la Biblia nunca utilizan las palabras *dormir* o *dormido* para describir la muerte de un incrédulo, pero las usan con frecuencia para describir la muerte de un creyente. Consideremos los siguientes ejemplos:

Dicho esto, les dijo después: Nuestro amigo Lázaro *duerme*; mas voy para despertarle. (Juan 11.11)

Y puesto de rodillas [Esteban], clamó a gran voz: Señor, no les tomes en cuenta este pecado. Y habiendo dicho esto, *durmió*. (Hechos 7.60)

Porque a la verdad David, habiendo servido a su propia generación según la voluntad de Dios, *durmió*, y fue reunido con sus padres, y vio corrupción. (13.36)

Mas ahora Cristo ha resucitado de los muertos; primicias de los que *durmieron* es hecho. (1 Corintios 15.20)

El doctor Arnold G. Fruchtenbaum escribió:

La Biblia considera la muerte de los creyentes una suspensión temporal de la actividad física hasta que el creyente se despierte en el rapto. Al igual que el sueño físico es temporal (una suspensión temporal de actividad física hasta que uno se despierta, y sin embargo no hay suspensión de la actividad mental), así también es la muerte: es una suspensión temporal de actividad física hasta que uno se despierta en la resurrección… No hay cese de la actividad espíritu-alma, solamente de la actividad física.[19]

Usted y yo ponemos el despertador cada noche esperando despertarnos en la mañana. Si morimos antes del regreso de Cristo, sabemos que un día nuestro cuerpo será despertado por el despertador de la venida de nuestro Señor en las nubes. En ese momento de resurrección,

Dios reunirá milagrosamente las moléculas necesarias y reconstruirá nuestro cuerpo físico. Como escribió Pablo, todos los fallos genéticos serán corregidos, todas las enfermedades sanadas, y todo daño reparado a la perfección:

Se siembra en corrupción, resucitará en incorrupción. Se siembra en deshonra, resucitará en gloria; se siembra en debilidad, resucitará en poder. Se siembra cuerpo animal, resucitará cuerpo espiritual... se tocará la trompeta, y los muertos serán resucitados incorruptibles. (1 Corintios 15.42–44, 52)

La Biblia enseña que quienes estén durmiendo en Jesús no se quedarán fuera del rapto. De hecho, ellos tendrán el lugar destacado cuando Jesús venga en el cielo: «Nosotros que vivimos, que habremos quedado hasta la venida del Señor, no precederemos a los que durmieron... los muertos en Cristo resucitarán primero (1 Tesalonicenses 4.15–16).

En otras palabras, si yo sigo con vida cuando Jesús regrese, no ascenderé directamente hasta que suban mis padres. Ellos serán «arrebatados» primero. El rapto es inicialmente para quienes han sido salvos y cuyos cuerpos están descansando en los cementerios.

La redención

No solo serán cambiados los que hayan muerto como creyentes como parte de la resurrección, pues Pablo también habló de aquellos «que vivimos, que habremos quedado» (v. 15). Ellos también serán cambiados. Esto nos lleva a la palabra certera de Pablo, quien escribió a sus amigos corintios: «No todos dormiremos; pero todos seremos transformados» (1 Corintios 15.51).

En su carta a los Romanos, Pablo escribió de este cambio como «la redención de nuestro cuerpo» (Romanos 8.23). En su carta a los Filipenses, lo describió como el momento en que el Señor

Jesucristo «transformará el cuerpo de la humillación nuestra, para que sea semejante al cuerpo de la gloria suya» (Filipenses 3.21). El apóstol Juan lo dijo de esta manera: «Sabemos que cuando él se manifieste, seremos semejantes a él, porque le veremos tal como él es» (1 Juan 3.2). ¿Cómo serán esos cuerpos? El doctor Fruchtenbaum escribió:

> Es posible que la información en cuanto a la naturaleza del cuerpo nuevo podamos derivarla de un estudio de la naturaleza del cuerpo resucitado de Jesús… Sabemos que su voz era reconocida como la misma que Él tenía antes de su muerte y resurrección (Juan 20.16). También, sus rasgos físicos fueron reconocidos, aunque no siempre de inmediato (Juan 20.26–29; 21.7). Era un cuerpo muy real de carne y hueso y no tan solo un cuerpo fantasmal, ya que se le podía abrazar (Juan 20.17, 27). El Mesías resucitado era capaz de desaparecer de repente (Lucas 24.31) y de atravesar paredes (Juan 20.19). Era un cuerpo que podía comer alimentos (Lucas 24.41–43).[20]

En su libro *El cielo: su verdadero hogar*, Joni Eareckson Tada, quien ha sido cuadraplégica desde que era adolescente a causa de un accidente al sumergirse, escribió sobre su anticipación de esta transformación:

> En algún lugar de mi cuerpo destruido y paralizado está la simiente de lo que llegaré a ser. La parálisis hace que lo que he de ser llegue a ser aun más grandioso cuando se comparan piernas atrofiadas e inútiles con piernas resucitadas y esplendorosas. Estoy convencida de que hay espejos en el cielo (¿y por qué no?). La imagen que veré será «Joni» sin lugar a dudas, aunque será una: «Joni» mucho mejor y más llena de vida. Tanto es así que no vale la pena hacer la comparación… me pareceré a Jesús, el hombre del cielo.[21]

El rapto

Aunque los raptos son extremadamente raros, han sucedido antes y sucederán otra vez. Hay seis raptos registrados y descritos en la Biblia. Cuatro de esos raptos ya han tenido lugar, y quedan aún dos por llegar.

Cuatro raptos que ya han ocurrido

EL RAPTO DE ENOC: «Por la fe Enoc fue *traspuesto* para no ver muerte, y no fue hallado, porque lo *traspuso* Dios; y antes que fuese *traspuesto*, tuvo testimonio de haber agradado a Dios» (Hebreos 11.5; ver también Génesis 5.24).

EL RAPTO DE ELÍAS: «Aconteció que cuando quiso Jehová *alzar* a Elías en un torbellino al cielo, Elías venía con Eliseo de Gilgal... he aquí un carro de fuego con caballos de fuego apartó a los dos; y Elías *subió* al cielo en un torbellino» (2 Reyes 2.1, 11).

EL RAPTO DE JESUCRISTO: «Y estando ellos con los ojos puestos en el cielo, entre tanto que él *se iba*, he aquí se pusieron junto a ellos dos varones con vestiduras blancas, los cuales también les dijeron: Varones galileos, ¿por qué estáis mirando al cielo? Este mismo Jesús, que ha sido *tomado* de vosotros al cielo, así vendrá como le habéis visto ir al cielo» (Hechos 1.10–11).

«Y ella [María] dio a luz un hijo varón, que regirá con vara de hierro a todas las naciones; y su hijo fue *arrebatado* para Dios y para su trono» (Apocalipsis 12.5).

EL RAPTO DEL APÓSTOL PABLO: «Conozco a un hombre en Cristo, que hace catorce años (si en el cuerpo, no lo sé; si fuera del cuerpo, no lo sé; Dios lo sabe) fue *arrebatado* hasta el tercer cielo. Y conozco al tal hombre (si en el cuerpo, o fuera del cuerpo, no lo sé; Dios lo sabe), que fue *arrebatado* al paraíso, donde oyó palabras inefables que no le es dado al hombre expresar» (2 Corintios 12.2–4).

Aunque Pablo describió este acontecimiento en tercera persona, el contexto y otras indicaciones conducen a la mayoría de eruditos a concluir que la experiencia que relató era la suya propia.

Dos raptos que aún han de suceder

EL RAPTO DE LA IGLESIA (*el diálogo de este capítulo*)**:** «Luego nosotros los que vivimos, los que hayamos quedado, seremos *arrebatados* juntamente con ellos en las nubes para recibir al Señor en el aire, y así estaremos siempre con el Señor» (1 Tesalonicenses 4.17).

EL RAPTO DE LOS DOS TESTIGOS: «Y oyeron una gran voz del cielo, que les decía: *Subid acá.* Y subieron al cielo en una nube; y sus enemigos los vieron» (Apocalipsis 11.12).

Este es un breve resumen de lo que sucede: el señor Jesucristo regresa desde el cielo, trayendo con Él las almas de quienes ya han muerto. Los cuerpos de esos santos muertos son resucitados y cambiados, y después los cuerpos de los cristianos que estén vivos y queden en su venida también son cambiados.

Cuando esto suceda, Dios se estará moviendo por este universo, y todos aquellos que hayan aceptado a Jesucristo como Salvador, los que hayan sido resucitados y quienes nunca hayan muerto, van a ser arrebatados como si fueran partículas de hierro atraídas hacia arriba por un imán, sacados de entre la población, succionados del planeta. Va a suceder al instante. No habrá tiempo para prepararse. Ni un preludio, ni preliminares. Como dice el viejo himno:

¡Arrebatados! ¡Arrebatados! Alas no se requerirán,
Arrebatados hacia Él inspirados por amor,
     Para unirnos con Él en el aire.
Desdeñando la tierra, hacia arriba iremos,
Sin una sola mirada alrededor,
Ni un solo sonido terrenal,
     Arrebatados en el aire radiante.
Arrebatados, con rapto y sorpresa,
Arrebatados, nuestros afectos se elevan,
     Para encontrarnos con el Señor;
Oyendo el glorioso sonar de trompeta,
Elevándonos para unirnos a la multitud,
Entre las nubes mirando,
     ¡Debajo de sus horadados pies![22]

El encuentro

El rapto establece una serie muy agradable de reuniones o encuentros. Pablo escribió: «Luego nosotros los que vivimos, los que hayamos quedado, seremos arrebatados juntamente con ellos en las nubes para recibir al Señor en el aire, y así estaremos siempre con el Señor» (1 Tesalonicenses 4.17).

La palabra *luego*, que da comienzo a este pasaje, es un adverbio de secuencia. Los cuerpos de los muertos habrán sido resucitados, y *luego*, dijo Pablo, aquí está lo que sucederá después. Y lo que sucede después es una serie de tres reuniones o encuentros:

- En primer lugar, las almas que desciendan con Cristo serán reunidas con sus cuerpos resucitados, los cuales ascenderán en el rapto.
- En segundo lugar, los creyentes resucitados se encontrarán con creyentes vivos. Será un encuentro de santos de la

era de la iglesia, uniéndose finalmente como la única iglesia universal.

- En tercer lugar, estos grupos experimentarán juntos el gozo de la reunión con su Señor. Se encontraron con Él primero en su conversión; ahora se encuentran con Él cara a cara.

Nuestro encuentro con Cristo refleja el protocolo diplomático de la antigüedad. Cuando una ciudad daba la bienvenida a un dignatario visitante, el magistrado y el huésped visitante se reunían fuera de los muros de la ciudad y después regresaban por sus puertas para seguir con las formalidades. Cristo nos honrará con este mismo tipo de bienvenida. Él saldrá del cielo para recibirnos antes de llevarnos con Él al cielo. En ese momento, nuestra reunión será completa. Ya no habrá más partidas; pasaremos la eternidad en unión y comunión ininterrumpidas con nuestro Señor.

EL RAPTO ES UN ACONTECIMIENTO FORTALECEDOR

Estudiar el rapto tiene mucho más propósito que tan solo el de ser un ejercicio académico para aumentar nuestro conocimiento de la Biblia. Puede cambiar nuestras vidas; da una razón para nuestra esperanza, y sustancia a nuestro deseo. Esto no es meramente jerga teológica; tiene una fuerte base bíblica y es apoyado por muchas escrituras. ¿Cómo afecta nuestra certeza de la venida de Cristo al modo en que vivimos ahora? Permítame sugerir cuatro palabras que resumen la respuesta.

Consolación

Pablo comunicó explícitamente la verdad del rapto a los tesalonicenses «para que no os entristezcáis como los otros que no tienen esperanza. Porque si creemos que Jesús murió y resucitó, así también traerá Dios con Jesús a los que durmieron en él» (vv. 13–14).

Pablo estaba diciendo a aquellos tristes tesalonicenses que la muerte no es final. Todos los que mueran en Cristo serán restaurados a la vida corporal y arrebatados para estar con Él cuando Él regrese. La certeza del rapto es un gran consuelo para aquellos cuyos seres queridos han muerto.

¿Qué consuelo obtenemos nosotros de nuestra conciencia del rapto que vendrá? El mismo consuelo que sintió el líder judío Jairo después de que Jesús resucitara de la muerte a su hija. El mismo consuelo que sintieron María y Marta cuando Él resucitó a su hermano Lázaro del sepulcro. Cuando perdemos a seres queridos por la muerte, el rapto nos consuela con la misma seguridad de la resurrección y la reunión final. «¿Dónde está, oh muerte, tu aguijón? ¿Dónde, oh sepulcro, tu victoria?» (1 Corintios 15.55). La promesa de resurrección en el rapto arrebata el veneno de la mandíbula de la muerte.

La noche antes de su muerte, Jesús les dijo a sus discípulos que no se turbaran por su inminente ausencia, porque regresaría y se los llevaría para vivir con Él para siempre (Juan 14.1–3). El rapto señala el cumplimiento de su promesa, que nos alienta a soportar mientras esperamos y nos da fortaleza para afrontar cualquier prueba que pueda asaltarnos mientras tanto.

Pablo nos instó a utilizar nuestro conocimiento del rapto: «Alentaos los unos a los otros» (1 Tesalonicenses 4.18). Añadió esta frase al final de su explicación del rapto. Observemos que comenzó con el término *por tanto*, el cual introduce una frase independiente. En otras palabras: «A la luz de lo que acabo de decirles, esto es lo que deberían hacer: consolarse unos a otros. La palabra para *consuelo* es la palabra griega *parakaleo*, que está escrita en una forma que indica una acción continua.[23] Se nos enseña que nos consolemos unos a otros continuamente con la seguridad de la resurrección. Hagamos que sea una práctica habitual hasta que el Señor regrese.

Expectativa

Charles Haddon Spurgeon, el gran pastor inglés del Tabernáculo Metropolitano en Londres, creía que el Señor podía regresar en cualquier momento, y repetidamente instaba a su congregación a cultivar una actitud de expectativa continua. Escuchemos predicar a este hombre:

Oh, amados, ¡intentemos cada mañana levantarnos como si esa fuera la mañana en que Cristo regresa! Y cuando nos vayamos a la cama en la noche, que nos tumbemos con este pensamiento: «Quizá seré despertado por el resonar de las trompetas de plata que anuncian su venida. Antes de que salga el sol, puede que sea despertado de mis sueños por el mayor de todos los gritos: "¡El Señor viene! ¡El Señor viene!"». Qué comprobación, qué incentivo, qué freno, ¡qué aguijón serían tales pensamientos para nosotros! Tomen esto como guía para toda su vida: actúen como si Jesús viniera en el acto en el que participan; y si no les gustaría que la venida del Señor les agarrara en ese acto, entonces no lo hagan.[24]

Parece como si Spurgeon hubiera estado leyendo el correo de Pablo, en particular su carta al joven predicador Tito:

Porque la gracia de Dios se ha manifestado para salvación a todos los hombres, enseñándonos que, renunciando a la impiedad y a los deseos mundanos, vivamos en este siglo sobria, justa y piadosamente, aguardando la esperanza bienaventurada y la manifestación gloriosa de nuestro gran Dios y Salvador Jesucristo, quien se dio a sí mismo por nosotros para redimirnos de toda iniquidad y purificar para sí un pueblo propio, celoso de buenas obras». (Tito 2.11–14)

He oído decir que cuando los cristianos del primer siglo viajaban de una ciudad a otra, se detenían en cada cruce y miraban en todas direcciones, anticipando siempre la posibilidad de que podrían ver a Cristo regresar. Los siglos posteriores parecen haber disminuido esa expectativa inminente, pero no debería haber sido así. Siempre debemos ser conscientes de que el rapto podría ocurrir en cualquier momento.

Consagración

Robert Murray M'Cheyne fue un pastor y poeta brillante y muy influyente en la Escocia del siglo XIX. Murió de tifus poco después de su trigésimo cumpleaños, causando que algunos pensaran que su enorme potencial quedó desperdiciado. Sin embargo, en los breves treinta años, Dios utilizó a M'Cheyne para lograr más de lo que la mayoría de nosotros habríamos soñado en toda una vida. Escribió varios libros, dirigió campañas evangelísticas muy exitosas, y estableció un programa misionero para alcanzar a judíos en Israel. Me dicen que M'Cheyne llevaba un reloj de pulsera especial en el cual había hecho grabar «la noche viene». Cada vez que miraba su reloj, eso le recordaba que llegaría un tiempo en que él ya no podría difundir las buenas nuevas del amor de Dios. Ese recordatorio lo motivaba a ser ferviente en su testimonio.

Las agujas del tiempo se siguen moviendo firmemente hacia el momento en que «la noche llega». ¿Está trabajando para su Señor mientras aún es de día, o simplemente está esperando pasivamente a ser rescatado? Nuestro objetivo como cristianos no es tan solo ser incluidos en el rapto, sino también llevar con nosotros a todas las personas que podamos.

Muchos pasajes del Nuevo Testamento utilizan el inminente regreso del Señor para motivarnos hacia una mayor consagración y servicio a Él. El apóstol Juan escribió: «Y ahora, hijitos, permaneced en él, para que cuando se manifieste, tengamos confianza, para que en su venida no nos alejemos de él avergonzados» (1 Juan 2.28); y «Amados, ahora somos hijos de Dios, y aún no se ha manifestado lo que hemos de ser; pero sabemos que cuando él se manifieste, seremos semejantes a él, porque le veremos tal como él es. Y todo aquel que tiene esta esperanza en él, se purifica a sí mismo, así como él es puro» (1 Juan 3.2–3).

El doctor Walvoord amplió la exhortación de Juan:

El rapto no solo confronta a las personas con el desafío de recibir a Cristo antes de que sea demasiado tarde; también desafía a los cristianos a vivir con los valores eternos a la vista. Ya que el rapto puede ocurrir en cualquier momento y las vidas de los creyentes en la tierra serán así cortadas, necesitamos maximizar nuestro compromiso con Cristo, haciendo todo lo que podamos por el Señor en una vida recta y servicio a Él y a otros.[25]

El doctor Showers concluye su libro sobre el rapto con estas palabras: «Dios quiere que el hecho de que el Hijo de Dios santo y glorificado pudiera traspasar la puerta del cielo en cualquier momento sea la motivación más incesante para una vida santa y un ministerio agresivo (incluidos misiones, evangelismo y enseñanza de la Biblia) y la mayor cura para el letargo y la apatía. Debería marcar una diferencia en los valores, acciones, prioridades y metas de todo cristiano».[26]

Examen

Supongamos que el Señor Jesús escogiera este preciso momento para regresar. ¿Estaría usted preparado? Jesús nos advirtió que Él viene rápidamente (Apocalipsis 22.12). Cuando llegue ese momento, no habrá tiempo alguno para que usted se prepare para el cielo; por lo tanto, la pregunta que debe hacerse es la siguiente: ¿me he comprometido con Jesucristo y me he entregado a Él como mi Señor y Salvador?

Todo lo que necesita saber a fin de tomar esa decisión está delante de usted en la Biblia.

Después de que Jesús prometió a sus discípulos que se iría para ir a preparar un lugar para ellos y regresaría para llevarlos allí, añadió: «Y sabéis a dónde voy, y sabéis el camino» (Juan 14.4). Inmediatamente, Tomás, su discípulo analítico y que «quería ver», preguntó: «Señor, no sabemos a dónde vas; ¿cómo, pues, podemos saber el camino?» (v. 5). Jesús respondió con una de las declaraciones más importantes en la Biblia. Es la respuesta del cielo para cualquiera que busque salvación de la muerte eterna. Él le dijo: «Yo soy el camino, y la verdad, y la vida; nadie viene al Padre, sino por mí» (v. 6).

Ahora cerraré el círculo y terminaré este capítulo donde lo comencé, hablando del *best seller* del doctor LaHaye, la serie de libros Dejados atrás. Ese no es un título consolador, ni tampoco tenía intención de serlo. De hecho, expresa la tragedia suprema. La serie relata las historias de incrédulos que han sido dejados atrás después de que la iglesia ha sido arrebatada al cielo. La intención del doctor LaHaye era mostrar al mundo la seriedad de no estar preparados para el inevitable regreso del Señor. Le insto a no estar entre aquellos que son dejados atrás cuando Él venga. ¡Haga que hoy sea el día de su salvación! Hoy es su oportunidad para estar seguro de que está preparado cuando ocurra el rapto. Podría suceder en cualquier momento.

CAPÍTULO 10

TRASLADADOS ANTES DE LA TRIBULACIÓN

Johannes Stöffler fue un científico muy respetado y una figura religiosa en la Alemania del siglo XVI. Era profesor de astronomía y matemáticas en la Universidad de Tübingen y después llegó a ser el rector de la universidad. En 1499, Stöffler trazó los movimientos de los planetas y descubrió que en veinticinco años formarían una alineación con la constelación de Piscis. Ya que Piscis es el signo del pez, Stöffler concluyó que la conjunción planetaria dentro de ese signo astrológico en particular señalaba la venida de un gran diluvio que inundaría toda la tierra, y anunció que ese diluvio comenzaría el 20 de febrero de 1524.

Debido al elevado estatus de Stöffler como científico, religionista y consejero de la realeza, muchas personas en Alemania y otros países europeos se tomaron en serio su predicción. A medida que se acercaba la catástrofe anunciada, se distribuyeron panfletos advirtiendo a la gente e instándolos a prepararse. Muchas personas que vivían en zonas bajas vendieron su propiedad con pérdidas a escépticos oportunistas. Se compraron o construyeron barcos y se llenaron de provisiones. Muchos abandonaron sus propiedades y acamparon en cumbres de montes.

Entre los constructores de barcos estaba el conde alemán von Iggleheim, quien construyó un arca de tres pisos lo bastante grande para su familia y las familias de varios amigos. Antes del amanecer del día anunciado, Iggleheim y su séquito entraron en el arca mientras sirvientes lo cargaban con provisiones para la supervivencia. Poco después se reunió fuera una gran multitud, formada principalmente por buscadores curiosos y escépticos con respecto al diluvio, algunos de los cuales se burlaban de las familias que miraban desde el arca.

Pero las burlas se convirtieron en pánico cuando comenzaron a caer las primeras gotas de lluvia. La multitud salió disparada hacia el arca, causando que varios murieran aplastados y pisoteados en la estampida. Golpearon en el arca, demandando que Iggleheim los llevara a bordo. Cuando él se negó, la mentalidad de turba tomó el control, y se abalanzaron sobre el barco, sacando de él al conde y apedreándolo hasta que murió. Poco después cesó la lluvia, y ese día pasó a la historia sin que cayera otra gota de agua.[1]

Las predicciones de catástrofes inminentes han aterrado a la gente a lo largo de la historia. La mayoría de ellas, como la de Stöffler, han sido falsas. Muchos de nosotros recordamos el temor al Y2K a medida que se acercaba el año 2000. Expertos predijeron que todas las computadoras dejarían de funcionar a la medianoche del día 31 de diciembre de 1999 porque no estaban programadas para manejar el cambio a la secuencia numérica del siguiente milenio.

Por otro lado, muchos acontecimientos han sucedido exactamente como estaban anunciados. En 1783, Ezra Stiles, presidente de la Universidad de Yale, analizó los patrones de crecimiento de la población de Europa para predecir que la población de Estados Unidos alcanzaría los trescientos millones en 1983.[2] Tenía razón. En 1840, Alexis de Tocqueville predijo acertadamente la Guerra Fría de la segunda mitad del siglo XX.[3] ¿Cómo podemos diferenciar las predicciones falsas de las verdaderas?

Una regla sensata de precisión profética es el historial de quien predice. Según esta medida, la Biblia no tiene competidor. Cada acontecimiento profetizado en la Biblia ha sucedido, a excepción de los que aún han de cumplirse en los últimos tiempos. El diluvio de Noé, la hambruna en Egipto, la cautividad de los judíos, su regreso a su tierra natal, la secuencia de ascenso y caída de naciones, desde Babilonia hasta Roma, y la destrucción de Jerusalén nos vienen de inmediato a la mente. El registro de la Biblia de una precisión del cien por ciento en profetizar acontecimientos del pasado nos da la absoluta confianza en que el cumplimiento de lo que profetiza se producirá en el futuro.

Una de las profecías más persistentes de catástrofe que aún queda por llegar concierne a lo que eruditos de la Biblia denominan «la tribulación»: un periodo lleno de horrores sin precedente, revueltas, persecuciones, desastres naturales, matanzas masivas y agitación política en los años inmediatamente anteriores a la segunda venida de Cristo. Todos los que aceptan la autoridad de la Biblia creen que la tribulación ocurrirá. Y el creciente caos del mundo actual conduce a muchos a temer que puede que esté sobre nosotros y que pronto podrían quedar atrapados en ese horrible periodo sin tener ninguna vía de escape.

¿Es esa una posibilidad realista? En este capítulo le daré una respuesta bíblica a esa pregunta.

EL CUADRO DE LA TRIBULACIÓN

He descubierto que muchas personas se preguntan qué es la tribulación, o incluso lo que significa la palabra. Su perplejidad nos da un buen lugar para comenzar. La palabra se usa muy poco en las conversaciones normales en la actualidad. La mayoría de nosotros estamos familiarizados con ella solamente debido a su uso en la Biblia. *Tribulación* se traduce de la palabra griega *thlipsis*, un término que designa el peso gigantesco utilizado para moler el grano y convertirlo en harina.[4] Por lo tanto, la idea que hay detrás de *tribulación* es aplastar por completo, pulverizar o moler una sustancia y convertirla en polvo.

Muchas de las traducciones modernas de la Biblia ya no utilizan el término, escogiendo alternativas más comunes en el lenguaje actual, como *aflicción, persecución, problemas, sufrimiento, desgracia, inquietud,* u *opresión*. Su uso más común en la actualidad es como un término técnico para designar un acontecimiento específico traumático que está profetizado en la Biblia que sucederá en un momento no especificado en el futuro. Ese acontecimiento, la tribulación, es una de las características destacadas de los últimos tiempos proféticos.

Examinemos lo que la Biblia nos dice acerca de este tiempo terrible.

La sorpresa de la tribulación

En su primera carta a la iglesia en Tesalónica, el apóstol Pablo describió el acontecimiento que señalará el comienzo del periodo de la tribulación (1 Tesalonicenses 4.13–18). Hemos llegado a llamar a este acontecimiento iniciador «el rapto de la iglesia»: el momento en que Cristo aparece, resucita a los muertos piadosos, y arrebata a los cristianos vivos de la tierra para estar con Él. La siguiente pregunta natural para los lectores de Pablo habría sido: «¿Cuándo sucederá eso?». Pablo se anticipó a la pregunta y comenzó el capítulo 5 con estas palabras: «Pero acerca de los tiempos y de las ocasiones, no tenéis necesidad, hermanos, de que yo os escriba. Porque vosotros sabéis perfectamente que el día del Señor vendrá así como ladrón en la noche» (5.1–2).

«El día del Señor incluye todo lo que sucede desde el rapto y después en la tribulación y el milenio».[5] Pablo estaba diciendo que no podemos saber cuándo ocurrirá el rapto más de lo que podemos saber cuándo un ladrón está planeando robar en nuestra casa. Ningún ladrón envía una carta anunciando que llegará mañana por la noche a las 2:00 de la madrugada. No se nos da la fecha del rapto; llegará sobre nosotros inesperadamente, y la tribulación seguirá de inmediato tras su estela.

La severidad de la tribulación

En ningún lugar en todas las Escrituras encontraremos ni una sola palabra o descripción que diga nada bueno sobre el periodo de la tribulación (a menos que sea la promesa de que terminará después de siete años). Moisés la llamó «el día de su calamidad» (Deuteronomio 32.35, NTV). Sofonías dijo que era «el terrible día de la ira del SEÑOR» (Sofonías 2.2, NTV). Pablo se refirió a ella como «la ira venidera» (1 Tesalonicenses 1.10). Juan lo llamó «la hora de la prueba» (Apocalipsis 3.10) y «la hora de su juicio» (14.7). Daniel lo describió como «tiempo de angustia, cual nunca fue desde que hubo gente» (Daniel 12.1). Según el profeta Sofonías:

> Día de ira aquel día, día de angustia y de aprieto, día de alboroto y de asolamiento, día de tiniebla y de oscuridad, día de nublado y de entenebrecimiento, día de trompeta y de algazara sobre las ciudades fortificadas, y sobre las altas torres. (Sofonías 1.15–16)

Jesús nos dijo que la tribulación será un tiempo de terror y horror sin precedente: «Porque habrá entonces gran tribulación, cual no la ha habido desde el principio del mundo hasta ahora, ni la habrá. Y si aquellos días no fuesen acortados, nadie sería salvo; mas por causa de los escogidos, aquellos días serán acortados» (Mateo 24.21–22).

Los capítulos centrales de Apocalipsis nos dan una descripción gráfica de los horrores del periodo de la tribulación. Grandes guerras asolarán al mundo a medida que se levanten naciones con sed de conquista. Toda la paz terminará, y una matanza desenfrenada llenará la tierra de sangre. Fuego y azufre quemarán la hierba de la tierra y destruirán una tercera parte de todos los árboles. Una intensa hambruna agotará las provisiones de alimentos. Ríos y mares estarán demasiado contaminados para sostener la vida, y muchos ríos se secarán por completo. El sol abrasará la tierra y a sus habitantes como si fuera fuego. Una cuarta parte de la población mundial morirá por la guerra, el hambre y los animales depredadores. Terremotos gigantescos, acompañados por truenos y rayos, destruirán ciudades. Montañas serán derribadas a los mares, matando a una tercera parte de los peces. Maremotos debido al cataclismo hundirán a una tercera parte de la flota de barcos del mundo. Una lluvia masiva de meteoros golpeará la tierra. Ceniza y humo que asciendan de esta devastación ocultarán el sol y la luna. Enjambres de insectos demoniacos oscurecerán el sol e infligirán dolorosas picaduras. Plagas de epidemias descontroladas matarán a una tercera parte de toda la humanidad. Todo el mundo, desde líderes nacionales hasta sirvientes y esclavos, huirá de las ciudades para ocultarse en cavernas y debajo de las rocas (Apocalipsis 6.2–17; 8.8–13; 9.1–20; 16.1–21).

Para empeorar aún más las cosas, un déspota maníaco conocido como el anticristo ascenderá al poder. Será varias veces más demoniaco que Antíoco IV, Nerón, Stalin y Hitler combinados. Demandará lealtad total a su programa satánicamente inspirado, y quienes se resistan tendrán prohibido comprar o vender alimentos o cualquier otro producto. Su sed de poder no cesará hasta que todo el mundo civilizado se ahogue en sus garras de tiranía (13.1–18).

No es una exageración decir que la tribulación será el infierno en la tierra, de la cual el doctor J. Dwight Pentecost nos dice que no habrá escape ni tampoco alivio: «No puede encontrarse ningún pasaje para aliviar en cualquier grado cualquiera que sea la severidad de este periodo que llegará sobre la tierra».[6]

Cuando las personas hoy ven que el orden y la estabilidad que han conocido comienzan a desmoronarse, por naturaleza se vuelven ansiosos. ¿Significa esto que los últimos tiempos están sobre nosotros? ¿Significa el ascenso de Rusia, el aislamiento de Israel, el terror del ISIS, el caos de la inmigración y la creciente persecución de los cristianos que el periodo de la tribulación es inminente? ¿Significa que aquellos que conocemos y amamos a Jesucristo estamos destinados a soportar ese tiempo? ¿O hay alguna manera en que podamos ser librados de ello? Comencemos a destapar las respuestas a estas preguntas.

EL PROPÓSITO DE LA TRIBULACIÓN

La tribulación llegará sobre la tierra por la creciente rebelión del hombre y su pecado desenfrenado. Pero la mano de Dios estará muy involucrada, al igual que lo estuvo cuando Él llevó las plagas sobre la nación rebelde de Egipto. La tribulación es un programa planeado y pensado para lograr dos metas importantes.

La tribulación purificará a Israel

La nación judía existe como resultado de la promesa de Dios a Abraham de que su simiente sería tan numerosa como las estrellas del cielo y permanecería por toda la eternidad (Génesis 12.1–3). La nación judía ha probado la paciencia de Dios a lo largo de los muchos siglos de su existencia, alejándose de Él una y otra vez; pero a pesar de la persistente rebelión de Israel, Dios cumplirá su promesa, no solo porque Él es Dios y no rompe sus promesas, sino también debido a su profundo amor por Israel.

Una de las últimas fases de su promesa a Israel fue cumplida en 1948, cuando la nación fue restablecida en su tierra prometida original; sin embargo, después de todo el cuidado de Dios para preservar a los judíos dispersos a lo largo de los siglos, permitiéndoles permanecer intactos para que pudieran heredar su tierra, ellos siguen siendo rebeldes incluso en la actualidad. El primer propósito de la tribulación es purgar a los judíos rebeldes y producir la conversión final de la nación. La tribulación será el fuego que purifique a Israel y queme todas las impurezas. Como dijo el profeta Ezequiel: «Os haré pasar bajo la vara... y apartaré de entre vosotros a los rebeldes, y a los que se rebelaron contra mí» (Ezequiel 20.37–38).

Moisés también escribió de la purga de Israel en los últimos tiempos e instó a la nación a responder regresando a Dios:

> Cuando estuvieres en angustia, y te alcanzaren todas estas cosas,
> si en los postreros días te volvieres a Jehová tu Dios, y oyeres su
> voz; porque Dios misericordioso es Jehová tu Dios; no te dejará, ni
> te destruirá, ni se olvidará del pacto que les juró a tus padres.
> (Deuteronomio 4.30–31)

El apóstol Pablo no dejó lugar a la ambigüedad con respecto a si esta purga profetizada por Moisés y Ezequiel sería eficaz:

> Y luego todo Israel será salvo, como está escrito:

> Vendrá de Sion el Libertador,
> Que apartará de Jacob la impiedad.
> Y este será mi pacto con ellos,
> Cuando yo quite sus pecados. (Romanos 11.26–27)

La tribulación castigará a los pecadores

El propósito general de la tribulación será ejecutar la ira de Dios sobre aquellos que se oponen a Él, primero sobre los judíos que se han rebelado, como ya hemos mostrado, y después sobre los gentiles rebeldes. Como escribió Pablo: «Porque la ira de Dios se revela desde el cielo contra toda impiedad e injusticia de los hombres que detienen con injusticia la verdad» (Romanos 1.18).

Nos gusta pensar y hablar sobre el amor de Dios, pero no tanto sobre su ira. Pero la ira va de la mano con el juicio, y es una expresión de su bondad tanto como lo es su ira. De hecho, amor e ira son dos caras de la misma moneda. Alguien que es infinitamente bueno, como Dios es, aborrece justamente la maldad porque la maldad es el enemigo de la bondad. La maldad es, de hecho, como un parásito, una plaga y un cáncer en la bondad. Se alimenta de la bondad y, por lo tanto, la destruye. Así, Dios dirige su ira a la maldad:

La doctrina bíblica de la ira de Dios está arraigada en la doctrina de Dios como el creador bueno, sabio y amoroso, que aborrece, sí, aborrece y aborrece implacablemente, cualquier cosa que echa a perder, desfigura, distorsiona o daña su hermosa creación, y en particular cualquier cosa que haga eso a las criaturas creadas a su imagen. Si Dios no aborrece el prejuicio racial, no es bueno ni amoroso. Si Dios no está airado contra el abuso infantil, no es bueno ni amoroso. Si Dios no está totalmente decidido a desarraigar de su creación, en un acto de ira y juicios justos, la arrogancia que permite que las personas exploten, bombardeen, acosen y se esclavicen los unos a los otros, no es amoroso, ni tampoco bueno ni tampoco sabio.[7]

El profeta Nahúm explicó el propósito de la ira de Dios de esta manera:

Jehová es vengador y lleno de indignación; se venga de sus adversarios, y guarda enojo para sus enemigos. Jehová es tardo para la ira y grande en poder, y no tendrá por inocente al culpable. (Nahúm 1.2–3)

Para resumir, el propósito general de los siete años de la tribulación es exponer a las personas no regeneradas, tanto judíos como gentiles, a la ira de Dios. Al igual que el sol endurece la arcilla y suaviza la mantequilla, la ira de Dios endurecerá algunos corazones y suavizará otros. Esto nos muestra que el propósito de la tribulación incluye a la vez conversión y castigo, dependiendo esencialmente de cómo respondan a ella los objetos de la ira de Dios.

LAS PERSPECTIVAS SOBRE LA TRIBULACIÓN

¿Cómo afectará la tribulación a la iglesia? Eruditos en profecía bíblica responden esta pregunta de diferentes maneras. Hay tres puntos de vista básicos, cada uno de los cuales sitúa la tribulación en un punto distinto en el tiempo.

El postribulacionismo, como la palabra misma indica, enseña que el rapto de la iglesia ocurrirá *después* del periodo de siete años de tribulación. Esto significa que los cristianos quedarán en la tierra para soportar todos los terrores de la tribulación junto con los incrédulos. Serán llevados para estar con Cristo cuando la tribulación termine en su segunda venida.

El midtribulacionismo enseña que la iglesia será arrebatada a medio camino en el periodo de siete años de tribulación. Según este punto de vista, los cristianos escapan a los últimos tres años y medio, que es cuando se producirán los peores desastres de la tribulación.

El pretribulacionismo enseña que el rapto tendrá lugar antes de la tribulación. Esto significa que la iglesia será quitada de la tierra antes de que comience la tribulación, guardando a los cristianos de soportar ninguna parte de los siete años de la ira de Dios que será derramada sobre la tierra.

LA PROTECCIÓN DE LA TRIBULACIÓN

Yo creo firmemente que el pretribulacionismo es la perspectiva certera sobre el momento de los acontecimientos de los últimos tiempos. Esto significa que la iglesia no sufrirá ninguna de las terribles desgracias de la tribulación. La Biblia nos da al menos cinco razones por las que los creyentes pueden tener la seguridad de la protección de Dios de esta próxima arremetida de su ira.

Nuestra protección está afirmada por la promesa de Cristo

La enseñanza más clara sobre la liberación de los creyentes de la tribulación llega hasta nosotros por la carta de Cristo a la iglesia en la ciudad de Filadelfia en Asia Menor: «Por cuanto has guardado la palabra de mi paciencia, yo también te guardaré de la hora de la prueba que ha de venir sobre el mundo entero, para probar a los que moran sobre la tierra» (Apocalipsis 3.10).

Profundicemos un poco más en esta clara promesa de Cristo para demostrar lo que significa para nosotros en la actualidad.

La promesa es global

Esta promesa va mucho más lejos que la mera protección de los creyentes de la devastación y la desgracia a su alrededor. Daniel 3 nos muestra un ejemplo de ese tipo de protección. Los tres cautivos hebreos (Sadrac, Mesac y Abednego) fueron lanzados a un horno de fuego por mantener su fe, pero Dios los mantuvo a salvo de las llamas que rugían a su alrededor. Aunque el fuego no les hizo ningún daño, leemos que estuvieron *en* el fuego y que caminaban *por* el fuego. Pero la promesa de Jesús va más lejos. Los creyentes ni siquiera estarán *en* la tribulación, ni tampoco tendrán que *atravesarla*. Él nos dijo que la iglesia será guardada «*de* la hora de la prueba».

La promesa es clara

El hecho de que Cristo prometió guardar a la iglesia «de la hora de la prueba» es muy significativo. El erudito en profecía Mark Hitchcock explica: «El Señor promete guardar a su pueblo no solo de la prueba sino también "de la hora de la prueba". El pueblo de Dios está exento no solo de las pruebas durante la tribulación, sino también de la tribulación en sí. Somos apartados de todo el periodo de tiempo, no solo de las pruebas de él».[8]

Charles Ryrie, que fue uno de mis profesores en el Seminario Teológico de Dallas, nos ha dado una gráfica ilustración de esta verdad desde el punto de vista de un maestro:

Como maestro, frecuentemente hago exámenes. Supongamos que anuncio que tendremos un examen tal día en el tiempo de clase normal. Entonces supongamos que digo: «Quiero hacer una promesa a los alumnos cuya calificación promedio del semestre hasta ahora sea de sobresaliente. La promesa es: les evitaré el examen».

Ahora bien, podría mantener mi promesa a esos alumnos de sobresaliente de esta manera: les diría que se presentaran al examen, distribuiría el examen a todos, y daría a los estudiantes de sobresaliente una hoja con las respuestas. Ellos harían el examen y a la vez en realidad serían guardados del examen. Pasarían por ese tiempo pero no sufrirían la prueba. Esto es el postribulacionismo: protección mientras se soporta.

Pero si le dijera a la clase: «Voy a hacer un examen la próxima semana. Quiero hacer una promesa a todos los alumnos de sobresaliente. Les ahorraré la hora del examen». Ellos entenderían claramente que ser guardados de la hora del examen les exime de estar presentes durante esa hora. Esto es el pretribulacionismo, y este es el significado de la promesa de Apocalipsis 3.10. Y la promesa vino del Salvador resucitado quien Él mismo es el libertador de la ira venidera (1 Tesalonicenses 1.10).[9]

Dios sabe que si dejara a su iglesia en la tierra, aunque nos protegiera del daño, estaríamos profundamente entristecidos por el sufrimiento y la devastación a nuestro alrededor. Por lo tanto, en su misericordia y amor, nos apartará de la escena por completo cuando llegue la tribulación.

Nuestra protección está en consonancia con el precedente bíblico

En toda la Biblia vemos a Dios protegiendo a su pueblo al apartarlo antes de su juicio contra el mal que los rodeaba.

- Enoc fue traspasado al cielo antes del juicio del diluvio.
- Noé y su familia fueron guardados seguramente dentro del arca antes del juicio del diluvio.
- Lot y su familia fueron sacados de Sodoma antes de que el juicio destruyera Sodoma y Gomorra.
- Los primogénitos entre los hebreos en Egipto fueron protegidos por la sangre del cordero pascual antes de que el juicio diezmara a los primogénitos de los egipcios.
- Los espías israelíes fueron sacados seguramente de Jericó antes de que cayera el juicio sobre esa ciudad.

El apóstol Pedro mantuvo estos incidentes de la protección de Dios como una seguridad de que lo que Él hizo por aquellos héroes, también lo hará por nosotros:

Si Dios... no perdonó al mundo antiguo, sino que guardó a Noé... a las ciudades de Sodoma y de Gomorra, reduciéndolas a ceniza... y libró al justo Lot... sabe el Señor librar de tentación a los piadosos, y

reservar a los injustos para ser castigados en el día del juicio.
(2 Pedro 2.4–7, 9)

Es fácil ver el patrón regular presentado en estos ejemplos: Dios rescata a los justos antes de castigar a los malvados. Él permite que justos y malvados vivan juntos en el mundo antes del juicio, tal como Jesús explicó en la parábola del labrador que permite que las malas hierbas crezcan juntamente con su trigo; pero cuando llega el tiempo de la cosecha, el trigo será separado antes de que las malas hierbas sean echadas al fuego (Mateo 13.24–30).

Cuando Pablo explicó el rapto en 1 Tesalonicenses 4, añadió esta frase significativa: «Por tanto, alentaos los unos a los otros con estas palabras» (v. 18). No habría ningún consuelo en absoluto en las palabras de Pablo si la iglesia no fuera a ser apartada hasta después de haber soportado la desgracia de la tribulación. El único modo en que el término *consolaos* tiene sentido es que el rapto ocurra antes de la tribulación. La perspectiva de la pretribulación valida el propósito lógico del rapto.

Nuestra protección es obvia en el libro de Apocalipsis

Varios pasajes en la Biblia describen los acontecimientos que ocurrirán durante el periodo de la tribulación. Estas descripciones están en los escritos de varios profetas del Antiguo Testamento, en las palabras de Cristo mismo en Mateo 24, y en breves referencias aquí y allá en otros libros de la Biblia. Pero es el libro de Apocalipsis el que describe los acontecimientos de la tribulación con mayor detalle.

Probablemente haya escuchado toda su vida que el libro de Apocalipsis es el libro más difícil y confuso de toda la Biblia. Voy a darle la vuelta a esa afirmación y decirle que Apocalipsis es uno de los libros más fáciles de entender. Tendemos a hacer que sea complejo porque le aportamos mucho bagaje interpretativo basándonos en las muchas teorías, -ismos, doctrinas y distorsiones que diversos intérpretes nos han lanzado.

Pero el libro se vuelve mucho más sencillo si dejamos simplemente que se interprete a sí mismo. Es como el leñador del bosque que compró su primera motosierra. Después de un día de cortar madera, regresó a la tienda quejándose de que era demasiado difícil de usar y que difícilmente cortaba madera.

—¿Qué sucedió cuando puso en marcha el motor? —le preguntó el vendedor.

—¿Poner en marcha el motor? ¿A qué se refiere? —respondió el cliente.

—¿Quiere decir que no encendió el motor? ¡Así no es sorprendente que fuera difícil de usar! —exclamó el vendedor—. Si enciende el motor, no tiene que trabajar para cortar madera. La sierra hará eso por usted.

Si usted lo permite, Apocalipsis hará la interpretación por usted porque es, de hecho, un libro que se interpreta a sí mismo. El primer capítulo nos da un bosquejo de toda su estructura. Al principio, el apóstol Juan tuvo la visión de Cristo, quien le dijo: «Escribe las cosas que has visto, y las que son, y las que han de ser después de estas» (1.19). Aquí tenemos el bosquejo, los titulares de las tres secciones principales del libro: las cosas que has visto, las cosas que son, y las cosas que han de ser.

1. **«Las cosas que has visto».**

Esta breve sección abarca Apocalipsis 1.1–20. Aquí tenemos el registro de la visión que Juan vio mientras estaba en la isla de Patmos. Dijo que estaba en adoración el día del Señor cuando oyó el toque de una trompeta y se giró para ver la gloriosa figura de Cristo, la cual describió con magnífico detalle. Cristo habló y explicó el significado de los símbolos que lo rodeaban.

2. **«Las cosas que son».**

Esta sección incluye los dos siguientes capítulos, Apocalipsis 2–3, que contienen siete cartas a las siete iglesias de Asia Menor. Juan sirvió como el líder principal de esas iglesias antes de su exilio a Patmos. Estos capítulos hablan de «las cosas que son». Cada carta describe la salud espiritual de una iglesia dada, acompañada de elogios, reprimendas, advertencias y reprensiones.

3. **«Las que han de ser después de estas».**

Esta sección comienza con Apocalipsis 4 y continúa hasta el final del libro. Estos capítulos detallan acontecimientos que tendrán lugar en el futuro. Casi todo en Apocalipsis 4–19 tiene que ver con la tribulación, describiendo con gran detalle el derramamiento de la ira de Dios sobre la tierra. La mayor parte de esta descripción ocurre en tres relatos de «juicio»: los «juicios de los sellos», que incluyen a los cuatro infames jinetes del Apocalipsis; «los juicios de las trompetas»; y «los juicios de las copas». Estas secuencias proyectan imágenes aterradoras de la tribulación utilizando cierto tipo de técnica de doble pantalla, mostrando el comienzo de los juicios en el cielo y sus resultados devastadores en la tierra. Incluida en esta tercera y última sección futurista está la victoria final de Cristo sobre Satanás, la reunión de cielo y tierra, y la gloria del reinado de mil años de Cristo.

¿Sabe lo que está notablemente ausente de estos capítulos de la tribulación? La iglesia. La palabra *iglesia* aparece diecinueve veces en Apocalipsis 1–3, pero no se menciona ni una sola vez en Apocalipsis 4–19. ¿Por qué? Porque la iglesia ya no está ahí; ya no está en la tierra. Los creyentes han sido quitados de la tribulación y llevados al cielo.

El profesor de maestría en el seminario Richard Mayhue ha observado:

Es notable y totalmente inesperado que Juan cambiara de dar instrucciones detalladas para la iglesia al silencio absoluto acerca de la iglesia... si, de hecho, la iglesia continuara en la tribulación. Si la iglesia experimentara la tribulación... entonces seguramente el estudio más detallado de los acontecimientos de la tribulación incluiría un relato del papel de la iglesia. ¡Pero no está![10]

No hay ningún relato del papel de la iglesia durante la tribulación porque la iglesia no tiene papel alguno en la tributación. Como observamos anteriormente, el periodo de la tribulación marca la aplicación final de la ira de Dios sobre las transgresiones de Israel (Ezequiel 20.37–38). La ira de Dios está reservada para la Israel apóstata, aquellos a quienes Él alimentó y cuidó y que sin embargo se apartaron de Él. La tribulación es esencialmente un asunto familiar entre Israel y Dios, y la iglesia fiel no tiene que soportar esos efectos. Según Hitchcock: «Todo el periodo de la tribulación es el derramamiento de la ira de Dios; esto requiere que la novia de Cristo esté exenta de todo este tiempo de problemas, y no solo de una parte de él». Y añade: «¿Qué hay con respecto a la tribulación que necesita nuestra ausencia en ese tiempo? La tribulación es el producto de la ira de Dios sobre la maldad. El libro de Apocalipsis se refiere claramente a la ira de Dios al menos siete veces (6.17–18; 14.8–10; 14.19; 15.7; 16.1, 19; 19.15). La ira de Dios comienza con el primer sello (Apocalipsis 6.1) y continúa todo el camino hasta la segunda venida (Apocalipsis 19.11–21)».[11]

En nada de esto estamos diciendo que la iglesia, el pueblo de Dios en la tierra, esté exenta de sufrimiento y persecución. Como he observado en el capítulo 3 de este libro, la persecución de los cristianos ha sido generalizada a lo largo de la historia y está aumentando en nuestra época. Gran parte del Nuevo Testamento está compuesto por advertencias de sufrimiento y aliento para quienes la experimentan. Pablo resumió este hecho en su segunda carta a Timoteo: «Todos los que quieren vivir piadosamente en Cristo Jesús padecerán persecución» (3.12). Jesús les dijo a sus discípulos: «Estas cosas os he hablado para que en mí tengáis paz. En el mundo tendréis aflicción; pero confiad, yo he vencido al mundo» (Juan 16.33).

Sin embargo, en todo el Nuevo Testamento no hay ni una sola afirmación para advertir a los cristianos de la gran tribulación venidera o para ayudarlos a prepararse para ella. Si fuera nuestro destino soportar la ira que devastará la tierra durante esos siete años, ¿no es extraño que Dios nunca nos diera ninguna información, aliento, advertencias o instrucción sobre nuestra preparación para ella? La razón de esa omisión es clara: la iglesia no estará presente cuando llegue la tribulación.

Nuestra protección está asegurada por el amor de Dios

Pablo aseguró a sus lectores que cuando se convierten en cristianos, ya no tienen más necesidad de tener temor al juicio de Dios: «Ahora, pues, ninguna condenación hay para los que están en Cristo Jesús» (Romanos 8.1). Ya hemos aprendido que parte del propósito de la tribulación es ejecutar la ira de Dios sobre quienes lo rechazan. Por simple lógica, entonces, podemos ver por qué los creyentes no pasarán por la tribulación. ¿Cuál sería el caso de hacer que la soportaran? Al acudir a Dios, se eximen a sí mismos de todo el propósito de esos horribles siete años. Su rebelión ha sido perdonada, y no tienen ninguna necesidad de ser purgados ni castigados por ello.

La Biblia está llena de escrituras que nos dicen que la ira de Dios está estrictamente reservada para aquellos que no lo siguen a Él.

Entre los cuales también todos nosotros vivimos en otro tiempo en los deseos de nuestra carne, haciendo la voluntad de la carne y de los pensamientos, y éramos por naturaleza hijos de ira, lo mismo que los demás. Pero Dios, que es rico en misericordia, por su gran amor con que nos amó, aun estando nosotros muertos en pecados, nos dio vida juntamente con Cristo (por gracia sois salvos). (Efesios 2.3–5)

Pues mucho más, estando ya justificados en su sangre, por él seremos salvos de la ira. (Romanos 5.9)

Cuando Dios puso a Jesús en la cruz, cargó sobre Él todo el castigo por nuestro pecado, y no nos queda nada más por pagar. Pero si nosotros que hemos sido limpiados por la sangre de Cristo somos dejados en la tribulación, que es un tiempo de juicio punitivo de parte de Dios, eso significaría que el precio que Cristo pagó en la cruz no fue suficiente, y que aún necesitamos el castigo adicional de la ira punitiva de Dios. Toda esa idea niega la eficacia del sacrificio de Cristo por nuestros pecados. ¿Nos salvó la cruz de la ira o no? ¿Nos salvó de la condenación o no? ¿Nos salvó del juicio de Dios o no? ¡Ciertamente lo hizo! J. F Strombeck escribió:

Uno se ve forzado a preguntar: ¿cómo pudo el Cordero de Dios morir y resucitar para salvar a la iglesia de la ira y después permitir que pase por la ira que Él derramará sobre quienes lo rechazan? Tal incoherencia podría ser posible en el pensamiento de los hombres, pero no en los hechos del Hijo de Dios.[12]

La tribulación es para quienes están en la oscuridad, no para quienes están en la luz. Como lo expresó Pablo: «Porque no nos ha puesto Dios para ira, sino para alcanzar salvación por medio de nuestro Señor Jesucristo» (1 Tesalonicenses 5.9). La salvación de la que habló

Pablo en este pasaje en particular no es salvación de nuestro pecado, sino salvación o liberación del periodo de la tribulación mediante el traslado al cielo.

El doctor John F. Walvoord añade: «Pablo está diciendo expresamente que nuestra cita es ser arrebatados para estar con Cristo, y la cita del mundo es para el día del Señor, el día de la ira. Uno no puede cumplir con esas dos citas».[13]

Los que no sean salvos asistirán a la cita con el día de la ira: la tribulación. Los salvos mantendrán la cita con Cristo cuando seamos llevados desde la tierra en el rapto en la pretribulación.

Nuestra protección es lograda por el sacrificio de Cristo

¿Qué nos califica para ser guardados de los traumas de la tribulación? Podemos decir que ser cristiano, seguir a Cristo, entregar nuestra vida a Él, o confiar en Él como Salvador nos califica. Todas estas respuestas son verdad, pero no cuentan la historia completa. Para ver el cuadro general necesitamos mirar detrás de estas verdades, donde encontraremos una verdad central que es mucho más profunda. Si confiar en Cristo como nuestro Salvador nos califica para el rapto, debemos saber lo que significa llamar a Cristo nuestro Salvador. ¿Qué hizo Él para ganarse ese título? ¿Qué hay en que Él sea nuestro Salvador que nos exime de la tribulación?

Cristo es nuestro Salvador porque Él pagó un precio enorme para salvarnos del castigo eterno que merecíamos debido a nuestro pecado. Aceptamos ese regalo poniendo nuestra confianza en Él, y cuando hacemos ese compromiso, Él nos acepta como suyos. Eso es lo que significa ser su iglesia: ser aquellos a los que Él librará de la ira de la tribulación y llevará al cielo con Él.

La siguiente historia nos ayuda a entender lo que significa llamar a Cristo nuestro Salvador. Está adaptada de una historia que frecuentemente relata el doctor R. G. Lee, expresidente de la Convención Bautista del Sur y por mucho tiempo pastor de una iglesia grande e influyente en Memphis, Tennessee.

Hace un siglo en una aldea rural en lo profundo de las montañas de Virginia, había una escuela comunitaria formada por un único salón. Alumnos de todos los grados asistían a la escuela, principalmente los niños de familias mineras o madereras. Los varones más mayores, educados para sobrevivir a la dura vida en las montañas, eran duros y mezquinos. Ningún maestro en la escuela se había quedado más de dos meses, solamente unos cuantos días, porque esos muchachos se enorgullecían mucho en su capacidad para librarse de todo maestro que fuera lo bastante atrevido o ingenuo para aceptar ese trabajo.

Poco después de que otro maestro se hubiera ido, un joven que acababa de salir de la universidad solicitó el empleo. En el momento en que entró a la oficina para hacer una entrevista, el director se apiadó de él. No quería que ese joven e inexperto maestro se enfrentara a probabilidades imposibles y terminara su primera tarea de enseñanza desalentado.

—Le aconsejo francamente que no acepte este trabajo —dijo el director—. No tiene idea de a qué se enfrentará. Nunca hemos tenido un maestro que permanezca más de dos meses, ni siquiera los más experimentados. Probablemente se llevará una horrible paliza porque es usted muy joven.

—Agradezco la advertencia, señor —respondió el maestro—, pero necesito el empleo, y estoy dispuesto a correr el riesgo.

El director dio un profundo suspiro y lo contrató.

A la mañana siguiente, el joven maestro estaba sentado ante su mesa observando a los alumnos mientras entraban en la clase. Varios de los muchachos se juntaron en la parte de atrás antes de tomar sus asientos. Estaba claro para el maestro que su líder era el muchacho más grande y obviamente el más mayor. Lo llamaban Big Tom: el gamberro de la clase. Los muchachos hablaban en voz baja entre ellos, mirando con frecuencia al maestro. Finalmente, Big Tom dijo, deliberadamente y con la fuerza suficiente para que el maestro lo escuchara:

—No necesito ayuda con este. Cuando termine con él, no se atreverá a volver a poner su pie en esta clase.

Cuando todos los alumnos estaban sentados, el maestro se levantó y dijo:

—Buenos días. Soy el señor Wilson, su nuevo maestro. No puedo enseñar sin orden, y no podemos tener orden sin tener reglas, de modo que quiero que me ayuden a establecer las reglas. Ustedes me dicen qué reglas piensan que debiéramos tener, y yo las enumeraré en la pizarra.

A la clase nunca le habían pedido que participara en establecer el orden, y Big Tom no sabía qué hacer con eso. Decidió esperar y ver cómo resultaba todo antes de apretar las tuercas al nuevo maestro.

—No robar —dijo uno de los alumnos.

El señor Wilson escribió la regla en la pizarra.

—No llegar tarde —gritó otro.

—No mentir —dijo una tercera voz.

Los alumnos comenzaron a agarrar el ritmo de las cosas, y pronto el señor Wilson tenía diez reglas en la pizarra.

—Esto parece un buen conjunto de reglas —dijo—. Son sus propias reglas, de modo que ¿están todos ustedes de acuerdo con ellas?

—Claro, estamos de acuerdo —replicó la clase, riendo disimuladamente y mirándose tímidamente unos a otros.

—Muy bien —continuó el señor Wilson—, las reglas no pueden aplicarse sin que haya castigos por quebrantarlas. ¿Qué castigo deberíamos imponer si una regla es quebrantada?

Big Tom habló:

—Quien quebrante una regla recibe diez golpes en la espalda desnuda.

Hacer una regla dura impulsó su reputación de guerrero.

El señor Wilson pensó que el castigo era demasiado severo.

—¿Están todos de acuerdo con este castigo? —preguntó.

Nadie se atrevía a llevarle la contraria a Big Tom, y como el maestro había puesto el proceso de establecer las reglas en manos de los alumnos, sintió que tenía que dejar ese castigo.

—Muy bien, serán diez golpes.

La participación de Big Tom en el proceso le hizo sentirse tan importante que no molestó al señor Wilson ese día. La clase se reanudó a la mañana siguiente y siguió bien hasta que la campana del mediodía estaba a punto de sonar. La voz de Big Tom retumbó:

—¡Alguien ha robado mi almuerzo!

—Quédense sentados —dijo el maestro—. Nadie va a comer hasta que descubramos quién robó el almuerzo de Tom.

Preguntó a cada miembro de la clase, uno por uno, y todos negaron haber cometido el robo; pero finalmente, un pequeño muchacho de diez años que llevaba un abrigo desgastado dijo:

—Yo lo hice. Fui yo. Tenía tanta hambre que no pude evitarlo. ¡Lo siento!

El corazón del señor Wilson se dolió.

—Jimmy, ya conoces la regla. Tengo que darte diez golpes en la espalda. Quítate el abrigo.

—¡Oh, maestro, por favor! —suplicó Jimmy—. Haga lo que tenga que hacer, pero no me obligue a quitarme el abrigo.

Pero el maestro era firme, y el muchacho comenzó lentamente a desabrocharse el abrigo mientras corrían lágrimas por sus mejillas. No llevaba camisa. No llevaba nada sobre su delgado torso excepto los tirantes que sujetaban sus pantalones.

El señor Wilson se enfrentaba a un difícil dilema. *¿Cómo puedo golpear a este pobre niño?*, pensó. *Pero si no lo hago, perderé el control de esta clase para siempre.* Se detuvo y preguntó:

—Jimmy, ¿por qué no te pusiste camisa hoy?

—Es porque mamá ha sido muy pobre desde que papá murió en la mina. Tengo solamente una camisa, y el día de lavado mi mamá la lava, y tengo que ponerme el abrigo de mi hermano. Tendré mi camisa mañana.

Le resultó muy difícil al señor Wilson obligarse a sí mismo a agarrar la pala de madera. Puso a Jimmy de espaldas delante de él, levantó la pala y dudó, intentando reunir la valentía para administrar el castigo.

De repente, Big Tom se puso de pie y gritó:

—No lo haga, señor Wilson. Yo quiero recibir los golpes de Jimmy en su lugar.

Caminó rápidamente hacia el frente de la clase, quitándose la camisa mientras avanzaba.

El maestro asintió, le devolvió su abrigo a Jimmy y puso en su lugar a Big Tom. Mientras le daba los golpes, se dio cuenta de que cada niño en la clase estaba llorando, y Jimmy más que todos. De repente, el muchacho corrió hasta Big Tom, lanzó sus delgados brazos alrededor de su cuello, y se agarró a él.

—Oh, Tom —lloraba Jimmy—, siento mucho haberte robado el almuerzo. Odio haberte hecho esto, pero quiero que sepas que te amaré hasta el día de mi muerte por haber recibido los golpes que yo merecía recibir.

Los corazones de aquellos muchachos endurecidos fueron quebrantados para siempre. Big Tom se había convertido en el salvador del pequeño Jimmy.

Esta historia, quizá más que cualquier otra que haya oído, ilumina de modo gráfico lo que significa llamar a Jesús nuestro Salvador. Todos nosotros hemos quebrantado las reglas, y nos merecemos el castigo prescrito que, en nuestro caso, es la muerte; pero Jesús nos miró, criaturas frágiles y caídas, y no pudo soportar vernos destruidos. Nos amó tanto que no pudo soportar la idea de pasar la eternidad sin nosotros, así que se quitó su abrigo, el que echaron a suertes sus ejecutores, estiró sus brazos en el travesaño de madera de la cruz, y sufrió el castigo de la muerte que usted y yo merecíamos. Él es nuestro Salvador.[14]

Puede que esté leyendo este capítulo y no sea creyente, quizá por simple curiosidad. Nunca ha reconocido a Cristo como su Señor ni le ha entregado su vida. Puede que haya entendido o no todo lo que ha leído aquí, pero espero que al menos pueda ver que Dios pondrá un final al caos de este mundo dañado por el pecado y restaurará su gobierno perfecto sobre él. Él quiere que usted sea parte de ese nuevo comienzo; ha retrasado su regreso durante siglos para darle a usted, y a otras personas como usted, la oportunidad de acudir a Él antes de que se cierre la puerta, lo cual sucederá inevitablemente ya sea en su regreso o cuando usted muera.

El pastor Steven Cole cuenta la historia de Joe, quien según su propia admisión, no era un hombre religioso. Bebía demasiado, jugaba, maldecía como un marinero, y mentía y engañaba para conseguir lo que quería. Dios no era parte de su esquema mental.

Joe finalmente se jubiló. Saboreaba la idea de pasar los días en el lago pescando, pero un dolor persistente en el estómago le obligó que acudiera al médico. Su mayor temor era que se viera obligado a dejar de beber, pero el informe del médico era aun peor: tenía cáncer, y se había extendido descontroladamente. El médico le dio a Joe menos de seis meses de vida.

Mientras Joe estaba en el hospital, pasó por allí un pastor y habló con él sobre la eternidad. Por primera vez en su vida, Joe escuchó. Una verdad suprimida por mucho tiempo despertó en el corazón de Joe, dándole convicción de haber malgastado su vida en búsquedas profundamente egoístas. Tembló, sabiendo que pronto se enfrentaría al juicio de Dios; pero el pastor le explicó que Cristo había pagado el castigo por su pecado y, sobre esa base, Él le ofrecía perdón y vida eterna si Joe lo recibía. Joe aceptó alegremente el regalo y murió en paz poco después.[15]

El caso de Joe fue lo que comúnmente denominamos «arrepentimiento en el lecho de muerte». No es la manera ni más noble ni más segura de acudir a Cristo, pero Dios, en su infinito amor y deseo de tenernos con Él en la eternidad, acepta incluso a quienes acuden a Él en el último momento. Jesús prometió salvación incluso al ladrón que estaba muriendo en la cruz a su lado (Lucas 23.39–43). En su parábola de los obreros en la viña, el jefe pagó a los obreros que habían llegado en la última hora del día igual que a quienes llegaron a primera hora (Mateo 20.1–16). Nuestro Dios nos da más de lo que merecemos. Él es un Dios misericordioso que es «paciente para con nosotros, no queriendo que ninguno perezca, sino que todos procedan al arrepentimiento» (2 Pedro 3:9). Pero nunca nos fuerza a acudir a Él; la decisión es siempre nuestra.

Lo importante a destacar es que Joe acudió a Cristo porque vio las señales de que su fin estaba cerca. Aunque fue un arrepentimiento en el lecho de muerte, él hizo lo sabio: actuó según lo que sabía y dio el paso correcto ante la situación. Fue tarde, pero no demasiado tarde.

Llega el tiempo, y ahora se cierne sobre el horizonte, en que será demasiado tarde. Cuando llegue la tribulación y el pueblo de Dios sea arrebatado al cielo, la puerta se cerrará ante quienes han oído y rechazado el evangelio. Le insto a dar hoy el paso que dio Joe, mientras la tribulación es aún una sombra que se acerca y no la sentencia final de la ira de Dios. La gracia de Dios está a su disposición para rescatarle de esa ira, de modo que no hay necesidad de desesperarse; pero hay un sentimiento de urgencia en su oferta. Actúe ahora, y no tendrá que preocuparse por quedar atrapado en la tribulación.

RECONOCIMIENTOS

Este libro es el proyecto más desafiante que he emprendido jamás, y si no hubiera sido por las personas que estoy a punto de mencionar, no hay modo de que hubiera podido lograrse. Cuando me propuse investigar y escribir sobre diez de los asuntos más importantes a los que se enfrenta nuestra cultura, realmente trabajé en diez proyectos en lugar de uno. Gracias a mi esposa, Donna, no abandoné la esperanza. Durante cincuenta y tres años hemos creído el uno en el otro, y juntos hemos seguido creyendo a Dios para lograr lo imposible.

Cuando un libro como este se concibe y tiene que ser completado en unos pocos meses, no puede haber desvíos ni demoras. Diane Sutherland me ayuda a mantenerme en la misión mientras se ocupa de las muchas partes de mi ajetreada vida para que la escritura pueda seguir siendo una prioridad principal. Diane, todos los que llegamos a trabajar contigo estamos de acuerdo: ¡eres increíble!

Barbara Boucher hace que todo discurra con suavidad en mi oficina y en la iglesia Shadow Mountain Community. Después de veintidós años de servicio, ha decidido retirarse para así poder pasar más tiempo con sus nietos. Barbara, estoy muy agradecido por todo lo que has hecho tras bambalinas para permitirme cumplir mi llamado como pastor y escritor. Te extrañaremos mucho.

Mi proyecto de libro anual tiene su hogar en el ministerio de Turning Point radio y televisión. Mi hijo, David Michael, es vicepresidente y director operativo de Turning Point, y está vitalmente implicado en cada libro que escribo. Además de ocuparse de las operaciones diarias, David también planifica y dirige nuestros eventos en el campo que presentan cada libro que publicamos. Trabajar con mi hijo es una de las grandes bendiciones de mi vida.

El Departamento Creativo de Turning Point ha hecho de la publicación de este libro el enfoque principal de sus esfuerzos colectivos durante los seis meses que preceden a su lanzamiento. Nunca dejo de asombrarme ante las ideas que Dios da a Paul Joiner y su equipo y su capacidad de dar vida a esas ideas.

Si examina la sección de notas que está al final del libro, obtendrá un cuadro bastante claro de la cantidad de investigación que ha supuesto este proyecto. Durante los últimos años, Beau Sager ha sido mi asistente de investigación. Beau, tu compromiso con la excelencia es evidente para todos nosotros, y estamos muy agradecidos por tu inversión sacrificial en *¿Es este el fin?*

Rob Morgan y William Kruidenier tienen que ser dos de los hombres más versados de Estados Unidos. Gracias a los dos por su inversión en este libro. Tom Williams siempre hace de nuestros libros su prioridad número uno, y sin él estoy seguro de que no podríamos haber cumplido con nuestra fecha límite. Tom, eres mucho más que un editor y un maestro de las palabras; eres un valorado miembro de nuestro equipo editorial.

A medida que el mundo editorial sigue haciéndose más complejo y desafiante, tengo la bendición de tener el consejo y la dirección que provienen de la empresa de Yates and Yates. Durante más de treinta años, Sealy Yates ha sido mi agente literario y mi buen amigo.

También quiero expresar mi gratitud a las personas de Thomas Nelson. Desde nuestra primera reunión en Nashville para hablar de este libro, el editor Matt Baugher y su equipo han demostrado su profundo compromiso a poner este libro en las manos y los corazones de todas las personas que sea posible.

Finalmente, cualquier gloria que resulte de esta empresa le pertenece exclusivamente a Jesucristo. ¡Solo Él es digno!

NOTAS

Introducción

1. Elizabeth Thom, «New Survey Reveals an Anxious and Nostalgic America Going into the 2016 Election», Brookings, 18 noviembre 2015, http://www. brookings.edu/blogs/fixgov/posts/2015/11/18-american-values-survey -release-thom.

Capítulo 1: La época del «todo vale»

1. Erin Strecker, «Tony Bennett Says Another Lady Gaga Collaboration Album Is Coming», *Billboard*, 22 octubre 2015, billboard.com/articles/ columns/pop-shop/6738127/tony-bennett-lady-gaga-collaboration -album-cole-porter.

2. «Amazon Music Q&A: Lady Gaga & Tony Bennett Talk "Magical" Duets Album, "Cheek to Cheek"», www.amazonfrontrow.com/post/10077656 0575/amazon-music-qa-lady-gaga-tony-bennett-talk.

3. William McBrien, *Cole Porter* (Nueva York: Vintage Books, 1998), pp. 394–95 [*Cole Porter: una biografía* (Barcelona: Alba, 1999)]. Ver también Dan Barker, «Cole Porter out of Both Closets?», *Freedom from Religion Foundation*, octubre 2004, ffrf.org/faq/feeds/item/18440-cole -porter-out-of-both-closets.

4. Sheila Johnston, «How Cole Porter Got His Kicks», *The Telegraph*, 24 septiembre 2004, telegraph.co.uk/culture/film/3624393/How-Cole-Porter- got-his-kicks.html.

5. Cy Feuer con Ken Gross, *I Got the Show Right Here: The Amazing, True Story of How an Obscure Brooklyn Horn Player Became the Last Great Broadway Showman* (Nueva York: Applause Theatre and Cinema Books, 2003), pp. 159–60.

6. McBrien, *Cole Porter*, p. 394.

7. Ibíd., p. 395.

8. George Eells, *The Life That Late He Led: A Biography of Cole Porter* (Nueva York: G. P. Putnam's Sons, 1967), p. 312.

9. Jeff Kinley, *As it Was in the Days of Noah: Warnings from Bible Prophesy About the Coming Global Storm* (Eugene, OR: Harvest House, 2014), pp. 15–16.

10. David Jeremiah, *I Never Thought I'd See the Day!: Culture at the Crossroads* (Nueva York: Faith Words, 2011), pp. 126–27 [*¡Nunca pensé que vería el día!: La cultura en la encrucijada*, (Nueva York: FaithWords, 2012)].

11. Charles R. Swindoll, *Growing Deep in the Christian Life: Essential Truths for Becoming Strong in the Faith* (Grand Rapids: Zondervan, 1995), p. 204 [*Arraigados en la fe*, (Deerfield, FL: Vida, 1995)].

12. J. Dwight Pentecost, *Thing Which Become Sound Doctrine: Doctrinal Studies of Fourteen Crucial Words of Faith* (Grand Rapids: Kregel, Inc., 1965), p. 10.

13. Jonathon van Maren, «I Thought the Porn Industry Couldn't Shock Me Any More. Then PornHub Released Their 2015 Stats», 13 enero 2016, www.lifesitenews.com/blogs/pornhub-just-released-their-2015-statistics.-and-its-sickening.

14. Citado por Harry Leibowitz, cofundador y presidente de World of Children Award, en «The Numbers: Child Sexual Imposition in the United States», *Huffpost Impact*, 12 febrero 2016, www.huffingtonpost.com/harry-leibowitz/the-numbers-child-sexual-_b_9101508.html.

15. Leif Coorlim, «Injured U.S. Vets Now Hunting Child Predators», *CNN*, 29 febrero 2016, www.cnn.com/2016/02/29/us/freedom-project-hero-corps/index.html?eref=rss_topstories.

16. Leibowitz, «The Numbers».

17. Ibíd.

18. David Kinnaman, «The Porn Phenomenon», Barna.org, www.barna.org/blog/culture-media/david-kinnaman/the-porn-phenomenon#Vti-A1KVe2o.

19. Ibíd.

20. Ben Shapiro, *Porn Generation: How Social Liberalism Is Corrupting Our Future* (Washington, DC: Regnery Publishing, Inc., 2013), extraído de capítulo 1, pp. 66, 73–74 y 77 en una edición Kindle.

21. Adam Liptak, «Supreme Court Ruling Makes Same-Sex Marriage a Right Nationwide», *New York Times*, 26 junio 2015, www.nytimes.com/2015/06/27/us/supreme-court-same-sex-marriage.html?_r=0.

22. Todd Starnes, «Bible Removed from POW/MIA Display Inside VA clinic», FoxNews.com, 29 febrero 2016, http://www.foxnews.com/opinion/2016/02/29/bible-removed-from-powmia-display-outside-va-clinic.html.

23. John J. Murray, «Moral and Spiritual Erosion in Two Generations», *The Aquila Report*, 26 julio 2015, http://theaquilareport.com/moral-and-spiritual-erosion-in-two-generations/.

24. Jack Minor, «Doc Faces Boot for Citing "Gay" Health Dangers», WND.com, 27 junio 2015, http://www.wnd.com/2015/06/doc-faces-boot-for-citing-gay-health-dangers/.

25. «Abortion Statistics: United States Data and Trends», *National Right to Life Educational Foundation*, http://www.nrlc.org/uploads/factsheets/FS01AbortionintheUS.pdf.

26. Philip Yancey, *La desaparición de la gracia: ¿Qué les pasó a las Buenas Nuevas?* (Nashville: Vida, 2015), pp. 180–181.

27. Marie-Jean-Antoine-Nicolas de Caritat, citado en Frank E. Manuel y Fritzie P. Manuel, *Utopian Thought in the Western World* (Cambridge: Belknap Press, 1979), p. 491 [*El pensamiento utópico en el mundo occidental* (Madrid: Taurus, *1984*)].

28. Dave Breese, *Seven Men Who Rule the World from the Grave* (Chicago: Moody, 1990), p. 153.

29. Ibíd., p. 170.

30. Ibíd., p. 175.

31. Ravi Zacharias, *Deliver Us from Evil* (Nashville: Word Publishing, 1997), p. 23.

32. Os Guinness, citado en Zacharias, p. 24.

33. Albert Mohler, «Everything That Is Solid Melts into Air—the New Secular Worldview», 3 marzo 2016, http://www.albertmohler.com/2016/03/03/everything-that-is-solid-melts-into-air-the-new-secular-worldview/#_ftn1.

34. Breese, *Seven Men Who*, p. 48.

35. Andrew Fraknoi, «How Fast Are You Moving When You Are Sitting Still?», *The Universe in the Classroom*, primavera 2007, https://astrosociety.org/edu/publications/tnl/71/howfast.html. Dado que las velocidades de la Tierra se mueven en distintas direcciones, es posible encontrar una variedad de maneras de explicar la velocidad de la Tierra. El hecho indiscutible, sin embargo, es que la Tierra se está moviendo a

una velocidad vertiginosa en unas trayectorias diferentes simultáneamente.

36. Carl Pettit, «10 Amazing Facts About the Universe You Won't Believe», *The FW*, http://thefw.com/facts-about-the-universe/.
37. D. M. Baillie, *God Was in Christ* (Nueva York: Scribner's, 1948), p. 52.
38. David Jeremiah, *The Jeremiah Study Bible* (Nashville: Worthy Publishing, 2013), p. 1543.
39. Donald Grey Barnhouse, *Man's Ruin, God's Wrath: Romans Vol. I* (Grand Rapids: Eerdmans, 1959), p. 271.
40. D. Martyn Lloyd-Jones, *Romans: Exposition of Chapter 1, The Gospel of God* (Grand Rapids: Zondervan, 1985), p. 392.
41. Cornelius Plantinga Jr., *Not the Way It's Supposed to Be: A Breviary of Sin* (Grand Rapids: Eerdmans, 1995), p. 199 [*El pecado: sinopsis teológica y psicosocial* (Grand Rapids: Libros Desafío, 2001)].
42. Ibíd., xiii.
43. D. Martyn Lloyd-Jones, *Romans: An Exposition of Chapters 3:20-4:25, Atonement and Justification* (Grand Rapids, MI: Zondervan, 1970), p. 57.
44. «Ichabod's Mother», BibleGateway.com, https://www.biblegateway.com/resources/all-women-bible/Ichabod-8217-s-Mother.
45. Yancey, *La desaparición de la gracia*, p. 186.

Capítulo 2: El desangramiento de nuestras fronteras

1. Adoptado de Victor Davis Hanson, «Do We Want Mexifornia?», *City Journal*, primavera 2002, http://www.city-journal.org/html/do-we-want-mexifornia-12236.html.
2. Emma Lazarus, «The New Colossus», Poetry Foundation, http://www.poetryfoundation.org/poems-and-poets/poems/detail/46550.
3. «US Immigration History Statistics», http://emmigration.info/us-immigration-history-statistics.htm.
4. Jens Manuel Krogstad y Jeffrey S. Passel, «5 facts about illegal immigration in the U.S.», *Pew Research Center*, 19 noviembre 2015, http://www.pewresearch.org/fact-tank/2015/11/19/5-facts-about-illegal-immigration-in-the-u-s/.
5. «Bringing Vitality to Main Street—How Immigrant Small Businesses Help Local Economies Grow», Fiscal Policy Institute and Americas Society/Council of the Americas, enero 2015, http://www.as-coa.org/sites/default/files/ImmigrantBusinessReport.pdf.

6. *A Day Without a Mexican,* dirigido por Sergio Arau, Altavista Films, 2004.

7. «*A Day Without a Mexican*», https://loftcinema.com/film/a-day-without-a-mexican/.

8. Joseph Castleberry, Ed.D., *Los nuevos peregrinos: como los inmigrantes están renovando la fe y los valores de los Estados Unidos* (Franklin, TN: Worthy Latino, 2015), contraportada.

9. Ibíd., p. 270.

10. Ibíd., p. 4.

11. Marco Rubio, citado en «Go-Getters, Gone?», Ian Tuttle, *National Review,* 17 marzo 2016, http://www.nationalreview.com/article/432928/americas-pioneer-spirit-dead-gone.

12. Ver *Bureau of Labor Statistics*, http://www.bls.gov/news.release/empsit.t15.htm.

13. Victor Davis Hanson, «Do We Want Mexifornia?», *City Journal.*

14. Samuel P. Huntington, ¿Quiénes somos?: L*os desafíos a la identidad nacional estadounidense* (Barcelona: Paidós, 2004), resumido por M. Daniel Carroll R., *Christians at the Border: Immigration, the Church, and the Bible* (Grand Rapids: Brazos Press, 2013), pp. 18–19 [*Cristianos en la frontera: la inmigración, la Iglesia y la Biblia* (Lake Mary, FL: Casa Creación, 2009)].

15. «Immigrants Making No Effort to Assimilate into U.S. Culture», *The Citizen*, 6 marzo 2012, http://thecitizen.com/articles/03-06-2012/immigrants-making-no-effort-assimilate-us-culture.

16. Alex Swoyer, «Concerns of Muslim Immigration Surge in Western World Come into Focus», *Breitbart*, 7 mayo 2015, http://www.breitbart.com/big-government/2015/05/07/concerns-of-muslim-immigration-surge-into-western-world-come-into-focus/.

17. Ibíd.

18. Ian Tuttle, «The Troubling Math of Muslim Migration», *National Review*, 13 enero 2015, http://www.nationalreview.com/article/396262/troubling-math-muslim-migration-ian-tuttle.

19. Mary Brophy Marcus, «Injuries from Paris attacks will take long to heal», *CBS News*, 19 noviembre 2015, http://www.cbsnews.com/news/injuries-from-paris-attacks-will-take-long-to-heal/ y «Paris attacks: Who were the victims?», BBC.com, 27 noviembre 2015, http://www.bbc.com/news/world-europe-34821813.

20. Erik Kirschbaum, «Germany pledges to act after mass sexual attacks on women on New Year's Eve», *Los Angeles Times*, 5 enero 2016, http://www.latimes.com/world/europe/la-fg-germany-assaults-20160106-story.html.

21. «Brussels attacks: Airport, metro rocked by explosions killing at least 34; Islamic State claims attack», *ABC*, 22 marzo 2016, http://www.abc.net.au/news/2016-03-22/brussels-airport-metro-rocked-by-explosions/7268106.

22. Pete Hoekstra, citado en Swoyer, «Concerns of Muslim Immigration Surge in Western World Come into Focus».

23. Resumido de Jim Kouri, «Illegal aliens linked to rise in crime statistics», *Renew America*, 22 junio 2006, http://www.renewamerica.com/columns/kouri/060622. Basado en las estadísticas de la Oficina de Contabilidad del Congreso, el Departamento de Justicia de EE.UU. y el Instituto Nacional de Seguridad.

24. Resumido de un correo circulante confirmado a ser verdadero por Snopes.com, agosto 2015, http://www.snopes.com/politics/immigration/parkland.asp.

25. Bill Costello, «The Fiscal Burden of Educating Children of Illegal Aliens», *American Thinker*, 13 agosto 2010, http://www.americanthinker.com/blog/2010/08/the_fiscal_burden_of_educating.html#ixzz43YxJn2lp.

26. «Immigration Facts: Public Opinion Polls on Immigration», *Federation for American Immigration Reform*, http://www.fairus.org/facts/public-opinion. Ver también Howard Foster, «Democrats Benefit from Illegal Immigrant Voting», *Huffpost Politics*, 13 abril 2012, http://www.huffingtonpost.com/howard-foster/democrats-benefit-from-illegal-immigrants-voting_b_1418523.html.

27. John Ankerberg, John Weldon, Dave Breese y Dave Hunt, *One World: Bible Prophecy and the New World Order* (Chicago: Moody, 1991), p. 17.

28. Castleberry, *The New Pilgrims*, p. 46.

29. John F. Walvoord, *The Millennial Kingdom* (Findlay: Dunham Publishing, 1963), p. 319.

30. Russell Moore, «Immigration and the Gospel», http://www.russellmoore.com/2011/06/17/immigration-and-the-gospel/.

31. Samuel Rodríguez, citado en M. Daniel Carroll R., *Christians at the Border*, p. xii.

32. James Kessler, «New Dimensions in Mission America», *Pentecostal Evangel* (4 agosto 1985): p. 26.

33. Rodríguez, citado en M. Daniel Carroll R., p. ix.

Capítulo 3: El aumento de la intolerancia

1. David French, «How the Atlanta Fire Chief's Christian Views Cost Him His Job», *National Review*, 25 febrero 2016, http://www.nationalreview.com/article/431859/kelvin-cochrans-christian-views-cost-atlanta-fire-chief-his-job.
2. Catherine E. Shoichet y Halimah Abdullah, «Arizona Gov. Jan Brewer Vetoes Controversial Anti-Gay Bill, SB 1062», CNN.com, 26 febrero 2014, http://www.cnn.com/2014/02/26/politics/arizona-brewer-bill/. Ver también Al Jazeera, «Arizona Gov. Vetoes Controversial "Religious Freedom" Bill», Aljazeera America, 26 febrero 2014, http://america.aljazeera.com/articles/2014/2/26/brewer-gay-law.html.
3. Todd Starnes, «Fired for Preaching: Georgia Dumps Doctor over Church Sermons» *Fox News Opinion*, 20 abril 2016, http://www.foxnews.com/opinion/2016/04/20/fired-for-preaching-georgia-dumps-doctor-over-church-sermons.html.
4. Joshua Rhett Miller, «eHarmony to Provide Gay Dating Service After Lawsuit», FoxNews.com, 20 noviembre 2008, http://www.foxnews.com/story/2008/11/20/eharmony-to-provide-gay-dating-service-after-lawsuit.html.
5. «The Declaration of Independence», UShistory.org., http://www.ushistory.org/declaration/document/.
6. J. Paul Nyquist, *Prepare: Living Your Faith in an Increasingly Hostile Culture* (Chicago: Moody Publishers, 2015), p. 14.
7. «America's Changing Religious Landscape», *Pew Research Center*, 12 mayo 2015, http://www.pewforum.org/2015/05/12/americas-changing-religious-landscape/.
8. Kelly Shattuck, «7 Startling Facts: An Up Close Look at Church Attendance in America», *Church Leaders*, http://www.churchleaders.com/pastors/pastor-articles/139575-7-startling-facts-an-up-close-look-at-church-attendance-in-america.html.
9. Nyquist, *Living Your Faith*, p. 14.
10. Ibíd., p. 16.
11. Geoffrey W. Bromiley, «Persecute; Persecution», de *The International Standard Bible Encyclopedia*, ed. Geoffrey W. Bromiley, vol. 3 (Grand Rapids: Eerdmans, 1986), p. 771.
12. «Inside the Persecution Numbers», *Christianity Today*, 58, no. 2 (marzo 2014): p. 14.

13. Fay Voshell, «Persecution of Christians in America: It's Not Just "Over There"», *American Thinker*, 10 mayo 2015, http://www.americanthinker.com/articles/2015/05/persecution_of_christians_in_america_its_not_just_over_there.html.

14. Ibíd.

15. Grace Chen, «Christmas Carols: Banned on Public School Campuses», *Public School Review*, 30 mayo 2016, http://www.publicschoolreview.com/blog/christmas-carols-banned-on-public-school-campuses.

16. Thomas M. Messner, «Same-Sex Marriage and the Threat to Religious Liberty», *The Heritage Foundation*, 30 octubre 2008, http://www.heritage.org/research/reports/2008/10/same-sex-marriage-and-the-threat-to-religious-liberty.

17. «Christian Fired for Sharing God», WND.com, 28 marzo 2007, http://www.wnd.com/2007/03/40820/.

18. Eric Rich, «Bible-Reading Student Gets Lesson in Litigation», *Washington Post*, 3 octubre 2006, http://www.washingtonpost.com/wp-dyn/content/article/2006/10/02/AR2006100201238.html.

19. «Christian Fired for Sharing God».

20. Sarah McBride, «Mozilla CEO Resigns, Opposition to Gay Marriage Drew Fire», *Reuters*, 3 abril 2014, http://www.reuters.com/article/us-mozilla-ceo-resignation-idUSBREA321Y320140403.

21. «Ninth Circuit Decision Denies Parents' Rights», *Education Reporter*, diciembre 2005, http://www.eagleforum.org/educate/2005/dec05/9th-circuit.html.

22. «ACLU vs. Civil Liberties», *National Review*, 10 diciembre 2013, http://www.nationalreview.com/article/365947/aclu-vs-civil-liberties-editors.

23. Nyquist, *Prepare*, p. 13.

24. Citado en Andrew T. Walker, «California's Culture War Against Religious Liberty», *National Review*, 9 junio 2016, http://www.nationalreview.com/article/436380/religious-liberty-threatened-california-new-law-gender-identity.

25. «Elane Photography v. Willock», *Alliance Defending Freedom*, 7 abril 2014, http://www.adfmedia.org/news/prdetail/5537.

26. Todd Starnes, «Christian Bakers Fined $135,000 for Refusing to Make Wedding Cake for Lesbians», *Fox News Opinion*, 3 julio 2015, http://www.foxnews.com/opinion/2015/07/03/christian-bakers-fined-135000-for-refusing-to-make-wedding-cake-for-lesbians.html.

27. «Principal Cleared of Criminal Count over Meal Blessing», WND.com, 18 septiembre 2009, http://www.wnd.com/2009/09/110207/#wAdZPFAQe 4EVY3i9.99.

28. Bob Unruh, «Graduating Students Defy ACLU», WND.com, 5 junio 2009, http://www.wnd.com/2009/06/100274/.

29. Voshell, «Persecution of Christians in America».

30. Eugene H. Peterson, *Christ Plays in Ten Thousand Places: A Conversation in Spiritual Theology* (Grand Rapids: Eerdmans, 2005), p. 288 [*Cristo actúa en diez mil lugares: una conversación sobre teología* (Miami: Patmos, 2009)].

31. William Ernest Henley, «Invictus», http://www.poetryfoundation.org/ poems-and-poets/poems/detail/51642.

32. Gordon Franz, «The King and I: The Apostle John and Emperor Domitian, Part 1», *Associates for Biblical Research*, 10 enero 2010, http:// www.biblearchaeology.org/post/2010/01/18/The-King-and-I-The-Apostle-John-and-Emperor-Domitian-Part-1.aspx.

33. Darryl Eberhart, «The Bloody History of Papal Rome», AmazingDiscoveries. org, 26 junio 2009, http://amazingdiscoveries.org/R-Reformation_Rome_ crusade_slaughter.

34. «English Dissenters», Exlibris.org, http://www.exlibris.org/nonconform/ engdis/lollards.html.

35. Scott M. Manetsch, «St. Bartholomew's Day Massacre», *Christianity Today*, http://www.christianitytoday.com/history/issues/issue-71/saint-bartholomews-day-massacre.html.

36. Gemma Betros, «The French Revolution and the Catholic Church», HistoryToday.com, diciembre 2010, http://www.historytoday.com/gemma-betros/french-revolution-and-catholic-church.

37. El reverendo Archimandrite Nektarios Serfes, «In Memory of the 50 Million Victims of the Orthodox Christian Holocaust», Serfes.org, octubre 1999, http://www.serfes.org/orthodox/memoryof.htm.

38. James M. Nelson, *Psychology, Religion, and Spirituality* (Nueva York: Springer Science and Business Media, 2009), p. 427.

39. «Bishops Ridley and Latimer Burned», Christianity.com, julio 2007, http:// www.christianity.com/church/church-history/timeline/1501-1600/bishops-ridley-and-latimer-burned-11629990.html.

40. «Christian Persecution», *Open Doors*, https://www.opendoorsusa.org/ christian-persecution/.

41. «World Watch List», *Open Doors*, https://www.opendoorsusa.org/christian-persecution/world-watch-list/.

42. John Ortberg, «Don't Waste a Crisis», *Christianity Today*, http://www.christianitytoday.com/le/2011/winter/dontwastecrisis.html?share=l0HlsPIanX8yIehpv%2fUKjdpWoSF01TBb.

43. C. S. Lewis, *The Problem of Pain* (Nueva York: MacMillan, 1962), p. 93 [*El problema del dolor* (Madrid: Rialp, 2010)].

44. Adaptado de Alson Jesse Smith, *Live All Your Life*, citado en Gerald Kennedy, *A Second Reader's Notebook* (Nueva York: Harper & Brothers, 1959), p. 88.

45. A. W. Tozer, *Man: The Dwelling Place of God* (Seattle, WA: Servicios digitales Amazon, 2010), edición Kindle, ubicación, 1404.

46. D. Martyn Lloyd-Jones, *Romans: An Exposition of Chapter 8:5–17, The Sons of God* (Grand Rapids: Zondervan, 1974), p. 433.

47. John Stott, *Romans: God's Good News for the World* (Downer's Grove: Inter-Varsity Press, 1994), p. 237.

48. Nyquist, *Prepare*, p. 90.

49. Sabina Wurmbrand, «The Authentic Pastor Richard Wurmbrand Biography», http://richardwurmbrandbio.info/.

50. Richard Wurmbrand, citado en John Piper, *Let the Nations Be Glad!* (Grand Rapids, MI: Baker Publishing Group, 2010), p. 101.

51. Alexandr Solzhenitsyn, «A World Split Apart» (discurso de orden de la graduación, Universidad de Harvard, Cambridge, MA, 8 junio 1978).

52. Lauren Effron, Eric Johnson y Ashley Louszko, «Benham Brothers Say HGTV Knew About Controversial Comments Over a Year Ago», *ABC News*, 9 mayo 2014, http://abcnews.go.com/Entertainment/benham-brothers-hgtv-knew-controversial-comments-year-ago/story?id=23663928.

53. Joni B. Hannigan, «Cultural "Resistance" Not "Relevance" Is Biblical Approach to Reach Millennials, Benham Says». *Christian Examiner*, 11 noviembre 2014, http://www.christianexaminer.com/article/cultural-resistance-not-relevance-is-biblical-in-teaching-millennials-benham-says/47593.htm.

54. Katrina Fernyez, «How the Nine Days of Prayers Comforted Me While I Fought Demons», *Patheos*, 19 enero 2013, http://www.patheos.com/blogs/thecrescat/2013/01/how-the-nine-days-of-prayers-comforted-me-while-i-fought-demons.html.

55. Piper, *Let the Nations*, p. 75.

56. Ian Tuttle, «The Indiana Governor's Critics Use Silly Means to Protest a Serious Law», *National Review*, 8 abril 2016, http://www.nationalreview.com/article/433879/mike-pence-abortion-law.

57. Adaptado de «John Chrysostom», *Christianity Today*.com, http://www.christianitytoday.com/history/people/pastorsandpreachers/john-chrysostom.html; y «Chrysostom: Nothing You Can Do to Harm Me», *The Gospel Coalition*, 10 agosto 2009, https://blogs.thegospelcoalition.org/justintaylor/2009/08/10/chrysostom-nothing-you-can-do-to-harm/.

Capítulo 4: La apatía de Estados Unidos

1. Atribuido a Alexander Tytler, un señor escocés y profesor de historia en la Universidad de Edimburgo a fines del siglo dieciocho. Ver «Democracy and the Fall of the Athenian Republic», TheRoadtoEmmaus.org, http://theroadtoemmaus.org/RdLb/21PbAr/Hst/US/DmocAthnsUS.htm.

2. «Apathy», *Merriam-Webster*, http://www.merriam-webster.com/dictionary/apathy.

3. Howard Steven Friedman, «The United States of Apathy's Motto Is "We Don't Care"», *Huffpost Politics*, 5 octubre 2010, http://www.huffingtonpost.com/howard-steven-friedman/the-united-states-of-apat_b_751296.html.

4. «George Washington's Inaugural Address», *National Archives*, https://www.archives.gov/legislative/features/gw-inauguration/.

5. John Phillips, *Exploring Romans (The John Phillips Commentary Series)* (Grand Rapids, MI: Kregel Publications, 2002), p. 213.

6. «Coats Asks NBC for Explanation of Why "Under God" Omitted from Pledge During U.S. Open Broadcast», 21 julio 2011, https://www.coats.senate.gov/newsroom/press/release/coats-asks-nbc-for-explanation-of-why-under-god-omitted-from-pledge-during-us-open-broadcast.

7. Todd Starnes, «NBC Omits "God" from Pledge of Allegiance... Again», FoxNews.com, 8 enero 2015, http://www.foxnews.com/opinion/2015/01/08/nbc-omits-god-from-pledge-allegiance-again.html.

8. James Madison, en *The Statutes at Large and Treaties of the United States of America*, *vol.* 11 (Boston: C.C. Little and J. Brown, 1859), p. 764.

9. Herbert Hoover, *Addresses Upon the American Road* (Stanford, CA: Stanford University Press, 1955), p. 154.

10. Erik Sherman, «America Is the Richest, and Most Unequal, Country», *Fortune*, 30 septiembre 2015, http://fortune.com/2015/09/30/america-wealth-inequality/; y Kerry A. Dolan y Luisa Kroll, «Forbes 2016 World's

Billionaires: Meet the Richest People on the Planet», *Forbes*, 1 marzo 2016 http://www.forbes.com/sites/luisakroll/2016/03/01/forbes-2016-worlds-billionaires -meet-the-richest-people-on-the-planet/#65e0cf3941cb.

11. OECD.org, Organización para la Cooperación y el Desarrollo Económico, http://www.oecd.org/dac/stats/documentupload/ODA%202014%20 Tables%20y%20Charts.pdf.

12. «The 100 Best Universities in the World Today», *The Best Schools*, http://www.thebestschools.org/features/100-best-universities-in-world-today/.

13. Larry Gordon, «The World's Top Research University? It's Caltech—Again», *Los Angeles Times*, 30 septiembre 2015, http://www.latimes.com/local/education/la-me-ln-caltech-ranking-20150930-story.html.

14. «America's Changing Religious Landscape», *Pew Research Center*, 12 mayo 2015, http://www.pewforum.org/2015/05/12/americas-changing-religious -landscape/.

15. Ibíd.

16. Joel C. Rosenberg, *Implosion: Can America Recover from Its Economic and Spiritual Challenges in Time?* (Carol Stream: Tyndale House, 2012), pp. 8–10.

17. Ibíd., p. 125.

18. David Jeremiah, ¿Qué le pasa al mundo?: Diez señales proféticas que no puede pasar por alto (Nashville: Grupo Nelson, 2015), p. 130.

19. Adaptado de David Jeremiah, ¿Qué le pasa al mundo?, pp. 130–135.

20. «The World Factbook», La Agencia Central de Inteligencia, https://www.cia.gov/library/publications/the-world-factbook/fields/2079.html.

21. Tom Coburn, «A Deficit of Debt Discussion», *USA Today*, 22 julio 2015, http://www.usatoday.com/story/opinion/2015/07/22/tom-coburn-deficit-debt-discussion/30417819/.

22. Erwin W. Lutzer, *Is God on America's Side?: The Surprising Answer and How it Affects Our Future* (Chicago: Moody Publishers, 2008), pp. 11–12, 16.

23. «America's Changing Religious Landscape», *Pew Research Center*.

24. Recontado de varias fuentes, incluyendo el Dr. Harold J. Sala, «The Divine "A"», *CBN Asia*, http://cbnasia.org/home/2013/11/the-divine-a/.

25. William Barclay, «William Barclay's Daily Study Bible», Studylight.org, https://www.studylight.org/commentaries/dsb/1-peter-1.html.

26. Rev. Walter Baxendale, *Anecdote, Incident, Illustrative Fact, Selected and Arranged for the Pulpit and the Platform* (Nueva York: Thomas Wittaker, 2 and 3 Bible House, 1988), p. 592.

27. Citado en William Barclay, *The Letters of James and Peter (The New Daily Study Bible)* (Louisville, KY: Westminster John Knox Press, 2003), pp. 194–95.

28. Citado en *The Westminster Collection of Christian Quotations*, ed. Martin H. Manser (Louisville: Westminster John Knox Press, 2001), p. 351.

29. David Jeremiah, *The Jeremiah Study Bible* (Franklin, TN: Worthy Publishing, 2013), p. 1705.

30. Justin Martyr, «The First Apology of Justin, the Martyr», *Christian Classics Ethereal Library*, http://www.ccel.org/ccel/richardson/fathers.x.ii.iii.html.

31. Ver *My Faith Votes*, http://www.myfaithvotes.com/.

32. Citado en Warren W. Wiersbe, *The Bible Exposition Commentary: The Prophets* (Colorado Springs: David C. Cook, 2002), p. 435.

33. Tom Murse, «Can One Vote Make a Difference?», *About News*, http://uspolitics.about.com/od/CampaignsElections/a/Can-One-Vote-Make-A-Difference.htm.

34. Martin Niemoller, citado en «The Holocaust», *The National Holocaust Memorial*, http://www.nehm.org/the-holocaust/.

35. Harry Thurston Peck, *Harpers Dictionary of Classical Antiquities*, «Lampadedromia», http://www.perseus.tufts.edu/hopper/text?doc=Perseus:text:1999.04.0063:id=lampadedromia-cn.

36. Randy Alcorn, «A Life of Endurance», *Eternal Perspective Ministries*, 16 septiembre 2008, http://www.epm.org/resources/2008/Sep/16/life-endurance/.

Capítulo 5: El remedio del avivamiento

1. Mike Yorkey y Jesse Florea, *Linspirado: La historia de Jeremy Lin y su salto del anonimato a la relevancia* (Nashville: Vida, 2012), adaptado de capítulos 4 y 5.

2. Jesús Gómez, «It's not Linsanity, but Jeremy Lin Is Experiencing a Revival in Charlotte», *SB Nation*, 18 diciembre 2015, www.sbnation.com/nba/2015/12/18/10575088/jeremy-lin-highlights-stats-hornets-helping.

3. Jared Allen, «Linsanity Revived in Charlotte, for at Least One Night», *Niner Times*, 19 diciembre 2015, http://ninertimes.com/2015/12/linsanity-revived-in-charlotte-for-at-least-one-night/.

4. «The Quiet Revival of Linsanity», *Hoop Files*, 28 enero 2015, http://hoopfiles.com/nba/2015/01/the-quiet-revival-of-linsanity/.

5. Barry Rascovar, «Baltimore Needs a Comprehensive Revival Plan», *Maryland Reporter*, 21 marzo 2016, http://marylandreporter.com/2016/03/21/rascovar-baltimore-needs-a-comprehensive-revival-plan/.

6. Czarina Ong, «Jeremy Lin Tells Fans to Pray for "Global Christian Revival", Particularly in China», *Christian Today*, 13 marzo 2016, christiantoday.com/article/jeremy.lin.tells.fans.to.pray.for.global.christian.revival/81725.htm.

7. Duncan Campbell, «Notes of an Address Given at a Meeting for Ministers at Oxford and Manchester», *Revival in the Hebrides* (autopublicado, 2015), p. 57.

8. J. Stephen Lang y Mark A. Noll, «Colonial New England: An Old Order, New Awakening», *Christianity Today*, http://www.christianitytoday.com/history/issues/issue-8/colonial-new-england-old-order-new-awakening.html.

9. Cassandra Niemczyk, «The American Puritans: Did You Know?», Christian History, *Christianity Today*, www.christianitytoday.com/history/issues/issue-41/american-puritans-did-you-know.html.

10. Parafraseado del sermón de Increase Mather, «Ichabod, Or, The Glory Departing from New England», pp. 24–25, 32, 67–69, http://quod.lib.umich.edu/e/evans/N00897.0001.001/1:4?rgn=div1;view=fulltext.

11. Samuel Torrey, citado en *The Christian History, Containing Accounts of the Revival and Propagation of Religion in Great Britain and America* (Boston: Kneely and T. Green, 1744), p. 98.

12. Jonathan Edwards, «Sinners in the Hands of an Angry God», *Jonathan Edwards Center at Yale University*, http://edwards.yale.edu/archive?path=aHR0cDovL2Vkd2FyZHMueWFsZS5lZHUvY2dpLWJpbi9u ZXdwaGlsby 9nZXRvbmplY3QucGw/Yy4yMTo0Ny53amVv. [«Pecadores en las manos de un Dios airado», http://thirdmill.org/files/spanish/21734 ~1_23_01_9-13-30_PM~Pecadores_en_las_Manos_de_un_Dios_Airado.html].

13. Ibíd.

14. Adaptado de Robert J. Morgan, *On This Day* (Nashville: Thomas Nelson, 1997), entrada de 8 julio.

15. «Spiritual Awakenings in North America: Did You Know?», *Christian History Magazine*, 8, no. 3 (1989): edición 23, p. 4.

16. Benjamin Rice Lacy Jr., *Revivals in the Midst of the Years* (Hopewell: Royal Publishing Company, 1943), p. 32.

17. Mark A. Noll, *A History of Christianity in the United States and Canada* (Grand Rapids: Eerdmans, 1992), p. 163.

18. W. W. Sweet, *The Story of Religion in America* (Nueva York: Harper and Brothers, 1939), p. 224.

19. Roberta Buckingham Mouheb, *Yale Under God: Roots and Fruits* (autopublicado, 2012), p. 84.

20. Thomas Paine y Jean-Jacques Rousseau, *The Theological Works of Thomas Paine: To Which Are Added the Profession of Faith of a Savoyard Vicar* (Boston: The Advocates of Common Sense, 1832), p. 149.

21. J. Edwin Orr, *Campus Aflame: A History of Evangelical Awakening in Collegiate Communities* (Glendale: G/L Publications, 1971), p. 19.

22. Ibíd., p. 25.

23. Robert Christy Galbraith, *The History of the Chillicothe Presbytery: From Its Organization in 1799 to 1889* (Chillicothe: H. W. Guthrie, Hugh Bell, and Peter Platter, 1889), pp. 11–13.

24. El culto de oración en la calle Fulton se celebró a un paso del subsiguiente sitio de las Torres Gemelas y el Centro Mundial de Comercio.

25. «The Time for Prayer: The Third Great Awakening», *Christian History*, 8, no. 3, edicion 23 (1989): p. 33.

26. «Did You Know?: Little Known or Remarkable Facts About Christianity During the American Civil War», *Christian History*, 11, no. 1, edición 33 (1992): p. 2.

27. J. William Jones, *Christ in the Camp* (Atlanta: The Martin and Hoyt Company, 1904), p. 255.

28. Robert J. Morgan, *On This Day in Christian History: 365 Amazing and Inspiring Stories About Saints, Martyrs, and Heroes* (Nashville: Thomas Nelson, 1997), entrada del 29 de marzo.

29. Wesley Duewel, *Revival Fire* (Grand Rapids: Zondervan, 1995), p. 182.

30. Ibíd., p. 206.

31. Ibíd., p. 207.

32. Ibíd., p. 209.

33. Ibíd., p. 323.

34. Ibíd., p. 331–32.

35. Orr, *Campus Aflame*, p. 111.

36. Ibíd., p. 110.

37. Duewel, *Revival Fire,* p. 210.
38. Ibíd., p. 211.
39. Ibíd., pp. 346-47, 364.
40. Timothy Leary, «Turn On, Tune In, Drop Out», http://www.allmusic.com/album/turn-on-tune-in-drop-out-mw0000096275.
41. Richard A. Bustraan, *The Jesus People Movement: A Story of Spiritual Revolution Among the Hippies* (Eugene, OR: Pickwick Publications, 2014), pp. 8–9.
42. «A Brief History of the Jesus Movement», *The Hollywood Free Paper,* http://www.hollywoodfreepaper.org/portal.php?id=2.
43. Billy Graham, *La generación de Jesús* (Miami: Vida, 1972).
44. Brian Vachon, «The Jesus Movement Is Upon Us», *Look,* 9 febrero 1971, pp. 15–21.
45. «The Alternative Jesus: The Psychedelic Christ», *Time,* 21 junio 1971, http://content.time.com/time/magazine/article/0,9171,905202,00.html.
46. Porciones de los párrafos anteriores aparecieron en mi artículo, «The Return of the Jesus People», *Turning Points Magazine,* agosto 2013.
47. Vance Havner, *The Secret of Christian Joy* (Old Tappan: Fleming H. Revell Co., 1938), p. 24.
48. F. B. McKinney, «Send a Great Revival», Hymnary.org, http://www.hymnary.org/text/coming_now_to_thee_o_christ_my_lord.

Capítulo 6: El aislamiento de Israel

1. «American-Israeli Richard Lakin dies two weeks after terrorist attack on Jerusalem bus», *The Jerusalem Post,* http://www.jpost.com/Arab-Israeli-Conflict/American-Israeli-victim-dies-two-weeks-after-brutal-attack-on-Jerusalem-bus-430168.
2. Lela Gilbert, «Jerusalem Notebook: Shattered Hopes and Dreams on Bus No. 78», *Philos Project,* 4 noviembre 2015, https://philosproject.org/israel-jerusalem-attack-terror/.
3. Eli, «Everywhere in Israel We Can Feel the Terror Tension, by Rockets, Stones, Riots or Molotov Cocktails», 9 julio 2014, http://www.livinginisrael.info/everywhere-israel-can-feel-terror-tension-rockets-stones-riots-molotov-cocktails/.
4. Mark Silverberg, «Slitting Throats Is "Natural"», *Gatestone Institute,* 4 abril 2011, http://www.gatestoneinstitute.org/2010/slitting-throats-is-natural.

5. Ramon Bennett, *When Day and Night Cease: A Prophetic Study of World Events and How Prophecy Concerning Israel Affects the Nations, the Church and You* (Jerusalem: Arm of Salvation, 1996), p. 193.

6. Marvin Olasky, «Israel at Age 67: Slammed If You Do, Dead If You Don't», *World*, 21 abril 2015, http://www.worldmag.com/2015/04/ israel_at_age_67_slammed_if_you_do_dead_if_you_dont.

7. Sam Harris, «Why Don't I Criticize Israel?», 27 julio 2014, https://www. samharris.org/podcast/item/why-dont-i-criticize-israel.

8. Ver *Holocaust: A Call to Conscience*, http://www.projetaladin.org/ holocaust/en/40-questions-40-answers/basic-questions-about-the-holocaust.html.

9. David Jeremiah, *The Jeremiah Study Bible* (Franklin, TN: Worthy Publishing, 2013), p. 23.

10. Paul R. Wilkinson, *Understanding Christian Zionism: Israel's Place in the Purposes of God* (Bend, OR: The Berean Call, 2013), p. 21.

11. Amnon Rubinstein, «Peace Won't Be Instant, but Dream Can't Be Dropped», *JWeekly*, 9 mayo 2003, http://www.jweekly.com/article/ full/19844/peace-won-t-be-instant-but-dream-can-t-be-dropped/.

12. J. F. Walvoord, «Will Israel Possess the Promised Land?», en *Jesus the King Is Coming*, ed. Charles Lee Feinberg (Chicago: Moody, 1975), p. 128.

13. Wilkinson, *Understanding Christian Zionism*, p. 17.

14. John F. Walvoord, *Israel in Prophecy* (Grand Rapids: Zondervan, 1962), p. 72.

15. Wilkinson, *Understanding Christian Zionism*, p. 23.

16. 2 Macabeos 9, Apócrifo (Londrés: Oxford University Press, 1953), p. 408.

17. Ver «The Six Day War», http://www.sixdaywar.org/content/israel.asp.

18. «Six-Day War», *Encyclopedia Britannica*, http://www.britannica.com/ event/Six-Day-War.

19. «Full Transcript of Netanyahu's Address to UN General Assembly», *Haaretz*, 2 octubre 2015, http://www.haaretz.com/israel-news/1.678524.

20. Tim LaHaye y Ed Hindson, *Target Israel: Caught in the Crosshairs of the End Times* (Eugene, OR: Harvest House, 2015), pp. 9–10.

21. Mark Hitchcock, *The End* (Carol Steam, IL: Tyndale House, 2012), p. 54.

22. Sam Sokol, «WIN/Gallup International: Israel One of Least Religious Countries», *The Jerusalem Post*, 25 abril 2015, http://www.jpost.com/ Israel-News/Gallup-Israel-one-of-least-religious-countries-398823.

23. Yaron Druckman, «Christian in Israel: Strong in Education», YNetNews. com, 23 diciembre 2012, http://www.ynetnews.com/articles/0,7340,L -4323529,00.html.

24. Ver *Bible Hub*, http://biblehub.com/hebrew/7307.htm.

25. Ver *Bible Hub*, http://biblehub.com/greek/4151.htm.

26. Matti Friedman, citado en Marvin Olasky, «Israel: The Pool into Which the World Spits», *World*, 11 septiembre 2014, http://www.worldmag. com/2014/09/israel_the_pool_into_which_the_world_spits.

Capítulo 7: La insurgencia del ISIS

1. Jared Malsin, «Christians Mourn Their Relatives Beheaded by ISIS», *Time*, 23 febrero 2015, http://time.com/3718470/isis-copts-egypt/.

2. Ibíd.

3. Ibíd.

4. Jonathan Rashad, «"Christian Martyrs Change the World": We Meet the Families of the Egyptian Christians Beheaded by the Islamic State», *Vice News*, 26 febrero 2015, https://news.vice.com/article/christian-martyrs -change-the-world-we-meet-the-families-of-the-egyptian-christians- beheaded-by-the-islamic-state.

5. Ibíd.

6. Ibíd.

7. Fareed Zakaria, «Fareed Zakaria: Let's Be Honest, Islam Has a Problem Right Now», *Washington Post*, 9 octobre 2014, https://www.washingtonpost .com/opinions/fareed-zakaria-islam-has-a-problem-right-now-but-heres- why-bill-maher-is-wrong/2014/10/09/b6302a14-4fe6-11e4-aa5e- 7153e466a02d_story.html.

8. Rabbi Shalom Lewis, «"Ehr Daw"—They're Here», *Frontpage Mag*, 6 octubre 2014, http://www.frontpagemag.com/fpm/242514/ehr-daw-theyre -here-rabbi-shalom-lewis?.

9. «The Islamic State», *Vice News*, 13 agosto 2014, https://news.vice.com/ video/the-islamic-state-part-1.

10. Nabeel Qureshi, *Answering Jihad: A Better Way Forward* (Grand Rapids: Zondervan, 2016), p. 85.

11. Charles Dyer y Mark Tobey, *The ISIS Crisis: What You Really Need to Know* (Chicago: Moody Publishers, 2015), pp. 32–44.

12. «Hadith», *Encyclopedia Britannica*, http://www.britannica.com/topic/ Hadith.

13. Ashley Killough, «Strong Reaction to Obama Statement: "ISIL Is Not Islamic"», *CNN Politics*, 11 septiembre 2014, http://www.cnn.com/2014/09/10/politics/obama-isil-not-islamic/.

14. Graeme Wood, «What ISIS Really Wants», *The Atlantic*, marzo 2015, http://www.theatlantic.com/magazine/archive/2015/03/what-isis-really-wants/384980/.

15. Citado en Qureshi, *Answering Jihad*, p. 92.

16. Ibíd., p. 30.

17. Ibíd., p. 31.

18. Resumido de Feras Hanoush, «ISIS Is Training an Army of Child Soldiers», *Newsweek*, 21 noviembre 2015, http://www.newsweek.com/isis-training-army-child-soldiers-396392; y Cassandra Vinograd, Ghazi Balkiz y Ammar Cheikh Omar, «ISIS Trains Child Soldiers at Camps for "Cubs of the Islamic State"», *NBC News*, http://www.nbcnews.com/storyline/isis-uncovered/isis-trains-child-soldiers-camps-cubs-islamic-state-n241821.

19. «San Bernadino Shooting», CNN.com, http://www.cnn.com/specials/san-bernardino-shooting.

20. Ver «In Depth: Orlando Nightclub Massacre," *CBS News*, http://www.cbsnews.com/orlando-shooting/.

21. Elliot Friedland, «The Muslim Brotherhood: Special Report», *Clarion Project*, junio 2015, https://www.clarionproject.org/sites/default/files/Muslim-Brotherhood-Special-Report.pdf.

22. Ibíd.

23. Ryan Mauro, «The Islamists Multi-Staged Strategy for Victory Over the West», *Clarion Project*, 21 enero 2013, http://www.clarionproject.org/analysis/gradualism-islamist-strategy-victory#.

24. Valentina Colombo, «The Muslim Brotherhood's "Peaceful Conquest"», *Gatestone Institute International Policy Council*, 28 mayo 2014, http://www.gatestoneinstitute.org/4299/muslim-brotherhood-peaceful-conquest.

25. Friedland, «The Muslim Brotherhood».

26. Georges Sada, *Saddam's Secrets: How an Iraqi General Defied and Survived Saddam* (Brentwood: Integrity Publishers, 2006), pp. 285–90.

27. Tom Wyke y Imogen Calderwood, «Russian Tanks Roll into Ancient Syrian City of Palmyra as Bodies of 42 Men, Women and Children Butchered by ISIS Are Found in Mass Grave», DailyMail.com, 2 abril 2016, http://www.dailymail.co.uk/news/article-3520370/

Life-ISIS-New-photos-Palmyra-reveal-Assad-regime-controlling-
archaeological-site-mass-grave-containing-dozens-bodies-uncovered.
html.

28. Citado en Dyer y Tobey, *The ISIS Crisis*, pp. 73–74.

29. «Special Specifications of Imam al-Mahdi», Islam.org, https://www.al-islam.
org/shiite-encyclopedia-ahlul-bayt-dilp-team/special-specifications
-imam-al-mahdi.

30. James T. Johnson, «Just War», *Encyclopedia Britannica*, http://www.
britannica.com/topic/just-war.

31. John Stuart Mill, «The Contest in America», *Dissertations and Discussions*,
1 (1868), p. 26. Se publicó por primera vez en *Fraser's Magazine*,
febrero 1862, http://www.bartleby.com/73/1934.html.

32. David Platt, *Radical: Taking Back Your Faith from the American Dream*
(Colorado Springs: Multnomah Books, 2010), p. 3 [*Radical: Volvamos a las
raíces de la fe* (Chicago: Tyndale, 2011)].

Capítulo 8: La resurrección de Rusia

1. Sarah Rainsford, «Ukraine Crisis: Putin Shows Who Is Boss in Crimea»,
BBC.com, 9 agosto 2015, http://www.bbc.com/news/world-europe-33985325.

2. Ian Bremmer, «These 5 Facts Explain Putin's War in Syria», *Time*, 1
octubre 2015, http://time.com/4058216/
these-5-facts-explain-putins-war-in-syria/.

3. Oren Dorell, «Russian President Putin Pays a Visit to Iran Bearing Gifts»,
USA Today, 23 noviembre 2015, http://www.usatoday.com/story/news/
world/2015/11/23/russian-president-putin-pays-visit-iran-bearing-gifts/
76251032/.

4. Neil MacFarquhar, «Putin Lifts Ban on Missile Sales to Iran», *New York
Times*, 13 abril 2015, http://www.nytimes.com/2015/04/14/world/europe/
putin-lifts-ban-on-russian-missile-sales-to-iran.html?_r=0.

5. Bremmer, «These 5 Facts Explain Putin's War in Syria».

6. John F. Walvoord, *The Nations in Prophecy* (Grand Rapids: Zondervan,
1978), p. 108.

7. H. W. F. Gesenius, *Gesenius' Hebrew-Chaldee Lexicon*, trad. S. P. Tregelles
(Grand Rapids: Eerdmans, 1957), p. 752.

8. Charles Lee Feinberg, *The Prophecy of Ezekiel: The Glory of the Lord*
(Chicago: Moody, 1969), p. 223.

9. Citado en Charles Lee Feinberg, *The Prophecy of Ezekiel*, p. 223.

10. Walvoord, *The Nations*, p. 106.

11. Mark Hitchcock, *The Complete Book of Bible Prophecy* (Wheaton, IL: Tyndale House, 1999), p. 128 [*El libro completo sobre profecía bíblica* (Miami: Unilit, 2002)].

12. Matthew Henry, *Matthew Henry's Commentary on the Bible*, https://www. biblegateway.com/resources/matthew-henry/Ezek.38.1-Ezek.38.13.

13. David Jeremiah, *The Jeremiah Study Bible* (Franklin, TN: Worthy Publishing, 2013), p. 1100.

14. Mark Hitchcock, *The Coming Islamic Invasion of Israel* (Sisters: Multnomah, 2002), pp. 31–32.

15. C. I. Scofield, *The Scofield Study Bible* (Nueva York: Oxford University Press, 1909), p. 883 [*Biblia de estudio Scofield*, (Nashville: Holman Bible Publishers, 2012)].

16. Jackie Northam, «Lifting Sanctions Will Release $100 Billion to Iran. Then What?» NPR.org, 16 julio 2015, http://www.npr.org/sections/parallels/2015/07/16/423562391/lifting-sanctions-will-release-100-billion-to-iran-then-what.

17. Adam Kredo, «Iran "Shouts Hatred" for Israel, Backs Palestinian Terror», *Washington Free Beacon*, 8 julio 2015, http://freebeacon.com/national-security/iran-shouts-hatred-for-israel-backs-palestinian-terror/.

18. Consejo editorial, «Obama's Iran Deal Falls Far Short of His Own Goals», *Washington Post*, 2 abril 2015, https://www.washingtonpost.com/opinions/obamas-iran-deal-falls-well-short-of-his-own-goals/2015/04/02/7974413c-d95c-11e4-b3f2-607bd612aeac_story.html.

19. Lee Smith, «The Iranian Nuclear Deal, Explained», *The Weekly Standard*, 7 abril 2015, http://www.weeklystandard.com/the-iranian-nuclear-deal-explained/article/912097.

20. Mustafa Fetouri, «Libya Looks to Russia for Arms», *Al-Monitor*, 20 abril 2015, http://www.al-monitor.com/pulse/originals/2015/04/libya-us-uk-france-russia-uneast-west-armament-deal-morocco.html#.

21. John Phillips, *Exploring the Future: A Comprehensive Guide to Bible Prophesy* (Grand Rapids: Kregel, 1983), p. 327.

22. Henry M. Morris, *The Genesis Record: A Scientific and Devotional Commentary on the Book of Beginnings* (Grand Rapids: Baker Book House, 1976), p. 247.

23. Dr. David Jeremiah, *What in the World Is Going On?* (Nashville, TN: Thomas Nelson Inc., 2008), p. 174 [¿Qué le pasa al mundo?: Diez señales que no puede pasar por alto (Miami, FL: Unilit, 2009)].

24. *Jewish Virtual Library*, http://www.jewishvirtuallibrary.org/jsource/Society_&_Culture/newpop.html.

25. Ibíd.

26. Mark Hitchcock, *The End: A Complete Overview of Bible Prophecy and the End of Days* (Wheaton: Tyndale House, 2012), p. 310.

27. Adaptado del columnista Schumpeter, «Beyond the Start-Up Nation», *The Economist*, 29 diciembre 2010, http://www.economist.com/node/17796932.

28. Gary Shapiro, «What Are the Secrets Behind Israel's Growing Innovative Edge?», *Forbes*, 7 noviembre 2013, http://www.forbes.com/sites/realspin/2013/11/07/what-are-the-secrets-behind-israels-growing-innovative-edge/#3546fa821172.

29. Maureen Farrell, «Israel as Incubator», *Forbes*, 10 noviembre 2009, http://www.forbes.com/2009/11/10/israel-innovation-entrepreneurs-opinions-book-review-contributors-start-up-nation.html.

30. Paul Muggeridge, «These Are the Most Innovative Countries in the World», *World Economic Forum*, 9 julio 2015, https://www.weforum.org/agenda/2015/07/these-are-the-most-innovative-countries-in-the-world/.

31. David Horovitz, «They Tried to Kill Us, We Won, Now We're Changing the World», *The Jerusalem Post*, 1 abril 2011, http://www.jpost.com/Opinion/Columnists/They-tried-to-kill-us-we-won-now-were-changing-the-world.

32. Roee Bergman, «Israel in 2015: 17 Billionaires, Over 88,000 Millionaires», YNetNews.com, 14 octubre 2015, http://www.ynetnews.com/articles/0,7340,L-4711244,00.html.

33. Ver «9 Israelis Break Forbes 500 Rich List», YNetNews.com, 4 march 2015, http://www.ynetnews.com/articles/0,7340,L-4632901,00.html; y Gabe Friedman, «10 Jews in Forbes Top 50 Billionaires», *The Times of Israel*, 3 marzo 2015, http://www.timesofisrael.com/10-jews-in-forbes-top-50-billionaires/.

34. J. Dwight Pentecost, «Where Do the Events of Ezekiel 38–39 Fit into the Prophetic Picture?», http://arielcanada.com/en/wp-content/uploads/2013/07/J.Dwight-Pentecost-Where-do-the-Events-of-Ez.-38-39-Fit-into-the-Prophetic-Picture.pdf.

35. John F. Walvoord y Roy B. Zuck, eds., *The Bible Knowledge Commentary* (Wheaton: Victor, 1985), Software Bíblicos Logos.

36. Phillips, *Exploring the Future*, p. 353.

37. Jeremiah, *What in the World Is Going On?*, p. 183.

38. Ron Rhodes, *Northern Storm Rising: Russia, Iran, and the Emerging End-Times Military Coalition Against Israel* (Eugene: Harvest House, 2008), p. 151.

39. Adaptado de Ray C. Stedman, *God's Final Word: Understanding Revelation* (Grand Rapids: RBC Ministries, 1991), p. 123.

Capítulo 9: El rapto de los redimidos

1. David Brog, *Standing with Israel: Why Christians Support the Jewish State* (Lake Murray: FrontLine, 2006), pp. 58–59.

2. Ibíd., p. 59.

3. Ibíd., pp. 59–60.

4. Ibíd.

5. John F. Walvoord, *End Times: Understanding Today's World Events in Biblical Prophecy*, ed. gen. Charles R. Swindoll (Nashville: Word Publishing, 1998), p. 17.

6. Ver «harpazo», *Bible Hub*, http://biblehub.com/greek/726.htm.

7. Mark Hitchcock, *The Complete Book of Bible Prophecy* (Wheaton, IL: Tyndale House, 1991), p. 70 [*El libro completo sobre profecía bíblica*, (Miami: Unilit, 2002)].

8. John F. Walvoord, *The Final Drama: 14 Keys to Understanding the Prophetic Scriptures* (Grand Rapids, MI: Kregel Publications, 1993), p. 121.

9. Renald Showers, *Maranatha—Our Lord, Come!: A Definitive Study of the Rapture of the Church* (Bellmawr: The Friends of Israel Ministry, 1995), p. 127.

10. A. T. Pierson, citado en Showers, *Maranatha—Our Lord, Come!*, p. 127.

11. Hitchcock, *The End: A Complete Overview of Bible Prophesy and the End of Days* (Wheaton: Tyndale House, 2012), p. 129.

12. Paul Lee Tan, *Encyclopedia of 7,700 Illustrations: Signs of the Times* (Rockville: Assurance Publishers, 1979), pp. 1239–40.

13. Tim LaHaye, *The Rapture: Who Will Face the Tribulation* (Eugene, OR: Harvest House Publishers, 2002), p. 39.

14. Jeremiah, *What in the World Is Going On?*, p. 107.

15. Dr. Arnold G. Fruchtenbaum, *The Footsteps of the Messiah: A Study of the Sequence of the Prophetic Events* (San Antonio: Ariel Press, 2004), p. 144.
16. Ibíd.
17. Walvoord, *End Times*, pp. 28–29.
18. Fruchtenbaum, *The Footsteps of the Messiah*, p. 144.
19. Ibíd.
20. Ibíd., p. 149.
21. Joni Eareckson Tada, *El cielo: su verdadero hogar* (Miami: Vida, 1999), p. 50.
22. «The Rapture of the Church», en A. J. Gordon y Arthur T. Pierson, *The Coronation Hymnal* (Philadelphia: American Baptist Publication Society, 1894), traducción libre.
23. Ver «Parakaleo», *Bible Hub*, http://biblehub.com/greek/3870.htm.
24. Charles Haddon Spurgeon, «Watching for Christ's Coming», 2 abril 1893, http://www.spurgeongems.org/vols37-39/chs2302.pdf.
25. Walvoord, *End Times*, p. 38.
26. Showers, *Maranatha—Our Lord, Come!*, p. 256.

Capítulo 10: Trasladados antes de la tribulación

1. Radu Alexyer, «Ten Embarrassing Mistakes Historical Figures Want You to Forget», *Listverse*, 28 marzo 2015, http://listverse.com/2015/03/28/10-embarrassing-mistakes-historical-figures-want-you-to-forget/.
2. «Amazing Predictions that Became Reality of Today», *Before It's News*, 16 diciembre 2015, http://beforeitsnews.com/strange/2015/12/amazing-predictions-that-became-reality-of-today-very-strange-but-true-2462438.html.
3. «Alexis de Tocqueville, Quotes», *Goodreads*, http://www.goodreads.com/quotes/1265628-there-are-at-the-present-time-two-great-nations-in.
4. A. T. Robertson, *Word Pictures in the New Testament*, http://www.ccel.org/ccel/robertson_at/word.iv.xii.html?highlight=tribulation#highlight.
5. David Jeremiah, *The Jeremiah Study Bible*, p. 1688.
6. J. Dwight Pentecost, citado en Mark Hitchcock, *The End*, p. 235.
7. N. T. Wright, citado en «The Necessity of God's Wrath», *Preaching Today*, http://www.preachingtoday.com/illustrations/2009/september/6092809.html.
8. Hitchcock, *The End*, p. 158.
9. Charles C. Ryrie, *Come Quickly, Lord Jesus: What You Need to Know About the Raputre* (Eugene: Harvest House, 1996), pp. 137–38 [*¡Ven pronto,*

Señor Jesús! Lo que necesita saber acerca del arrebatamiento (Grand Rapids, MI: Portavoz, 1996)].

10. Richard Mayhue, *Christ's Prophetic Plans: A Futuristic Premillennial Primer* (Chicago: Moody, 2012), p. 89.

11. Hitchcock, *The End*, pp. 154–155.

12. J. F Strombeck, *First the Rapture: The Church's Blessed Hope* (Grand Rapids: Kregel, 1992), p. 133.

13. John F. Walvoord, *The Thessalonian Epistles* (Grand Rapids: Zondervan, 1974), p. 54.

14. Adaptado de una historia frecuentemente atribuida a R. G. Lee. Fuente original desconocida.

15. Adaptado de Stephen J. Cole, «Lesson 110: A Deathbed Conversion (Luke 23:39–43)», Bible.org, 21 junio 2013, https://bible.org/seriespage/lesson-110-deathbed-conversion-luke-2339-43.

ACERCA DEL AUTOR

El doctor David Jeremiah es el fundador de Turning Point, un ministerio internacional comprometido a proporcionar a los cristianos una enseñanza bíblica sólida por medio de la radio y la televisión, la Internet, eventos en vivo, además de recursos y libros. Es el autor de más de cincuenta libros, entre los que se incluyen *¿Qué le pasa al mundo?*, *Aplaste a los gigantes que hay en su vida*, y *¡Nunca pensé que vería el día!*

El doctor Jeremiah sirve como pastor principal de Shadow Mountain Community Church en San Diego, California, donde reside con su esposa, Donna. Tienen cuatro hijos adultos y doce nietos.